郎文庫 28

絕對平和論／明治維新とアジアの革命

新学社

装丁　水木　奏
カバー書　保田與重郎
文庫マーク　河井寛次郎

目次

絶對平和論
「絶對平和論」刊行趣旨　8
絶對平和論　11
續絶對平和論　99
續々絶對平和論　154
絶對平和論拾遺　188
後記　227
明治維新とアジアの革命　231
解説　荒川洋治　291

絶對平和論／明治維新とアジアの革命

使用テキスト　保田與重郎全集第二十五巻（講談社刊）

絶對平和論

「絶對平和論」刊行趣旨

「絶對平和論」が雑誌「祖國」に發表せられるや、忽ち江湖の反響をおこし、物情騒然たるものがあつたが、その四回に亙つて掲載したものを、この一巻に蒐め、その後の検討による、夥しい補足をも新に加へて、こゝに上梓する運となつた。卽ち廣く同憂の要望に應へ、且つ内外に、日本に於ける、自主的言論の存在を示さんとするものである。

わが「絶對平和論」は、日本とアジアが、今日の思想上の一切の依存を排し、己に傳る道の恢弘によつて、戰爭と滅亡の危機から、自主的に脫出する方法を提案するものである。また今日に於て、ヨーロツパの消滅を既定とし、その絶望と虛無の心理を確認し、進んで近代の文明を、東洋の人倫道義の見地から、その根柢に於て批判し、その終焉を論ずる。さらに近代の文明を以て、人類の唯一最高の文明と考へきたつた、我國知識人の狹と迷と蒙を啓くものである。

平和生活の原理は、近代の機構とその文明の中に存在しない。わが「絶對平和生活」の樹立は、日本に典型的に傳はる、アジアの道義的生活の恢弘によるのみである。日本とアジアの、傳統の原則生活を除外すれば、平和の生活的基礎は、いづこにも存在しないのである。

近代の終焉は、アジアの時代の開始である。東洋の道義を高くかゝげる者は、やがて世界の終末的救濟者として立たねばならない。しかもそれはたゞ自らの道義生活を自覺することである。我等は、日本に傳る思想をこゝに展開して、それが日本の原有の本質なる所以を明らかにし、わが國人の自覺と自信を新しくせんとする。

また「絶對平和論」は、今日巷間に行はれる、一切の平和論と政治的中立論を否定する。けだし、それらの諸説は、すべて近代の繁榮持續を目的として、戰爭のない狀態の繼續を云ふのみの平和論である。我々はかゝる現狀維持の言動を以て、アジア人の、アジアに對する良心的犯罪と斷じた。

アジアの時代は來らんとしてゐる。アジアの獨立は、すでに現實的に二十世紀後半の主要課題となつた。されどアジアが、自己の解放と獨立を、近代の繁榮の所有にあると誤り考へるなら、卽ちアジアの眞精神は晦冥となり、或る者はその奪略の方便として共產主義に走り、爭亂の停止は、つひに期し難いであらう。それは世界史の再度の不幸のくりかへしである。アジアの新しい悲劇である。

わが「絶對平和論」は、この誤りと悲劇を防ぐために、アジアの魂の自覺をよびさまし、且つアジアの自覺に、原理と方法論を與へんとするものである。

五千年を傳へてきた、人間の精神に立脚する文明は、アジアの所產である。しかもアジアは三百年の虐げられた生存の血淚を知つてゐる。されどアジアは、奪取と復讐を思はない。最後に救はれる者は、すべてを救ふ者であるとの、遠き神々の啓示を忘れない。「絶對平和論」は、近代を否定し、アジアの恢弘の必然を唱へる學說である。それは絕對平和の生活的根據を、アジアの原有生活の中に求め、それを日本に恢弘せんとする學說である。我等はかの運命に逆ひ、かの時間を斷たんとする。我等は常なる幸に向ひ、この道をひろめのべんとする。

我等は時代の開始に盲目でない。精神と魂の世界は、物質と欲望の世界の自滅の火中から、必ず現れてくるのである。アジアは新しく發見されつゝある。

わが「絶對平和論」は、これらの成果が、すべて日本人の自覺によるものなることを了知し、その自覺のために、考へ方を暗示し、原理と方法を示さんとするのである。

昭和二十五年十二月八日

京都 祖國社

刊行責任者 栢木喜一

奥西保

玉井一郎

奥西幸

高鳥賢司

絶對平和論

問　絶對平和論が普通に云はれてゐる平和論や、永世中立論と異る點をまづ説明して欲しいと思ひます。

答　一言につゞめて申しますと、その生活からは戰争の實體も心もちも生れない、平和しかないといふ生活、さういふ生活の計畫を先とする平和論といふ意味です。その生活からは戰争する餘力も、必要も、さういふ考へも起つてこないやうな、さういふ生活をまづ作らうといふ考へ方です。

これをもう少し説明するために、我々は二つの命題を立てることが出來ます。

一つは近代とその生活の不正を知り近代生活を羨望せぬこと。

次に（第一の命題の確立のために）近代文明以上に高次な精神と道徳の文明の理想を自覺すること。

この第二の命題を別の言葉で申しますと、アジアの自覺とアジアの理想の恢弘といふことです。このアジアの理想は、アジアの本有生活の道の指すものであります。それについては順次解説しようと思ひます。

我々が「近代生活」の中にあつて、戰爭する力をもち、戰爭の必然を感じながら、理想主義を立てて平和を守るといふことは難しいことです。不可能でせう。さういふ理想主義を運營する組織とその實效については、過去と現在の經驗によつて想像もされないのです。それに「近代」と「近代人」の内部に於ては、戰爭は不可避です。「近代人」の作つた「近代」は、戰爭から見離されることがありません。

我々は「近代」といふものに對する根本的な批判から出發するのです。かりにこれを近代に對するアジアの立場と呼んでおきませう。それは近代に對する本質的に批判的な道義の立場です。それはアジアの本質の立場です。

つまり我々の絕對平和論は、一般に行はれてゐる政治的平和論や、情勢論的中立論などといつた時務的平和論とは、全然別箇なものとして、平和の可能を人間とその生活の本質より考へる、平和の本質論です。

問 その生活といふのは、國民全體の生活でなければなりませんか。

答 さうです。個人の生活に基くのですが、國民生活として初めて意味をもちます。その確立が平和の基礎となるのです。平和は抽象的な理念でありません。生活の基礎がなければなりません。現在文明の生活の様式には爭鬪を基礎とする生活と、平和しかない生活といふ二つしかありません。これが東西二つの立場です。爭鬪を本性とする生活様式を持續しつゝ、合理的な判斷で「平和」を持續するといふことは不可能です。さういふことが可能となるのは、「平和」しかない生活へ、合理的判断によつて入つた時にのみ可能なのです。

我々の求めるのは戰爭に介入する必要がないやうな國民生活です。今日の過渡期では、知らない間に戰爭に介入することを、豫め細心に考へ、注意深く避けるやうに計畫された生活である必要があります。

個人の平和生活が國家から離れた形でもなり立たないわけはありませんが、さうした分離の状態では個人生活はつねに色々の面から虐げられるばかりです。さうして個人としての平和生活者は、さういふ場合に、あきらめといふ形をとらねばならないのです。これはアジアの本有生活者の中に、無數に見るところです。しかも彼らは「近代」の如何なる僞瞞的政治煽動によつても、魔薬的イデオロギーによつても、決して動かされません。

もともとかういふ平和生活の中心となるのは、人々が選擇した「主權者」でも、侵略者でも、契約した公務員でもないのです。こゝにはある種の自衞はあつても、決して宣戰の必要はありません。だから宣戰權に導かれる種類の完全「主權」を必要としないのです。たゞ彼らの生活の中には、その自然な源神の血脈についての神話があり、それを傳へる詩人があり、その傳へを實證する血脈の中心がありました。この血脈が、最も尊い、しかし誰とも同じ血につながるのです。

しかもさういふ平和生活に於ては、永遠が日常の原理でした。これは日本の古代の道によつて、最も具體的に云へます。我々の祖先は、一瞬や一刻に永遠をみるといふ冥想的觀念論を妄想して喜んでゐたのではないのです。彼らは生活であり、生命存續の原因である米作りの周期を「とし」と考へ、この「一年」を循環するものと考へ、永遠に循環するものの根據と考へたのです。

この國民過去の個人生活を一擧に「近代」に向けかへようとしたのが、こゝ五十年の日本の歴史でした。異る原理に立つ對立した生活が（東と西の考へ方が對立して）同時に存在し、相剋したすさましい典型です。最も極端な型で、これは悲劇を描き出します。不幸たらざるを得ません。

我々は悲劇を二度してはなりません。我々は今こそ、わが國民生活を絶對的生活にかへす努力を考へるべき時と思ひます。「近代文明」とは、戰爭のために費してゐる努力の別名です。その戰爭のために使つてゐる所謂「文化」上の努力を、この點にむけ、兵器を作る代りに、これを考へ行ふことは必ずしも不可能ではない筈です。

問　さういふ「近代」から離れた國民生活と、國際關係はどうなるのでせうか。「近代」に於て國際關係から孤立して存在するといふことは不可能ではありませんか。

答　「近代」との關係を、具體的に國際關係といふものから考へてみますと、その一つの狀態は、西洋が東洋を支配するといふ狀態卽ち今日の關係です。この場合東洋はそれに奴隷的に從ふか、反抗するかの二つの關係が出ます。

次の狀態は東洋が「近代」を奪取して西洋を支配する關係ですが、これは今日では想像する必要もありません。

さうすると第三の關係として、東洋と西洋とが對等である關係ですが、これは「近代」にもとづいてはその內部に於て不可能なのです。といふのは、東洋の理想は「近代」でないからです。我々はどちらか一方の原理をとらねばならないのです。

この好ましさうな第三の關係が何故成立しないかと云へば、西洋が東洋に對して（平和と公平のために）讓ることをしないといふのも一因ですが、もつと絶對的なことは、東洋の最高の精神は近代西洋を理想とせず、これを否定する文化を理想としてゐるといふ事實によるのです。

さらに現實問題として、觀點をかへて見ますと、現在の日本は、國際經濟に對し、特殊な立場をとらねばならないのです。つまり國際的な戰爭經濟からの孤立を考へることが賢明なのです。日本の中立と平和を守るといふ目的からは、さうでなければなりません。

これは强ひられた結果ですが、新しい自覺に到着した者は、進んで自發的に行ふべきです。自發的に行ふのは光榮です。のみならずそれは、道德を恢弘する聖なる行爲だといふことが、やがて自覺理解されるからです。たとへ國民生活が苦しくとも、又近代生活が低下しても、なさねばなりません。近代生活の低下は、その道德の上から云へばむしろ善です。このことは順次申さねばならないでせう。

しかし我々はこれを、今日の國情に便乘した時務論として申してゐるのではありません。我々が時務をのべるのは、たゞ我々の主張に必要な時に限ります。我々は本質論のたてまへから、努めて時務論を避けるのです。

問　さういふ生活を簡單な結論として云ふと？

答　簡單に云ふことは、必ず誤解をひきおこします。その上我々は結論を云ふまへに、過程を考へて、平和生活を築くお互の決心をつよくし、方法を精密にすることに資したいと思ふのです。最惡事態に入つてから、國民同志で、過去のことを云ひ爭つても、何の利益もありません。且つその爭ひが、この間のやうに、瞞したとか瞞されたとかいふ形の爭ひでは、一層なさけないからです。

さういふ意味で結論にならないかもしれませんが、まづ考へられることは、絶對平和生活をなすためには、近代人の場合は、大きい犧牲を拂はねばならぬといふことです。その犧牲とは、今日の常識となつてゐる近代生活を、低下したり削除したり拒絶せねばならないといふことです。所謂困苦缺乏に耐へねばなりません。

問　さうした時代逆行――極言すれば「近代の否定」は可能でせうか。

答　それは困難です。しかし今は、理想を云々してゐるのです。戰爭がよいか平和がよいかといふ單純な問題です。平和がよいと答へたら、困難を覺悟せねばなりません。これは誰でも變りありません。

しかしそのまへに時代逆行について申しませう。敗戰によつて日本は、近代の高度工業と、その高度産業組織を一擧に禁止されたのです。「近代」に逆行させられたのです。今や「二十世紀文明」の基礎をなす生活は日本に許されてゐません。今日の「近代」の繁榮をうける基礎がないのです。

つまり新憲法のいふ文化とその生活は、十九世紀的な生活を基礎にしたものです。今日さういふ「人權」は高度近代文明國の恩惠によるか、隷屬による以外にはうけられぬのは歷史的當然です。かゝる非自主的近代生活を根柢にした新憲法を、協贊した人の氣持が不可解です。

日本では「近代」を口にしても、今日の「近代文明」を育くむ基礎はありません。それは禁止されてゐるからです。だから「文化國」は前世紀的なものとしてしか存在しません。こんな文化國は、近代の同盟國の手足まとひになるか、下働にされるより他ないのです。もつとも下働きにもなり難い、要するに手足まとひです。

しかしかういふ云ひ方は止めませう。生活の方から合理的に平和を守ることは、近代の文明の進步と逆行するやうに見えるのです。戰爭に介入せぬ生活を合理的に考へるとどうしても近代生活から離れるのです。バートランド・ラッセル氏は、戰爭に應用されない發見は、如何に偉大でも世人の注目をひかない、人間がお互に殺し合ふことに役立たぬ智識は如何に驚異的なものでも、重寶とされない、かう云うてゐます。これはラッセル氏の皮肉ですが、近代を評價して灸所をついてゐます。

今日の日本は、戰爭をせぬ、武備をもたぬと宣言したのです。そのいきさつはどうでもよいのです。これは一つの事實です。軍需重工業と近代生活の進步と繁榮とは、不可分離のものです。この點で日本は自らも近代生活に限定を加へたのです。普通の常識では、日本は十九世紀的資本主義生活しか出來ないのです。生活基礎がそこにありますから、現在の高度デモクラシー文明を行ふことは不可能です。

ところが戰後の自稱文化指導者たちの言動をみますと、彼らは、こと〴〵にアメリカを例としてものを云ひます。彼らが日本の敗戰現實に如何に冥いかがわかります。彼らは新憲法の生活基礎さへ理解できないのです。被占領國でありつゝ、アメリカの高度デモクラシーの模倣をしようなどと說いてゐる輕率者は、アメリカ・デモクラシーは、國の自立と、近代的生產生活の高度組織がなくても出來る裝飾カーテン位に考へてゐるのでせう。

しかしともあれ日本はこの平和宣言を守るべきでせう。これを守れぬ時は當然その關係者は自ら身を退くべきです。これは信義の問題です。

ところがこの宣言は單に日本がしたものでなく、世界中の理想をもつと考へる人々が集つてした共同宣言だと考へねばなりません。さらにそれに聯合國軍が加はつてゐます。彼らも必ず信義といふものを解する人々でせう。

しかしこゝで別の意味で今一つ最も大切なことは、この政治的結論（第九條）は日本のために守らねばならぬといふことです。日本の中立を持すことは、日本の國と民族の將來を守る自衞と考へられるのです。

日本人は平和を、守るべきです。しかし新憲法の基本思想に立脚しては、その第九條を守れません。何といふ皮肉でせう。何といふ矛盾でせうか。これを守るみちは、たゞ一つしかありません。それを我々は絕對平和論として說くのです。

問　日本が新憲法に從つて依存國家になるといふことは、何を意味するのですか。

答　我々は學的問題を論理的に云うてゐるのであつて、政治的結論には少しもふれてゐないのです。政治的結論はどうなるか申しませんが、貴下の思ふやうな結論は、内外ともに認めるでせう。共に困るでせう。誰も今までさういふことにはなると考へてゐなかつただけです。歴史の論理は神の如きものです。人爲謀略はこれに畏れねばなりません。

問　「近代」から離れるといふことが「自衛」でせうか。

答　我々は空疏な政治的中立論を否定します。頼むべからざるものを頼む考へ方、現狀を享樂するために何もせずにたゞ祈つてゐるやうな理想論、さういふものは我々の關心にありません。日本の中立を持することは、平和の本質論に徹し、本質的平和生活を敢行した場合にのみ可能です。これが絶對平和論です。

新憲法は自衛權については何も申してゐません。それは自衛權の發動は自明だからでせう。たゞその發動といふ概念が、世界中でたゞ一つしかない日本國憲法をもつ日本人の場合と、他國の場合とでは、大いに異るところがあります。今日の日本の自衛權の發動とは、戰爭に介入せぬ努力を總ゆる細心さと勇氣を以て行ふ權利のことです。これは政治上の權利でなく、人文上の權利です。侵入國に反抗し防衛する軍事行爲ではありません。軍備をもたない、交戰權を認めないといふ憲法の當然の結果です。第一「侵入」とか「侵入國」を自主的に(政治的意味で)定めることは、日本の權利として認められてゐない狀態です。

しかし我々は消極的に「近代」を逃避して「鎖國」狀態を作るといふのではありません。さういふことは不可能で意味がありません。戰爭を逃避し、近代生活は享樂したいといふ近ごろの中立論者の虫のよい考へは一番困ります。

問 聯合軍總司令官の年頭の辭にあつた、憲法は自衞權を否定したのではないといふのは、さういふ意味の自衞權でせうか。

答 自衞權といふのは元來國際法上のもので、國內的に發動するものではありませんが、わが國の特殊憲法に則つて我々は常識的に考へ、以上の如く解したのです。

年頭の辭の場合が、どういふ意味かはよくわかりませんが、我々が正常に考へる範圍に於ては、軍備をもたない現在の日本の自衞權の現し方は、我々が戰爭に介入せぬ生活を國全體の計畫として立て、一切の戰爭介入の危險を勇氣を以て拒絕する以外にない筈です。

他國の戰爭の爲の生活のしくみや、戰爭に向つてゆく危險さをもつ生活のしくみ、戰爭の危險をふくんだ組織、さういふものは、たとへそれが文化とか勞働組織といつた名目でも、介入してはならぬのです。又若干の警察行爲は國民生活の自衞權（治安と云ふべきです）として必要ですが、さういふものを以て侵入國に對しようといふ考へを少しでももつてはなりません。それは自滅と屈辱の出發點となります。

この意味で治安のための警察力を擴大し、時によつては國際法上の自衞權の發動に役立てようなどと考へることは、極めて危險な考へ方です。それは大義名分を紊した一箇の妄想にすぎないのです。必ず恃むべからざるものを恃む結果を來し、內より崩壞するに違ひありません。

問 近代生活を停止するとか、或ひは低下するといふ形で、我々は封建の自給自足生活に入るのですか。

答　「封建の」とあなたの云はれる意味は、全然私には不明です。さらにその將來生活體制がどうなるかは未知です。これはむしろお互に心を合せて檢討すべき問題です。建設してゆくべき理想です。しかし日本人の近代生活は、すでに申しましたやうに、好むと好まざるにかゝはらず、終戰のとりきめで、大きい限定をうけてゐるのです。我々はこの點理論上では我々の立場としては、何の不滿ももちません。

我々の道義の立場はこの狀態と矛盾しないのです。たゞ我々が自發的にそれをなす代りに、强ひられてなす狀態となつたといふことはいさゝか殘念です。しかしこれも感情的に遺憾だといふのではありません。自覺による自發的なあらはれでなく、强ひられた形で行ふものは、自覺がありませんから、くづれ易いのです。すでにその徵候はたくさんに現れてゐるでせう。

しかしこの「近代」の中心からのオフ・リミツトは、理論上で云へば、日本人の近代生活が大きいハンデイキヤツプをもち――頭の上で一線を劃されてゐるわけです。理論的に近代生活はすでに限定されてゐるわけです。

たゞしあなたは封建の自給自足生活といふものについて、何も深く考へたわけでないでせう。むしろあなたの質問の要旨は、生活程度をどこにおくかといふ問題だと思ひます。

所謂近代の繁榮と幸福を、容易にすて去りうるか否かの問題です。さらに申せばそれが價値と考へられるか否かといふことです。

今も生きてゐるある種の東洋の高い精神にあつては、彼が近代生活を放棄した時、むしろ志高く心誇らかなものを感じるといふことは、たいしたことであります。實に異常な事實なのです。これがアジアの本質であります。このアジアの本質を、「近代人」も考へねばなりません。これは老子も釋迦も了知してゐた境地です。これある故に、東洋に於ては、その古代的專制が「無關心」として見られた場合が多いのです。勿論この氣質は中世のヨーロッパにも影響し、この氣質に基くキリスト者の教團が隆盛を極めた史實は周知のところです。

生活についての嚴密な計畫は共に考究したいことです。しかし只今も云へることは、現在日本の五十%以上六十%を占める人々、農山村の人々の生活程度位のものは大丈夫と考へられます。これは封建時代へ逆行することでなく、理想生活のためなのです。且つ實際的には現在の六十%の人々の程度と同一線になるわけです。これは耐へうるか耐へ得ぬかといふ問題でないと思ひます。

六十%の人々は、過去の日本の近代生活の犧牲的下積とされてゐたのです。さらに日本が戰爭に介入する體勢に入るに從つて、彼らの生活が惡化してゆくことは、火を見る如く明らかなことです。

問　つまり、一部の近代生活者のみが逆行を感ずるといふわけですか。

答　その通りです。我々はつねに何かを下積にせんとする者らに同情しません。さういふ僅小な人々の云ふ「逆行」より、もつと重大な共同の理想を我々はめざしてゐるのですから。さうして彼らも、もし良心をもつなら、必ずそれがわかる筈だと思ひます。近代の悲劇的巡歴者だつた日本が、この地球上に、絶對平和生活をきづいて、平和の理想を實現するといふことは、それが出現した曉には、どんな近代の文物より偉大な事實です。それは近代人が、人心にかすかにのこる神の思ひで、時々におもひおこしつゝ、絶對にたどりつき得ぬところです。

しかしそれ以上に我々にとつて大事なことは、それによつて、遠い先祖からうけついできた、倫理をもつ國と民を、その倫理の道に於て永遠に光輝あるものとして守ることが出來るといふことです。我々の云ふ絶對平和生活は、平和を守らうといふ必要から考へた思想でなく、日本の神々の時代から、日本の道として傳へてきた道なのです。

即ち我々はこゝに三つの理念をもつてゐるのです。平和の理想を實現すること、日本を守ること。日本の傳への道を實現すること。この三つは同時に實現し、同時にでなければ實現しないのです。さうしてそれが今日成就しなくても、必ず成就することを信じてゐます。さきほど日本の國と民族のためには、直面する戰爭の圏外に立たねばならぬと申したのはこの意味からです。それは終戰の大詔の教へであります。これは我々の神話の約束です。神々の約束です。そして「近代」の悲劇的な巡歴者だつた日本、アジアの日本にのみ出來ることだつたのです。

問　近代の理想は、平和でせうか。

答　日本國憲法はさう信じてゐます。しかし近代人の願望は、近代史のあとから見れば、平和でなくして支配の野望でせう。それは不断の爭闘を意味します。

近代の英雄の願望は、一黨一集團の暴力を利用して一民族の完全主權を掌握することでした。つまり宣戰權を領有するといふことでした。そのことを近頃になつて「指導」といふ語でよび「指導權」といつたものが、國家間にまで成立したのです。忌しい事實の一つです。宣戰權の掌握を指導といつた言葉でよぶのは、つまり「ヒユマニズム」といふものの現れです。ヒユマニズムの僞瞞の一つの型です。要するに霸道であることに間違ひありません。

しかし時代と人心が、さういふ方向に向つてゐるのを恥ぢて、近代の道德はこれを匡正しようとし、反對の平和を唱へたのです。それは僞善でなく、善心の現れです。マルクスはさういふ善心を全然もたなかつたのです。だからひがんだ反對者となります。これは精神の見地から云へば、最も下等な人間だつたわけです。何ごとでも惡意をもつて見、ためにするためにのみ見たのです。

誰でも權力をもちうる社會か、誰でも金持になりうる社會かを作ることが、近代の動きの二つの方向でした。今日の二つの世界の別れ目です。いづれも、物質にもとづく世界です。富を萬人に解放し、權力を萬人に解放するといふ二つのみちです。一方が共産主義にはしり、一方がデモクラシーを形成したのです。さうして同じ近代の意味で、デモクラシー世界の方が高い生活と産業と文化をもつてゐると云へます。

しかしかういふ人心の動きはアジアの傳へとしてきた精神と念願する理想と反對のもの

です。故にアジアの最もすぐれた者は、みな近代から落伍したのです。アジアの秀れた頭腦と精神は、さういふ近代の發想を全然しないから、無關心だつたのです。だから古代の精神文明に於てあれほど秀れてゐたアジア人の間から、近代に於ては、近代生活に大きい作用をなした一人の人物もでなかつたわけです。

このことを近代文化に何ら寄與しなかつたといふなら、ラツセル氏の皮肉そのまゝ、アジアの最高文化は戰爭に應用されないし、人間がお互に憎みあひ殺し合ふ上で重寶な知識でなかつたから、近代文化的でないのだと云へばよろしい。

アジアの精神の最高のものは、近代の物の文化の最高のものと、相反する方向を、今も歩いてゐるのです。こゝに普通いふ「二つの世界」と全然觀點のちがふ、血統のちがふ「二つの世界」の實在を見るでせう。しかしその魂たちは、光榮と神聖を自負してゐます。

問　絶對平和生活は、物を第二とし、精神を第一とする者にのみ可能といふこととなりますか。

答　近代人が理念として考へる場合は、さう云へるでせう。人間の心に於て今や世界中の人類は二分してゐるわけです。物質と精神の明らかな對立を、この問題に於ても信じます。卑俗に云へば、近代生活をとつて戰爭に介入し、その中で困窮生活に耐へてゆくか、それとも初めから、精神の幸福と理想と倫理に生きるか、この二つのうちの一つをとる決心をするとよいのです。

しかしそれはたゞ最初の決心で、それのみでも大へんなことですが、眞に平和を守るには、さらに多くの生命がけの決心が、次々に必要になることを覺悟しておかねばなりません。

我々はこゝで血を流さずして、一國一民族の獨立さへあり得なかつた、近代史の遺蹟の殘酷さをながめませう。日本國憲法の制定に關係した人々が、理想を守る難さを、この程度にさへ想像してゐなかつたとすれば、その責任者は、どんな刑罰を以て遇すべきか、それは想像できないと云はざるを得ません。

問 當面の平和問題の究極は、物と精神の相反する立場によつて分れるといふわけでせうか。

答 さういへば一層はつきりします。近代生活を停止し得るのは、我々がアジアの理想をもつからです。倫理と美と道義とを以て、近代の物の文化を否定することが出來るからです。

だから、絶對平和生活と近代生活の對立は、アジアの精神文化と、近代の物質文明の對立といふことになるわけです。これを現在の二つの世界の現實と、その觀念に對して云ふなら、反對原理といふより、超越概念といふのがふさはしいのです。つまり超越するアジアは、今やアジアの内部に於ても超越する原理です。ものごとは單純にし得ます。正義と美と神聖はみな共通して單純だからです。

しかしこゝで我々が云ふ精神は、超越するアジアを考へなければ、近代の觀念論や唯心論では理解できない。だから近代の人々は、我々の思想を、特殊唯物論視するのです。我々はさういふ誤解を久しくうけてきたのです。つまり我々の考へ方が、近代の線上になく、近代の觀念論や唯心論の範疇に入らぬといふ意味からです。

問　簡單に云ひかへますと、日本は平和を守らねばならない。それにはまづ平和を守るにふさはしい生活計畫を立てねばならない。といふことになりますか。

答　さう云つてもよろしいが、さういふ絶對平和生活を立てるまへに、近代生活と對決する決心がいります。次にそれを守りぬく決心がいります。

問　それを守りぬくとは？

答　さういふ嚴肅な謙虚な生活に對して、萬一侵入軍が入つてきた場合の態度です。これは勿論萬一の場合です。我々の平和生活が成立した時は、侵入といふことはあり得ないのです。それは敵にとつてたゞ不利だからです。

問　しかしその場合の態度對策は？

答　反抗せず、協力せず、誘惑されない、といふ三項目です。しかしこれは抽象的なことばにすぎません。さうしてこれらの三つの方法を貫くためには、それには侵入國に協力しなくてすませうる經濟體制をつくつておく必要があるのです。決して誘惑にのらない國民生活の計畫が立つてゐなくてはなりません。

そのことが本當の對策であり方法です。それは敵を見てからすることではないのです。一切の道義の根本をきづくといふ神聖な熱情を、その生活に注いでゐなければなりません。これが平和をいふ土臺だと、我々は考へてゐるのです。萬全の策を作つておかうといふわけです。これを絶對平和生活と云ひます。さういふ生活が完成された時は、侵略とか侵入は目的を失ひますからあり得なくなります。

問　しかし絶對平和生活への過程の場合には、なほ安全保障の問題は殘りませんか。

答　安全保障の問題は、第二義です。むしろ安全保障といつた事項に對する不安定感というか、不信が絶對平和論を形成するわけです。安全保障といふことへの不安定感が、恐らく憲法放棄の原因となるのではないでせうか。

安全保障の一つとしては、ある一國の保護をうける、といふ場合が考へられます。さうした場合に、こちらが先方の主導で義勇軍を出すやうなこととなれば、これは憲法（第九條）に抵觸すると考へねばなりません。それよりも、さういふ協定の下では、獨立國としての實を保てません。

地域集團保障、特定國との軍事協定或ひは同盟、國防委任などといふ形も、やはりこちら側からも安全保障の責任を伴ふ點で、不可といふわけです。

國聯加入も同じ意味で不可でせう。賴みとするためには、賴むべきか賴むべからざるかを判定せねばなりません。さういふ判定は不安定です。我々は自立で自衞を構ずることが最も確實なわけです。しかも我々は武器（十分な兵力）をもたぬとすれば、この自衞の方法は、戰爭に介入する氣持が起らぬ生活、介入する必要ない生活、さういふ國民生活の計畫をまづ立てることが第一です。

我々は、新憲法を守るといふ時務論から憲法を云々するのではありません。我々はつねにアジア及び日本の古代の理想を恢弘することを念願としてゐるのです。その念願に立脚して、正しい道を貫くための正しい生活を論じてゐるのです。我々が新憲法を語り今日の情勢と時務を云々するのは、そのことに目的があるわけではありません。我々にとつては新憲法は時務、第二義のものです。のみならず我々はその本質を明らかに知つてゐるのです。

問　安全保障に對する不信は何を理由とするのですか。

答　近代生活を否定する論理が、それを明らさまに語つてゐると思ひます。さらに近代の歴史に徵しても、近代の論理に徵しても、さういふ保障に期待できないのです。これは信義の問題にふれず、純理に於て考へられることです。

問　絶對平和論は、日本が國として現に未曾有な危險狀態にあるといふことを、前提として、それを打開しようとする議論と解してよろしいか。

答　日本が今置かれてゐる危險な狀態は、國と獨立を放棄して破滅するかもしれぬといふ狀態にあるのです。我々は空手で巨大な侵略者の中に放棄せられたのです。その最惡のいづれの場合を想像しても、我々はたゞ呆然とするのみです。

その死地をもりかへすことを考へるのは、日本人の當然の任務です。あれもいけぬ、これも難しいと云うてゐるだけではすまないのです。單純に云へないといふことは最もいけません。時態は刻々惡化してゐるのです。しかも目標は極めて單純です。子供にも單純です。眞理の單純さです。

問　自衛軍を考へることは如何でせうか。

答　日本人が現状の中でそれを主張しうるかどうかは知りません。しかしさういふ主張のあらゆる條件と根柢を考へた上で、我々はこれを「空しい」として否定します。我々は崇高な理想を考へてゐるからです。

問　米國務長官アチソンが、臺灣放棄の大統領宣言につゞいて、アリユーシヤン日本琉球の線は斷乎として軍事基地として維持すると云ひましたが？（編者註――臺灣放棄云々は本年年初のことで、朝鮮事變後の七月に入つてからはすつかり方針が變つてゐる）

答　アチソン氏の云ふ、日本を軍事基地として維持するといふことは、現在の占領狀態に限つて云ふものと我々は解釋します。講和後のことを、このやうに云ふといふことは、國際法的な見地からも理解し難いことです。だからこの言葉は、今の占領狀態に於て、講和會議迄の話として解釋しておくのが、日本人のものを考へる上での正しい見解だと思ひます。單獨講和の場合の一つの瀨踏みだなどと考へてはいけません。アメリカが國府に對する最後的通牒でも、積極的援助をつゞけると云つて、武力援助を斷つてゐます。これは中共の實力に對する見解と共に、アジアの民族主義に細心の注意を拂つて、侵略國と云はれる國際的批評を怖れたのかもしれません。

しかも日本は講和後のアメリカに對し武力援助を期待できないのです。これは憲法（第九條）の履行上の義務です。さらにアメリカの大きい輿論の中に、アジア諸國に對する內政不干涉主義といふものがあります。

今年の年頭の辭の中で、マツクアーサー氏は、憲法（第九條）の解釋として「對手方からしかけてきた攻擊に對する自己防衛の冒し難い權利を全然否定してゐない」と云うてゐるのですが、武器を持ち得ない日本は、攻擊をうける前に、計畫と秩序を立てて、侵入の狀態と手引を一掃しておかねばなりません。

問　在日米海軍では、橫須賀を軍港とする意向だと新聞に傳へられましたが？

答　これは或ひは講和後の考へを述べたものかもしれません。先般のコロンボの英連邦外相會議でも濠洲やカナダなどは、講和後も、日本の占領もしくは別形式の監視機構の設置を主張したのですが、ベヴイン英外相は早期講和を主張し、印度のネール氏は講和後は速に撤兵すべきであると主張してゐます。

かういふいきさつでコロンボ會議は、なるべく早く講和へもつてゆかうといふ決定をしたのですが、ロンドン・タイムスはこの決定を喜び、社說で大いに贊成してゐます。タイムスは發行部數三十萬そこ〳〵ですが（英國には二百萬部以上の新聞が二つ、四百萬近いものが二つあります）その論說と情報に於て、世界的に最も信用をもたれてゐる新聞です。片方に四百萬近い新聞が二つもある英國で、世界の一番の信用ある新聞が、三十萬そこ〳〵しか出ないといふことは不思議な現象です。

しかしどちらにしても、講和會議及び講和後のことについては、不動の一定觀として、今から腹を据ゑて考へておく必要はありますが、今さしあたつて、一つ一つの打診的情報の度に、とやかくと云ふ必要はないのみならず、特につゝしむべきであります。

舊來の東京のヂヤーナリズムは、遠方から幽靈に向つて遠吠えばかりしてゐるみたいで、いよいよ實態がのしかゝつてきた時は、あれよ〳〵とたゞ呆然としたものです。東京ヂヤーナリズムは、去年秋以來は、講和問題をテーマとして少し動いたのですが、その動き方は實質のない、空虚な、きり〳〵舞ひで、しかも彼らだけがきり〳〵舞ひしてゐることを、日本中が舞つてゐるやうに錯覺することは、彼らの最も得意とするところです。今年は春にかけて數ケ月間最も露骨な無定見な空白時代を現出すると思はれます。

問 吉田首相は講和後も米軍の日本駐屯を希望すると、ゼサツプ特命大使に語つたと月初の新聞でみましたが。

答 さういふ希望は吉田君個人の希望にあるかもしれません。

問 しかし吉田氏は日本の總理大臣です。

答 吉田君は彼の立場で非常に國を憂ひてゐるのでせう。去冬の國會で、反對黨の議員は、一人として國を思つてゐないと憤慨した聲明を出して問題を起しました。しかし我々は吉田君の心情に同情したのです。一人として、講和の本質問題や、その後の國のことを、國の運命の當面する根本から考へて論議する者はゐなかつたからです。全部利益本位に考へ、道義的に考へなかつたのです。この利益本位は否定せねばなりません。平和理念と矛盾するものだからです。

しかし吉田君のさういふ駐屯希望がもし本心なら——といふのはあの記事は、外電でした。そしてその二三日後の外人記者との特別會見では、その同じ問題について、公式に彼自身の意見を表明することは時期尚早だと云うてゐます。——彼が眞實さう考へてゐるならば我々は同感しません。理由は申す必要がありません。けれど講和會議はのびるでせう。アジアの形勢は刻々危機に深入りしてゐます。北京事件で、會議構成の技術上の問題でも一層困難になつてきたのです。

問　しかしその外電にあるまゝの吉田首相と同じ心配は、相當數の日本人の心配でないかと思ひます。さうして思ひ餘つた人々の最後の希望があゝなるのでないでせうか。

答　恐らくさうです。しかしそれは希望でなく自棄です。理論追求上の自棄です。我々はさういふむしろ善意の人々と實はもう一度考へ合はうと欲してゐるのです。

問　その手段についてですか、再び日本人を戰爭に介入させるためのとり決めについてですか。

答　いゝえ。我々は國會的議論に關係ありません、我々の考へは、自衞の冒し難い權利の現し方についてです。現實の現狀の保障ではありません。將來の繁榮の約束でもありません。他によらず自らまもる最後にして最初の點です。日本人は今こそ、父祖より遠い代々の理念に生きねばならぬのです。これが成敗利鈍を問はず、日本人の悔いることのない道です。

問　長谷川如是閑氏は「戰爭否定に立つ國は、他國の戰爭によつて滅亡されても悔いない人間的覺悟の上に立つもの故、それによつて日本人は永久に日本人として、同時に世界人として生きる」（朝日新聞廿四年歳末）と云うてゐます。また日本の安全は、世界の形勢に委ねると云うてゐます。かうした氣持を最後と考へる、他力本願でよいでせうか。

答　長谷川君も餘命いくばくもなくなつたので、親鸞信者のやうに、しんみり考へるやうになつたのでせう。しかし親鸞の徒がさうであつたやうに、彼にも自棄が伴つてゐます。かゝる亂世に於て親鸞の徒は危險です。けれどこゝでは本心を云うてゐると信じて話しませう。日本の安全を世界情勢に委ねるまへに、あゝいふ憲法を作つた日本人の信義のために、日本の平和を支へるやうに、國民經濟をその方向に計畫せねばならぬのです。これが肝心のところです。

又我々は長谷川君と反對に、日本は滅亡してはならないといふことを、前提とします。又滅亡せぬとの信念に生きてゐるのです。この日本は倫理の日本です。しかも正しい生産生活に現れる日本です。民族が、さういふ不滅の光榮を持して滅亡しないための計畫が、我々の絶對平和生活です。それは又眞に正しく生きる道であります。口さきの平和宣言でなく、道義と一體である生活といふものを示すことです。それは戰爭を地上から放逐する生活であり、一面ではマツクアーサー氏の所謂「略奪をこととする國際的盗賊團」の「貪欲と暴力」の、魅力の對象となつたり餌食となるものを、何一つふくまない生活です。

日本を滅亡させないといふ信念と實踐が、我々の絶對平和論の前提です。それを貫く骨格です。その觀念を生活の面で完全に地上化せんとするのです。日本が滅亡してはならないといふのは、動物的要求でなく、倫理的な考へ方と事實の上の論です。すでに申してきたところです。

問　長谷川氏は、さきに云つたやうな、人間的覺悟の上に立つ國のことを、これをガンヂー的國家とでもいふべきか、と申してゐます。

答　長谷川君もしんみりしてきたと云つたのは、さういふ東洋的精神の世界にひかれ出したことです。いや、東洋の精神の方からこの老いた人に訪れてきたのです。しかし、長谷川君は、初めの方で滅んでもよい、とすてばちで無責任なことを云つた途端に、何かに愕然とめざめたのです。何かに訪れられたのです。本人の論理にはまだよくわかつてゐません。しかし愕然として、「これがガンヂー的國家とでも云ふべきか」と自分自身に云うてみたのです。

私は長谷川君の、考へ方や世渡りについては、むかしから嫌なので、この人とは全然ふれない他人できたのですが、これをよんだ時には、やはり同情の氣持になりました。遺老の思ひといふのでせうか。しかしガンヂー的國家は不滅不變です。ガンヂーは國をおこし樹てようとしてゐたのです。この點長谷川君にもう一度、こゝの何かの訪れをたよりにして、考へてもらひたいと思ひます。彼自身としては、物をすて精神をとり、近代をすてアジアの道にかへるといふことは、永年の身上に相反するかもしれないが、さきに云うたやうに、餘命いくばくもないのだ。老人の正直にかへつて「日本人は永久に日本人として生きる」といふやうなことを云うた以上、もう一歩彼の考へる「ガンヂー的國家」へつき込んでゆくとよいと思ひます。

問　絶對平和論はガンヂーの無抵抗主義と關係があるのですか。

答　ガンヂーの無抵抗主義は、近代生活をボイコツトする生活に立脚せねばならないのです。本來は確立した生産生活に立たねばならぬのです。無抵抗主義は政治的ゼスチユアでなく、一箇の最も道德的な生活様式です。

日本の自由主義者のやうに、戰爭は嫌ひだ、自衞權の一切は振へない、しかし生活は近代生活を續けたいといつた、甘い考へ方ではありません。その考へ方は非道德的であつて、決して無抵抗主義でありません。

我々の願望は、何が入つてきても表から裏へつきぬけさせる、むかうの方で抵抗を豫想するところで、何の障壁もなくて、結局つきぬけて了ふやうな生活を考へてきたのです。これがアジアの道の生活であり、倫理生活の實體です。近代生活は戰爭なくして成立しないのです。搾取なくして成立しないのです。これはソ聯の場合でも同じことです。

問　ガンヂーも本質論から出發したのですか。

答　ガンヂーのボイコツトは、印度獨立を目的とし、當面問題として、政治と商品に對して始めたのです。その間にアジアの倫理をおもむろに恢復したわけです。本質論からでなく政治結論の方からいつたのです。

しかし日本人の場合は、本居宣長以來の近世思想史が、アジア本有の精神と倫理を、根本的生活として說いてきてゐるのです。これらの人々は精神に立ちつゝ、すぐに一切を生活で云ひますから、近代觀でみると、反つて唯物的に見えるのですが、事實は物質と全然反對の立場です。近代人がこれを理解するには、精神についての考へ方の上で、コペルニクス的轉回が必要です。もつとも我々は、これを、アジア的轉回とか、第二のアジアの發見といふのです。

問 その第二とは何を意味するのですか。

答 第一のアジアの發見は、實に近代史の端初でした。近代の支配の歴史は、アジアの發見から始つたのです。アジアを一つの人口地域として、市場として、下級勞働地帶として、植民地として發見したことを云ひます。これはヨーロツパ人がしたのです。今度は當然精神の發見と恢弘がなければならない、これを第二のアジアの發見と呼ぶわけです。日本人及びアジア人のなすべきことです。

問 その發見はどういふ形で實現されるのでせうか。

答 舊來の反動として、新しい支配として、それを行ふことは不可能ですし、又さういふものではないのです。我々は絶對的平和生活の建設に於て、それを完遂し得ると考へるのです。

問 何らかの政治的行爲なくしては行へるでせうか。

答 原則として政治的行爲を避けるのです。だから我々はこれを一つの學説として考へ、學説として提案するのです。學問は實踐と合致せねばならぬと申します。まことに學理は實現した時に意義を現はします。しかし學説の中で實踐の方式を指導論として固定する必要はありません。それは共同の心が考へ行つて、實現したらよいのです。これが本當の實踐です。我々の言説から何かの政治的結論を抽象し、政策論視されることを、我々は警戒するのです。我々は學問の領域で考へて、政黨の形で考へてゐないからです。
アジア的農耕の生活の中にある、道義、倫理、一言に云ふと勤勞觀、永遠などの恢弘を云ふのです。それには生產生活の恢弘が先行せねばなりません。この實體は日本の古制を研究せねばわかりません。日本が最も完全にこのアジアを傳へたのです。この道義の中には、近代觀の、所有權、政治、主權といふものはありません。（それらはすべて支配を現してゐます）しかし合議と分業はあります。

問　所有權がないといふのは、例の原始共產制といふものをさすのですか。

答　その考へ方の根本がちがふのです。原始共產制といふのは「所有權」といふ近代の考へ方にもとづいて、古代生活を考へたものです。ところが古代生活に於て——日本の古制、卽ちアジアの生活に於ては、今日の「所有權」思想から推しはかるやうな觀念はありません。從つてそれにもとづいて「共產制」と稱すべきものもないのです。

歷史を考へる上で、この種の遡行は、弊害が多いのです。我々の立場は今にもとづいて古を考へるのでなく、古の制によつて、今を考へるのです。だから「原始共產制」といふ思想（その考へ方と、さういふものを考へ出す思想の運び方）と共に、その事實も共に否定するのです。

將來の形態の問題としても、我々の考へ方は、共產主義と共通するところは少しもありません。そのことはこゝでも判然とすると思ひます。共產主義者の描く理想圖も、結局今日の「所有權」觀念を絕對視して、それによつてものを考へ、それを合理づけるために、將來の共產制といふものを考へてゐるのです。

問 所有權の觀念も實質もないといふ生產生活狀態では、どういふ形の考へ方があつたのでせうか。

答 所謂所有權がないといふことは、商業文化、牧畜文化、狩獵文化の歷史から出てきた民族には、近代人のみならず、ローマ法時代の人々にも、ギリシヤ市民時代でも想像されない事實です。戰爭から美談まで、今日の問題のすべての根本は所有權にあります。マルクス主義も所有權を否定しません。彼らの共產主義は所有權(物に對する支配權)の奪取と管理に目的があります。

しかしわが古制に於ては、この所有權といふ考へ方がなかつたのです。これは大化改新時の「公有制」の思想とも根本で異つてゐます。「所有權」に當るものは古制では「事よさし」とよびました。性質は全然異つてゐます。大化改新時の蘇我石川麻呂は、この「公有制」成立の原則だつた「所有權」との妥協を排し「事よさし」に則ることを主張したのです。彼は忠臣でありましたが、最も古い大思想家でした。

「事よさし」といふことは土地にも云はれますし、勞働の場合にも云はれます。勞働の場合は、神と共同で働いてゐる(神を助ける)形に解すればよいのです。これは水田耕作の順序の中では實感があります。

さうして作りあげたものは誰のものかと云へば、强ひて云へば作つた百姓のものです。神は百姓の奉獻をうけねばならぬからです。

もつともこゝで誰のものかといふ云ひ方はよくありません。誰のものでもなく、人も神も共に食ふものです。これを「にひなめ」の「あひなめ」と古語で申してゐます。しかしたつて云へば人が神に奉るものです。これは祈年祭の詞と新嘗祭の詞をてらし合せるとわかることです。「事よさし」は命令でも委任でもありません。だから事よさされたからと申して、それに對し所有權をもつてゐるわけでありません。「事よさし」といふ形は、所有權と關係ないものだといふことを十分に考へてもらはねばなりません。つまり「所有權」といふものも考へもなかつた時と場所の、生活のしくみをよく考へてみることです。

問　神に奉るものといふ形は「所有權」と云へませんか。

答　神のものでもなく、人のものでもないといふ形でありますから、「所有權」といふ概念にあたりません。神と人とで分配するものではないのです。それは封建時代に入つてからの、二公一民とか、一公二民などいふ生產物の配分制に比敵するものでもありません。分配の契約が先行してゐたなら、多分「所有權」だつたでせうが、それがなかつたのです。しかし封建の支配者らは、農民の傳へてきた「神に奉るもの」といふ形の考へ方を巧みに利用して己を神にかへたり、己の祭る惡魔の神を、農民の神と入れかへる操作をしました。封建の絶對君主制（東洋には殆んど少いのです）や、儒教的制度學とその假設した天の思想は（これは東洋に多いのです）この形です。

今日に於ても、絶對制はこの形のものです。惡魔の神の代りに共產主義社會といふ理想（それも一つの惡魔神ですが）を云うてゐるといふ、論理上の操作が附隨してゐるだけのことです。

問　主權がなかつたとは？

答　近代思想に云ふところの主權がなかつたのです。わが古制では、普通の國際宗教の指導者に必ず入用な宣戰權を、必要としなかつたのです。宣戰權がないので、主權が生れなかつたのです。

問　宣戰といふ事實をもたない生活があつたのですか。

答　さうです。自衞の思想はあり、武器もありました。もつとも武器といふ考へがちがひます。その武器も、己一人を守ればよいといふ一種の個人主義をモツトーとして始るのです。しかしそれは非社會的な個人主義ではありません。武士時代に入つてから起つた「やはら」といふ術は、最も驚異すべき術ですが、それは守ること攻めることを、つとめて外に示さぬ術です。すた〳〵と歩いてゐる時の、不意の攻擊を、身體も動かさずに反擊し、相手に致命傷を與へ、そのまゝゆきすぎるやうな狀態を理想にしてゐます。期間をおいて內部的致命傷を與へうると云ふやうな傳說さへあります。これは古來本有の思想の名殘を奇しくも現はしてゐるのです。彼らの奧儀とする防禦法は、對手を殺してから生きかへすことでした。殺すために殺すのでなく、生きかへすまでの間を殺しておくのです。これが「やはら」の眞髓です。

わが民族は水田耕作を原理としてゐるので、大規模な民族移動もなく、從つて侵略といふ考へはなかつたのです。故にたま〳〵入手した武器も、武器から農具に變貌することを理念としてゐます。わが神話では、剣は常に生産の象徴とされてゐます。天叢雲剣といふ名は、草薙剣とその名を改められて、鎌になつたのです。祝詞の大祓詞に於ても、罪を拂ふ象徴には鎌の働きがでてゐます。剣がその鍛えられる時に、太々しく延張してゆく力づよさを、生命や生活が、太々しくたくましく長くのびてゆくさまの形容として、これをことほぎしてゐるのです。この神話の傳へは十九世紀頃の武道家の間にまで傳り、日本武道の武具の首席に鎌をおいた人もゐます。

二宮尊徳も鎌と劍を比して、鎌を重しとしたのです。尊徳は百姓によくきれる鎌さへあれば天下の草をみな刈りとると申しました。まことに米秋麥秋の兩度、天下の見渡す限りは、一人一人の百姓の鎌で、一株一株刈りとられて了ふのです。一劍平天下どころの騒ぎではありません。しかも百姓はこれを誰にきいてするのでもなく、誰に強ひられてするのでもありません。天候を見定めると、一人もおくれるものがありません。期せずして天下は姿をかへるのです。

問　さういふ古制の形成する王國の實體は何でせうか。

答　今日の國家觀念と全然別箇の觀念の、茫漠としたいはゞ精神の國かもしれません。しかし今の人ならこれを最も露骨な唯物論といふかもしれないのです。それは我々の説は個々の生産生活を實體とするからです。その個々の生活は末廣りにのびるのです。國といふのはその伸びた範圍と云ふ位の意味です。世人は我々の考へを特殊な唯物論者と云つた場合もあつたのです。つまり我々の考へ方が、近代風の唯物論や觀念論でないからです。

問　宣戰權がないと主權は大半の意味を失ひませぬか。

答　さうです。主權は宣戰權を先行とします。宣戰權のない主權は、大方に無意味になつてゐるのです。だから今日の日本の狀態は大へんよいところがあるのです。元來の日本の國體觀では、天皇は所謂主權の所有者では御座なかつたのです。天皇はさきに云ふ如き精神の國、しかも人間の生存の絕對的根本となる生活を貫く、國のある中心といふ形に御座たのです。支那の代々の皇帝といふ支配者とは、全然別箇の原理の御存在でした。

問　それで何故天皇といふ御存在が必要だつたのでせうか。

答　さういふ問ひは一つの疑ひを先行させてゐるのです。その疑ひとは天皇が支配者だとか搾取者だといふ誤つた觀念です。日本人の傳へでは、さうした役得のない社會、支配のない社會を、守つてきたのです。日本の本質社會は、一から始つて末廣りに國になつたのです。多から一を作らうといふ人爲によつて出來た國でないのです。多が一を選ぶとか、多の中の一が忽ち頭をもたげて、多を支配するといふ形でなかつたのです。卽ちそこから始つたのであつて、必要のために作つたものでないのです。これが人工に非ずして天造といはれる國家の形です。選んだのでもなく、委任したのでもなく又奪はれたものでも何ものかに任命せられたものでもないといふことです。

しかし今日本質生活に歸一するといる場合の過程では、いくらかの人々は、必要なものとしてこれを理論的に感ずるかもしれません。今日でも古ながらの國民の本質生活の中では、古のまゝの形で傳つてゐるのです。さういふ以外の生活の中にゐて、理論的に考へぬ人にはいくらか稀薄になつてゐます。

日本の生民に絶對的な世界に於て、天皇はいつも「知ろしめす」と云ふのです。舊い時代、將軍は「領き」天皇は「知ろしめす」と、その二つの世界を別つたのです。

それは本居ら國學者の思想上でした仕事です。「領く」形式を一排し「知ろしめす」形一つに變革せねばならぬと唱へて、明治御一新に、不拔の方法論を與へたのです。

それが復古の意義です、つまり國家體制を基本の一つにかへす(滅んだ昔にかへすのでない意味はわかるでせう)決して主權と支配權の奪取を意味したのでないのです。しかし以前は愛國者と云つた連中が、このけぢめを理解せず、本居らは幕府に妥協してゐたと云ひました。彼らは御一新時に、天皇を將軍の位置におきかへる工作をした野望家たちのエピゴーネンだつたのです。維新後は、本末輕重を間違つた人々によつて「知ろしめす」天皇を「領く」將軍の地位へ下さうとしたのです。

問　古來のアジアを支配した帝國とか皇帝といふのは何でせうか。

答　支那といふ地帶に於ては、平原の周壁に雜多な民族がゐて、つねに「中原を爭ふ」といふ爭鬪をくりかへし、中原に入つた政權が、中華中國と稱したのです。しかしアジアに於ては、さういふ支配者組織と別箇の生活がありました。それが眞のアジアです。それですから、侵入者——中原を支配するものはつねに侵入者ですが、さういふ侵入者の維持する秩序と人爲的宗教と全然別箇に、アジアの民は土俗の信仰と、天造の秩序に生きることをくりかへしてゐたのです。これがアジアに昔からあつた二つの世界で、後者の方が原理的アジアと呼ぶ、アジアの壓倒的な性格です。

アジアに於ては、侵入した支配者は短期間に於て、孤立した權力となり、また住民が無關心を示すにいたるといふ例が普通であります。ゲーテの如きは、侵入した異民族は、初め狂暴な權力を發揮し、やがて住民から忘れられ、つぎにはいくばくもなく舊來の文化に融合されると申してゐます。これは本質的アジアがあるためです。本質的アジアとは、こゝにある本質的生活そのものの謂です。だから素朴なアジア人たちは、侵入や戰爭を、一つの天變地異と感じるといふ、近代政治觀上の幼なさがありました。

ともかくアジアの最も主要な部分にあつた古代帝國主義は、アジアの生活とは、本質上で無關係だつたのです。それは時代を一貫して、饗宴を理念とする帝王藝術と、生成の理に生きる清談文化が兩立した點でもわかります。

例の北京の天壇――といふのは支那の皇帝のしきたりに從つて、清朝が祭天の祕儀を執行した遺蹟ですが、その莊麗な建造物のもつ巨大な人間的喪失の感情に、魂ををのゝかしうるだけの教養をもつ者なら、日本人であらうとフランス人であらうと、はたドイツ人であらうと、芭蕉の考へてゐた世界が、これに較べて、如何に高次な精神の種類の異るものであつたかといふことを直ちに理解したのです。それは自體が巨大な喪失でありますが、同時にその雰圍氣と境域に一歩入つた者に、その瞬間に於て絕對的な人間喪失の感を與へねばおかぬのです。もつとも、それはそれとして美しいのです。

もつと手近いところでは、熱河離宮を比べてもよろしい。古い時代なら大同の石佛寺と、法隆寺を比較してもよろしい。支那の代々の帝國主義は、怖るべき喪失と焦燥をおぶつてゐるのです。大へん怖ろしい、しかしこゝにも何かの一種異様な魅力はあります。こゝで宗教祕儀の行はれた時の魅力は我々の想像を絶してゐたにちがひありません。これらの美しさと魅力を研究することは一つの課題です。

問　さきに申された精神の國の一致した事實はいつの時代にあつたのでせうか。

答　日本民族の神話の傳へです。そして我々の生命を養ふ最も根本的なもの、卽ち米の生産にあつては、今も大方に、昔のまゝに古を今にして、その心持に生きる日々によつてなされてゐるのです。このことを「古は今にあり」と國學者は表現してゐるのです。

かういふ古制の、傳への、思想を恢弘しようとする考へは、大變革期には必ず出てきます。このことを歸一と云ふのです。神武天皇の肇國の大理想はこれを樹立したのです。それから五百年後にもこの思想の恢弘が敢行せられました。さらに基督暦七世紀の始め、かの大化改新の時にも、これによつて國土計畫を立てようといふことが、蘇我氏の一族の石川麻呂によつて考へられたのです。又十七世紀の終り頃からは、相ついで出た國學者の努力によつて、この思想が明治維新に精神と方法を與へたのです。

問　餘りにも空想的に聞えますが。

答　しかしそんなことを云へば、戰爭放棄も夢のやうに聞えるではありませんか。ガンヂーの仲間らは、さういふ夢のやうな時代のあり方の外形を模さねばならぬ事態を、情勢上から經驗し、信念として、いくらかのことがらを、執拗に實行したのです。

現にもし我々が、侵略國の軍隊を迎へたやうな場合、反抗しない、共力しない、誘惑されない、といふ形を守るには、戰車のまへに横臥して、なすにまかせるといふ、大勇猛心を振ふ位の夢のやうな決心が必要なのです。これは日本國憲法を作つたすべての人々が、もし彼らが正氣だつたなら、それをよみ上げた日にした決心だと思ふのです。

さういふ理想に殉ずる聖者らは、武器をとる勇士に比べて、比較にならぬ大きい勇氣のある人々です。しかし彼らは夢のやうな人々と云はれるかもしれません。だからさういふ聖者らは、かういふ無慘さをみかねて、武器をとつて代りに侵略者をこらしめ、代りに防いでやらうといふ人々を、心からの感謝をもちつゝも、拒絶するだらうと思ふのです。

しかし我々は作られた憲法に殉じるのではないのです。我々の傳へを守るのです。我々の考へは多少異るのです。我々は平和だけが目的ではないのです。崇高な本質からなす行爲が、憲法の一項を守り平和を守る結果を生むやうに、行爲したいと思ふのです。我々の行爲の結果が守ること﹅なるのです。

問　絶對平和の主張が、憲法やヂヤーナリズムと關係ないといふのは、その意味ですか。

答　さうです。我々の絶對平和論は、憲法の根本思想と一致するわけではありませんが、絶對平和論の結果は憲法の主眼の一つなる平和を守ること﹅なるのです。我々の考へは平和の本質を追求してゆくのであつて、政治的中立論を云うてゐるのではありません。この平和の本質の追求は、今日の日本の國の危機を念頭にしてこれを如何にして超えてゆくかといふ問題をとくのです。

問　新憲法の基本思想は何でせうか。

答　一概に云へば「近代」だと云へるでせう。それも「近代」といふものに對して何らの懷疑も表明しなかつた十九世紀的觀念です。そして近代の繁榮と幸福の維持擴大といふ考へ方を根本にしてゐると考へられます。この點でその平和論は非常に不安定です。おそらくその點からくづれる可能性があります。それは分離した政治的結論の羅列に終つてゐるのです。原則の思想と分離した、政治的もしくは政策論的結論を羅列してゐるからです。

そこで一番問題になる第九條ですが、それには「日本國民は正義と秩序を基調とする國際平和を誠實に希求し、國權の發動たる戰爭と武力による威嚇又は武力の行使は國際紛爭を解決する手段として永久にこれを放棄する。前項の目的を達するため、陸海空軍その他の戰力はこれを保持しない。國の交戰權は、これを認めない」とあります。この項目は「正義と秩序を基調とする」とある前提が、實に曖昧な表現であります。不安定であります。

これは憲法前文中の「日本國民は恆久の平和を念願し、人間相互の關係を支配する崇高な理想を深く自覺するのであつて、平和を愛する諸國民の公正と信義に信頼してわれらの安全と生存を保持しようと決意した」とあるのと同じ考へですが、いづれも不明確な表現で「公正」と「信義」に對し、當然アジアの發言を豫想すべきです。さらに念願するとか信頼するといふことは具體的な手段でなく、又具體的な生き方の指示とはなりません。

要するに世界に文明の理念はたゞ一つしかないといふ輕卒な考へ方に立脚し「近代」の考へ方を唯一のものとして考へた思想の表現です。これは實に困つたことですが、結局は事大主義の現れなのであります。文明の理念は、世界に一つしかないものではありません。全然系統の異る理想と文明はいくつも相對抗して存在してゐるのです。

「近代」の體系の中に生活してゐて「恆久平和」を求めることは難しいとは、我々のくりかへしたところですが、さういふことに對し何の反省もなく、憲法前文にもこのことが無批判にとなへられてゐるのです。この憲法の思想は、今に現存する日本及びアジアの理想とその道德の文明を全然念頭に入れずにつくられたものです。このやうに一つの文明に對する無反省な屈服を表現した結果、果して恆久平和は何によつて守られるでせうか。こゝには念願と信頼しかのべてありません。これは非常に危いことで、何の根柢もない念願と信頼の破れた時、この憲法は何を云ふのでせうか。

同じことは第九條の「正義と秩序を基調とする國際平和を誠實に希求し」にも云へます。これはあまりに空想的な表現です。のみならず平和放棄の合理的な逃口上となります。

第二十五條の「文化的最低生活」などといふ不明確な考へ方は、同様に憲法違反の具體的な逃口上となり、これらの項目と戰爭放棄を同時に認める矛盾を感じるといつた種類の、根本思想上の缺點が少くありません。

しかし重さから云へば、この憲法の中で最も重いのは、衆人の見るところ、戰爭放棄と無軍備といふ點です。これは疑ひありません。信義を解する協贊者の必ず守るべき第一のものです。日本人も關係ある外國人も、必ず守るべきところです。

しかしさういふ事項と關係なく、我々の第一義の目的から云ふと、憲法第九條を守ることは、むしろ副産物的、第二義的であるといふ意味になるのです。しかし第二義であるが結果の現象として絶對の歸結です。

それは日本人の信義もあります。守れぬなら初めにきめなければよいのです。さうしてこれを守らうとすれば、さう考へる人は、必ず我々の考へに接近するでせう。憲法第九條を守ることは現象問題で、我々は本質論を立ててゐるのです。相通じますが、嚴密な論理で第二義だと云ふわけです。それを「無關係」と云うたのです。つまり我らの絶對平和生活をたてることが第一義だといふ本質論上の意味からきてゐるのです。さうして我々の絶對平和論の根本は「近代」でないといふ意味もふくまれてゐるわけです。

次に我々は「平和」を守るといふ近代の人文思想を、第一義としてゐるわけでもないのです。すでにくりかへしてきたとほり、我々の絶對平和論は、第一に絶對的な平和生活の計畫に基く平和論だといふ意味と、二つには、我々は「戰爭か平和か」といふ近代の發想に立つ平和論でないといふことを云ふのです。つまり戰爭の危險と平和維持の理想が共にある生活狀態、もしくは、その生活地盤では、戰爭と平和が同時に考へられるが、さうした狀態の中で、ある一つの理想に基いて、平和をとり戰爭を排するといふ形の考へ方からくる平和論でなく、平和しかないといふ生活にもとづく平和論です。さういふ二者選一の平和は、相對的な考へ方を地盤にしたところから出る平和です。

問　相對的な平和がつゞいてゐる時の具體的な様子とはどんなですか。

答　平和であるといふ狀態は、一番簡單に云ふと、戰爭がない狀態だと云へます。戰爭の危険や準備に進行中であるために、今は戰爭狀態でない、といふやうな時には、大多數の人々は、それを平和と感じて暮すことが出來ます。

次に二つの對抗する國と國との、勢力がつりあつてゐるとか、相均衡する狀態におくことによつて保てる平和狀態もあります。しかしこれも安心できない狀態です。さらにこの二つの狀態が交りあつてゐる場合も多いのです。さういふ狀態をとく平和論は、一種の政策論にすぎないのです。

これらは平和の狀態についての話ですが、平和の論議をする時にも、さういふ勢力の均衡狀態から生れる平和を目的とした議論があります。たとへば內に武力を蓄へて、他を犯しもせず、他から犯されもせぬ狀態に自國をおくといふ考へ方です。さういふ狀態を說く平和論が、平和を保障したためしはありません。それらは大てい軍備の時をかせぐ役に奉仕したものでした。しかしこの考へ方は、今日の日本ではなり立ちません。日本は新憲法によつて、武器を持たない、どんな戰爭もせぬ國だと定めたからです。武器をもたないで戰爭をせぬ國が、他國の武器と兵力によつて、國を守るといふこともできないといふことは、自明のことです。

さらに平和を唱へる運動の場合に、意識的に戰爭準備の時をかせぐためとか、自派の勢力を增大するためにする平和論があります。誰でも知つてゐるやうに共產黨はかういふ方法でまだ人をあざむきうると考へてゐるのです。もちろん純粹な平和論と云へません。それは一つの勢力へ國民を僞瞞してもつてゆかうとするのです。

つまり普通に、平和といふ場合には、戰爭の危險が進行を停止した狀態を云ふ場合と、二つ以上の勢力が均衡狀態にある場合との二つが含まれてゐます。これらは絕對の平和とは云へません。それらは戰爭の無い生活をとくのでなく、戰爭がたゞないといふだけのことを考へてゐるのです。平和論といふものにも、さういふ勢力の均衡狀態をめざす平和論があります。軍事力の完成までの時をかせぐための平和論もあります。いづれも日本のゆく道ではありません。

問　少しばかりもとにかへりますが、わが憲法の基本精神が「近代」の理想に對して何らの懷疑ももたなかつたところの――十九世紀的觀念に立脚してゐるとの御話でしたが、マルクス主義も亦十九世紀的觀念だと云はれました。この場合兩樣に使はれてゐる「十九世紀的觀念」について說明をしてもらひたいと思ひます。

答　二通りに使つたのは、いづれも十九世紀的イデオロギーだといふ意味です。マルクス主義も決して「近代」の繁榮と幸福を否定したり、拒否したりするものではありません。つまりマルクス主義は、それを所有しないで最も濃厚にそれを求めてゐる者の考へ方です。たゞそれを存分に享受できない者らが集つて權力と暴力革命によつてそれを自分らのものにしたいと考へてゐるだけのことです。

だから文化的に素朴で野蠻なロシヤ人の中のゴロツキたちが、この主義によつて革命に成功し、西歐文明をとり入れて「近代」を存分に享受しようとした時に、彼らがその道程で、近代文明の「科學的」といはれるもの、即ち非人倫的非道德的性格を典型的に現すのは當然のことなのです。

我々はかういふ十九世紀的觀念——「近代」を絶對とする觀念をあくまで否定します。廿世紀の觀念では、ヨーロツパ人の最も進んだ有識者は、大體に於て「近代」を懷疑してゐます。近代の理想と現實への懷疑と、近代文明に對する絶望といふものが、廿世紀の特長であり、將來性であります。マルクス主義も日本國憲法も、いづれも「近代」を絶對信仰した十九世紀觀念の產物です。

問　絶對平和論は、敗戰狀態から生れたものでせうか。

答　これは大切な問題です。しかし第一に云ひたいことはこの思想は新憲法をつくり、又それを守るために生れたものでないといふことです。また新憲法が作られてから、それに步調を合せるために（特にその第九條）作られた思想でもありません。もと〳〵アジアそのものを律してきた長い〳〵道の思想だつたのです。これがさきに申した「新憲法と無關係」といふ意味に當ります。絶對平和論の基礎となる生活、その倫理、精神、思想といふものは、くりかへし申しましたやうに、日本の古い傳へです。且つ日本の國土の本質生活として殘り、日本の生民を養つてきた、今も養つてゐる生活です。

しかし、これが日本の永遠の原則であり、更生原理であると深く感じられたのは、敗戰を機緣としてであると申しても、決して不都合とは思はないのであります。もと〳〵戰時中から、我々の間で考へつゞけてきたところでありますが、敗戰を機緣とすると申されても、少しもかまはないのです。我々は、八月十五日の詔勅を靜かに拜誦した時、そこから一つの悲痛な信念をよみとりました。

「交戰既に四歳を閲し、朕が陸海將兵の勇戰朕が百僚有司の勵精朕が一億衆庶の奉公各々最善を盡せしに拘らず、戰局必ずしも好轉せず、世界の大勢亦我に利あらず加之敵は新に殘虐なる爆彈を使用して頻に無辜を殺傷し慘害の及ぶ所眞に測るべからざるに至る。而も尚交戰を繼續せむか終に我が民族の滅亡を招來するのみならず、延て人類の文明をも破却すべし」こゝに仰せられてゐる「人類の文明」といふ理念は、新憲法の云ふ「文化」とは根本的に原理の異るものであります。根本的に異るものであると、我々は解釋します。この解釋を伴はない時は、その直後に陛下の示された平和のために武器を否定する思想は生れないのであります。

「五内爲に裂く」とも仰せになつたのです。しかも、堪へ難きを堪へ忍びて、萬世の爲に太平を開かむと欲す、とあるのは暗黑を貫く如き啓示が感じられます。これほどの苦惱を一身に負うた御方はかつてなかつたでせう。さうして、何ら傷つかずに理想をかゝげ得た人も少いでせう。生きるといふことは、どれほどの苦難と重荷であるかを考へる最も嚴肅な事實です。

　萬世の太平の基をきづくとの御言葉は、單なる修辭ではありません。かうした狀態の後の生き方によつてその苦難の道を行つて、初めて太平は來るといふ思ひつめた感じと、無限な明日へのたゝかひの希望をよびさまされたのです。これは、完全にうちひしがれた哀れな悲しい聲でありません。より高い理想と、それを達成する方法を示唆する大なる聲がひゞいてゐるのでした。憲法第九條の眞精神は、その日そこに感じられたのです。あの新憲法が無事にでき上る一つの機緣はこゝにあつたと我々は感じてゐます。武器によつてなし得ないたゝかひ、武器をもつ者の想像し得ない大勇猛心を必要とする戰ひの宣言を感じたのです。

「武器によつて平和は將來しない」といふ陛下の御言葉を知つたのも、その時のことであります。當然悲痛の極致にあるべき御言葉が、何か崇高でむしろ昂然とした感じで、うけとられたのです。これは陛下の御念願を端的にもらされたものでせう。

陛下はさういふ近代の國と異る、精神の國家の御中心であるといふのが、日本の傳へでした。しかしこれをある宗教の中心と考へるのは誤解です。精神の國は、宗教の國でなく、絕對平和生活といふ日本人の今も持續してゐる、本質の精神生活にして、且つわが生民を養つてゐる現實の生產生活なのです。

だから絕對平和生活こそ、日本の傳へとしてあつたものですが、それが敗戰前後を機緣として、日本人の理想となり、願望となり、憬れとなつたといふことも事實です。だから他に向つては、武器（とその生產）をすてねば絕對平和論は生れぬと云うてもよいのです。これは方便論ですが、決して恥しくない眞理の表現方便です。

安倍能成君は近頃「心」と云ふ雜誌の一月號に「平和宣言」といふ文章を書いて、日本の戰爭放棄の宣言を、世界に前驅するものとたゝへ、「たゞしかし遺憾なことは、この宣言が戰勝によつてでなく、戰敗によつて出現したことである」と云ひ、又「しかし我國に勝ちおほせた連合諸國が、一向戰爭放棄の決心をしないところから見ると、戰に勝つて戰爭を放棄することは中々六ケしいものと見える」と云うてゐるのは、一々同感でありますが、すべて時宜あつて生れるものは、これを生れたものとして、大切にせねばならぬのです。これを神意とも神慮とも云ふのでせう。

その同じ文章の中で安倍君は「戰爭の放棄が連合國の希望に副つたものであること自身は、一つの日本人の屈辱でない」「我が國民の一部には、戰爭があれ程の慘害と不幸とをもたらしたことを考へず、又廣島や長崎で十數萬の同胞が、世界最初の原子爆彈試驗動物になつた人類的國民的悲劇をさへ忘却して、敗戰後の困窮と不景氣との除去を又もや戰爭の勃發によつて僥倖しようと願ふ者のあることは、實にあきれはてた次第である。」「我々の平和の提唱は、或る國に戰爭の時をかせがす爲のものであつてはならない」「アメリカの爲に又ソヴイエツトの爲に和平を唱へて、自分達仲間の得にしようとするやうな奴隷的根性は、結局日本を亡ぼすものであり、我々は斷じてこれを棄てねばならない」「孔子が春秋に義戰なしと云つた如く、現代にも亦完全な義戰はない」かういふ論法で、平和を主張してゐるのです。

問　安倍能成氏のこの文章は近頃激越な調子をもつてゐるやうに思ひました。

答　さう感じるのは、東京のヂヤーナリズムが餘りに無定見だからでせう。東京は今や完全な植民地なのです。しかし日本人全體が臆病で追從的になつてゐるわけではありません。今日の東京の一部の言論とヂヤーナリズムが臆病なのです。彼らは信念と正義觀に缺けてゐるのです。彼らの平和論にしても、安倍君の云ふやうに、ソ聯あたりの戰爭準備に奉仕する平和論であつたり、自分ら仲間の利益のための平和論です。眞に正義を思ひ、自分の野望は勿論、他人の野望や利益に奉仕する心のないものなら、つねに勇敢な筈です。正義に勇敢なものは右顧左眄の必要はありません。正義に勇敢なものを彈壓することは、理想と文化をもつ社會では出來ないのです。さういふことをなしうるのは、壓政の下にある植民地ヂヤーナリズムだけです。しかし植民地ヂヤーナリズムの彈壓は支配者によつてなされる代りに、ヂヤーナリズム自らが試みます。それを彼らは專制者への奉仕だと考へてゐるのです。

正義人倫を説く者を彈壓し得ないのは、さういふ行爲の結果、人間信用の基本が崩されると、そののちは噓つきばかりの世界となるからです。正義人倫に立つ言論を恐れずなすことは、今や自衞權の謙虚な行爲に他ならぬのです。基本人權などと云ふほどのことではありません。日本人が純一に平和を守るといふことを主張することは、野望あるものを困らせるだけで、人類世界の理想に對し、最も忠實な、且つ謙虚な、なさねばならぬ主張をするといふだけのことです。ソヴエート治下の世界に於ては知らず、尋常にこれを彈壓するものはありません。

安倍君が激越に見えるといふことは、日本の言論とヂヤーナリズムが、一つも純一な精神から、純粋な平和のため、人道と人倫のために主張してゐないといふことを現してゐるのです。この事情を我々は、悲しみ嘆き、さうして國と國民のために憂ひとするのです。

安倍君の如き老人が憤起し、我らの如き世外の民が、寒夜の氷を割つて、筆をおろさねばならないのです。これは邦に道無き證據です。安倍君にしても我々にしても、日本人に向つて云つてゐるのです。右顧左眄したり、舊來のゆきがゝりで、外國人を目安に考へたり、外國勢力の思惑を推測したりして、云うてゐるのではないのです。たゞ日本の爲めに、信念と正義を唱へて、いさゝかでも日本の言論とヂャーナリズムを覺醒せんとするのみです。

問 日本はやはり武力をもたねば、世界に雄飛できないといふ考へが有力なのではないでせうか。さういふ考へが今日の無氣力の根本を支配してゐるのではないでせうか。

答 もしさういふ考へがあるなら、それは大へん危險な誤謬です。たしかに武力を背景とせぬ貿易國策は、世界に雄飛し得ないでせう。しかし絶對平和生活を考へると、自らその生活に於ける貿易とは何かといふことに、考へ及ぶ筈です。

またよしんば武力をもつたところで、今日我々のものとして想像される武力によつて、何の雄飛がありませうか。何の工業上の利益がありませうか。イギリスやフランスに等し並の武力を日本がもつ日を空想し得ませうか。しかし例へそれをもつたとしても、すでにイギリスやフランスさへ、世界に雄飛するどころでのさわぎではないではありませんか。

たとへ我々が新しく武器と軍隊を擁して戰爭渦中に立ち「近代」の興亡盛衰場裡に於て、自慰的な防禦體制をとゝのへたところで、その戰爭のあとに何が生れるでせうか。それは戰爭のくりかへし以上に、何かの價値の誕生も理想的な新事態の出現も、全然想像出來ないことです。

それよりも日本は戰爭介入の危險から身を避けねばならぬのです。それについては、日本人が精神といふものを思ひ起すだけで十分です。

しかし今日の言論人やヂヤーナリズムが、さういふ大それた思惑をしてゐるとは考へられません。彼らは自主的判斷がないか、恐怖からの自由を確保しないかのいづれかです。或は心を共產主義によせた者の世渡りの判斷の現れとも考へられます。

問 安倍さんの同じ文章の中で「日本國民はまさに死を賭しても、如何なる意味でも戰爭に參加したり協力したりしてはならない。そこにものをいふのは又いはせるべきは、憲法に於ける『戰爭放棄』である。日本の政治家殊に總理大臣、外務大臣は、この點について、徹底的に毅然たる態度を堅持してもらひたい」と云うてゐます。

また「我々の手をもぎ足をもぎその武器を奪つておいて、しかも我々に手を振れ、足で蹴れ、刀を持て、持たずば斬り殺すぞといふ者があれば、それこそ神人の怒りに觸れずにはおかぬであらう。我々はそんな暴虐無道を恐れて、天の我々に與へてくれた光榮の道を棄てゝよいものか。平和は卑怯者の上には來ない。武器を賴まずして道理と正義とを賴む者の上にのみ來る。八千萬の國民が、この信念に起ち得たならば世界に恐れるべきものはない。平和の源はこゝにある。この源に立つてこそ、政治も外交も經濟も、始めて平和を將來する力とはなるのである。」とも云うてゐます。肝心のところはこゝでせうか。

答 たしかに一應は肝心のところです。そしてなかなか立派です。しかしさういふ觀念主義では結局無力です。しかしその先にもう少し肝心のところがあつた筈です。

問「今の日本國民の大多數は平和の破壊を恐れ、平和の保持を信ぜず、何とか強い味方に庇護してもらつて一時の安穏を得ようとし、敗戰國日本の外交は、要するにこの手れん手くだに外ならぬと考へて居るやうである。しかしびく／＼することはないのである。我々は國民が悉く憲法の宣言を楯として、軍隊と武力とを持たない戰爭放棄國民にふさはしい態度を取り、どんな國のどんな仕事でも苟も戰爭に協力することならば斷乎として辭退することこそ、何よりも我國の平和を守り、又世界に貢獻する道である。世界で斷乎として平和に終始し得る國民は、軍隊と武器とのない日本國民のみである」とありますが。

答　多分この方が、具體的に方法を教へてゐるだけが肝心なのです。しかし我々の考へは、考への發するところが、安倍君と少し違つて、理想主義的な平和論でなく、日本を第一とし、日本の傳へにある正しい生活、正しい倫理の生れる場所としての生産生活を第一に考へるのです。こゝを我々は肝心といふのです。しかしこゝで云ふ日本は、所謂國家主義の考へ方の日本ではありません。その生活の中には平和しかない、さういふ形であつた、さうして今もある日本の生活に、すべてが歸一することに憬れてゐるのです。相對的平和に憧れてゐるのではありません。

　こゝで安倍君の平和論と、我々とは肝心のところでちがふといふ意味が了解できましたか。安倍君の立派な精神論は、間違ひなく必要缺くべからざるものです。我々は一切同感します。しかし「政治も外交も經濟も、始めて平和を將來する力とはなるのである」と安倍君が平和への情熱から云ふところは、我々の考へ方では本末反對になるわけです。我々はまづ平和を將來する國土國民計畫を立てねばならぬと云ふのです。これを建てるについては、勿論安倍君の云ふ毅然たる精神は必要です。しかしその精神は、どんな困難に直面し、どんな困難を打開するためのものかといふ困難の實體と打開の方法論を安倍君は少しも云うてゐないのです。

安倍君の思想を行動に移せば、表面的政治運動から出ません。勢ひ上部的な政治運動となります。我々は生活の基礎土臺を先きとします。このゆき方は指導者體系を必要としないのです。つまり専制的な指導者組織を要しないのです。安倍君の場合は専ら上部工作を主眼とせざるを得なくなると考へられます。最も頼むべからざるものに頼まねばならぬこととなるかもしれないのです。

しかし安倍君がどんな國のどんな仕事でも苟も戰爭に協力することなら、斷乎として辭退することこそ、我國と、ひいて世界の平和を守ることだと云つてゐるところは、現實問題に卽して、日本のとるべき方法にふれてゐます。去年の暮に生れた國際自由勞聯は、その綱領の中に、「强制と自由にかゝはらず戰爭の爲になる肉體勞働には共力せぬ」といふ一條を設けました。この團體に、日本の勞働組合のあるものは加つてゐます。勿論進駐軍の許可があり、渡航許可を得て代表を送りました。しかし安倍君の云ふところは、もつと廣範な、文化的な仕事をもふくめてゐるやうによめました。

問　しかし文化面で國際的な仕事に携ることにまで、これが戰爭に協力してゐるのか否かといふことを餘り考へすごすと因循に堕して、文化的鎖國狀態に陷つたり、結果的に世界文化に何ら寄與しないといふやうな惧れが起らないでせうか。

答　さういふ考へ方は本末の顚倒です。普通の意味で文化に寄與するといふ個人の行爲に比して、日本全體を平和地帶とするといふことは、人類未聞のこれこそ眞の文化上の大偉業で、これに對しては如何なる賞讚もふさはしいものはない位です。さらに戰爭に介入せぬことは、文化交流以上に、人類の將來に對して必ず文化上有意義と考へるのです。日本人がこゝに、平和しか生れない生活地帶をきづきあげ、世界がその倫理國家の旗印の日の丸を仰ぐといふことが實現したなら、これほど偉大な文化上の寄與はないのです。

しかしあなたはまだ「文化」といふ考へ方で、誤解してゐるやうです。初めの方でずゐ分云うた筈ですが、これから話してゐる間に、その點で、我々の云ふところに、何度も驚いて同じ反問をくりかへすに違ひありません。

もう少し具體的に云ふと、あなたは「文化」とは「近代」のヨーロッパ的文明以外にないと考へてゐるのではありませんか。それは色々の誤解の前提となります。「近代」以外の文化は、いくらも現に存在してゐますし、それらは「近代文化」よりはるかに精神的に高次のものなのです。つまりあなたは世界に「近代文化」と異る文化が、いくつも存在してゐるといふことを考へてゐない、さうしてそれらは現在し、且つヨーロッパ的近代文明よりはるかに高いといふことを理解してゐない、かういふ二つの誤解が、「文化的鎖國」といふやうな危惧をおこすのでせう。むしろ最近の「近代文化」は、それ以外にある精神度の高い文化に對して鎖國してゐるのです。しかし今度は多數の外人が來朝し、日本への關心も高まつてゐますから、いくらかでもヨーロッパに我々の文化の理念を傳へられると思ひます。これは日本の文化的使命です。

問　安倍さんは共産黨の平和運動をどう解釋されるのでせうか。

答　「アメリカの爲に又ソヴイエットの爲に平和を唱へて、自分達仲間の得にしようとするやうな奴隷的根性は、結局日本を亡ぼすものであり、我々は斷じてこれを棄てねばならない」と云うてゐます。

しかし現實の問題は、單に共産黨の平和運動にあるのでなく、共産黨といふ存在そのものにあるのです。このことは、一月上旬のコミンフオルムの日本共産黨批判が、おそらく共産黨に反米鬪爭を強ひるものと考へられますから、一層平和を思ふものは、この成行について關心を必要とするのです。

共産黨が反米鬪爭を始めることは彼らが如何に口に平和を云はうと、日本を戰爭陣營へかり立てる日を早める惧れが多いといふだけです。それとともに、むしろそれ以上に共産黨が自由主義者の平和運動或ひは全面講和運動を表看板として、その組織力を自分の方へころげこませようとする、陰險な方法に對する警戒は十分に必要です。

この平和の問題に關聯し、共産黨に對する具體的な處置として、去年暮、津田左右吉君が「日本の安全といふことは、たゞ武力攻撃をうけないといふことのみではない、ソ連などが日本の内部に、はたらきかけて、人心をかき亂したり、何ごとかおだてたりすることのないやうにすることが重大な意味をもつ。この意味からは、日本人自身の内部に於て、ソ連を思想上の指導者とみたり、それと連絡し、その勢力に依賴したりすることのないやうにするのが安全保障の緊急事である」と云うてゐます。

問　絶對平和の主張が、共產黨の全面講和の主張と混同誤解される惧れはありませんか。

答　近代といふものの分析に於て、極めて皮相的な面で多少似てゐるところがあるやうに見えるといふことから、道理を正しく考へる人に誤解されるといふ心配は決してありません。それ位の論理をもし誤解する人があるなら、さういふ人は專制主義者、權威主義者として極端な形式主義の人々です。だからないとは申せません。彼らは公平な議論を壓迫する最も困つた人々です。第一、根本に於て我々の考へ方は、精神に立脚し倫理に立つのです。共產黨は、物質と動物本能に立つてゐます。

しかし今日の共產黨は、共產主義とか唯物史觀といつた思想で考へる必要はありません。二つの世界の一つの權力の手先の部隊だと考へるとよいのです。近代人の最高の望みである、金もうけをするといふ才能と可能性をもたないが、その代りにもつと野蠻な原始的暴力に興味をもち、且つ本能的に權力をもちたいと願ふ低文化人と低文化地帶の魅力を結集した勢力にすぎません。そこには近代人一般の快適な生活さへないのです。つまり資本主義と同じ近代線上の產物で、近代の傾向を、最も露骨に現した黨派なのです。彼らの學理から云へば、資本主義のあとに出てくることになつてゐますが、近代文化の評價で云へば、資本主義の未發達の地域の暴力と權力の愛好者――近代文化の意味で低い野蠻の間で最もさかんであります。それは「近代」を學びとり、その繁榮を奪取する最適の方法論と見られるからです。「近代」そのものを「革命」する方法論ではありません。

資本主義の子としてあらはれてくる筈のソ聯自體が、大多數は近代的專制政治しか知らない大衆と、僅小の狂的な權力を信奉し欲望する人間によつてくみたてられた、低文化地帶の權力組織に他ならぬのです。しかも最もおそろしいことは、こゝで二十數年に亙つて、人間を近代科學的專制下に慣らせる訓練が萬全に研究された事實です。今では彼らはさういふ心理學の熟練家となつたのです。さういふ者の手先が世界を橫行してゐるのです。

これは近代科學と過去の專制の結合ですから、普通のアジア人には想像できない殘忍で非道德なものです。近代文化の高い國々、つまり植民地を所有する生活をもつ國々では、決して共產主義はさかんになりません。アメリカでは社會民主主義さへおされ氣味で、資本主義を足がゝりとしたCIOやAFLの運動がさかんとなつてゐます。

それはアメリカでは未だに金持となる希望があるからといふことも一因です。又近代文化のすゝんだ地帶では、野蠻な權力の增大に反撥しますから、素樸な權力野望が躾のうちに自づから抑へられて、成人の魅力とならぬものです。さらに貧富生活に、異常な差異がないので特に權力を得て富貴を願はうといふ考へも起らぬ場合もあります。

アジア一般は、近代の意味の文化が低く、素朴な權力に憧れる遊民ゴロツキを溫存するしくみが多いので、共產黨の勢力は助長されますが、日本の場合には、無數の抵抗線があります。植民地風都會は別として、農村に於て、往年第一次共產黨時代に、階級の敵地主ブルヂヨアと呼ぶ時の地主とは何かを規定した時、彼らは十町以上の地主を當面の敵とすときめたのです。

地方の十町以上數十町歩の地主階級の生活は、その地の貧農生活と大差なかつた位に低い食生活をし、衣服生活をしてゐたのです。大きい家に住み、食ふに困らぬ、衣服は衣裳棚につまつてゐるといふところに、生活の貧富の差があつただけで、生活の實相は、懸隔少いものでした。

日本の中小地主階級は近代生活をしてゐなかつたのです。少しでも近代生活をすれば世帯がもちません。近代生活をするためには土地を株券に代へねばならなかつたのです。この一例も、日本を共産主義の浸透から防ぐ力となるでせうし、絶對平和生活のたよりとする氣分と思はれます。

その上我々は暴力によつて、絶對平和生活をつくるとは云ひません。これも共産黨と異るところです。のみならず政治結論を出す考へさへないのです。そのため國際的な戰爭勢力と絶縁するといふところも、ソ聯の手先となつてゐる彼らと全然反對です。

近代生活を拒絶するといふところも、全然反對です。彼らは又民族資本を一應肯定するでせうが、絶對平和生活では、もつと本質的な考へ方をします。資本がおのづからに形を變じてゆくやうなしくみを考へるわけです。貿易が武力を必要とし、市場は植民地にされるといふことは、事實を云うてゐるだけのことであつて、さういふ貿易は廢止されても、決して有無を相通ずる人情の廢止とはならないのです。

ユーゴーの指導者の云ふところによれば、ソ聯は他の社會主義諸國に對し、決して社會主義國間の通商法とか、國際法をもつてゐない、彼らは資本主義國以上に、かつて聞いたこともないやうな苛酷な搾取と壓制を加へたと云うてゐます。大體東歐諸國がソ聯の傘下に入つたのは、決して住民の自發意志でなく、ヤルタ會談に於て、他の資本主義諸國ととりきめた勢力圏協定の結果であつて、しかもこゝでは資本主義國の許してゐる自由の何一つとして許されてゐないのです。

問　絶對平和論と國家社會主義との區別は？

答　根本に於ては、國といふ觀念がまるつきり違ふのです。それはすでに申しました。その現れの異りを簡單に云へば、植民地に對する欲求を起す必要のない生活、近代の考へ方と異つた倫理生活をめざしてゐるといふ點でその區別は決せられると思ひます。色々の國家社會主義といふものは近代國際社會に於て、同等の近代生活を享受したいといふ欲望の表現です。近代に於て「國家」間の平等權の主張です。それで持たざる國よりよこせと主張したのでした。

近代社會は植民地なくしては成立しません。しかも植民地は、國家が相續權を所有してゐます。ある富める國に生れた者は、生れながらに幸福なのです。富める國とは植民地を早く開拓し多く所有する國です。かうして少人數で廣大な土地を占據するのは不合理であり、且つこれが世界の平和を紊す根因となると考へられるのです。さうして早く開拓した人の國籍によつて、その國が植民地の相續をあくまで守り、他を除外してゐるのは不合理だといふのが、第二次大戰の場合の國家社會主義國側の理論的根據となつたのです。アジアの道の恢弘をめざす日本はかういふ世界再分割論に加擔すべきではありません。
我々の考へ方はかうした精神と反對です。しかるに我々の思想が一種の國家社會主義の如くに見られるのは、國を中心とする考へ方で、外相の似たものをさぐれば、これに當てもよいだらうといふ穩健な判斷の結果にすぎません。しかもそれは全く原理上無關係です。國といふ考へ方の根本が違ふのです。原理は全くちがふので、どんな國家社會主義にもならぬのです。從つて近代生活の原理を追ふ國家社會主義の自己矛盾のあらはれである、植民地の欲求といふことが起りません。

問　自由主義者たちの平和論は如何ですか。

答　我々が自由主義者らの平和論を批判するのは、それが政治的中立論であつて、本質的に平和を考へてゐないからです。その根本的な點を云ひますと、我々は抽象的な平和論者として、平和を口にするのでなく、日本の國と民族を思ふ一日本人として說を展くのです。我々は人類の一員であるまへに、一人の日本人だといふ嚴肅な現狀に立脚するのです。そこで日本人のゆき方としての三つの方法の中から、一つのみちを選んだのです。その一つの道だけが、日本人の生きてゆく道です。

日本の自由主義者の場合は、さういふ日本人の立場が極めて稀薄です。日本の同胞についての思ひやりがありません。これが第一の致命的缺點です。それに彼らは近代生活も今のまゝ樂しみたい、戰爭もさけたいといつた、虫のよい考への間を、ゆきゝしてゐるのです。我々は血を吐くまで徹底せねば、たうてい平和を守れぬといふ見解をもつてゐます。

彼らの望む近代生活を維持するために平和を望むのでなく、平和のためには近代生活を犠牲にする他ないと考へてゐるのです。しかしこれが消極的な犠牲でないことはくりかへしのべたとほりです。これは自由主義者と、本末顚倒、全然反對の考へ方です。それは又理想とする文化が根本から違ふ意味でもあります。

今のまゝの近代生活を維持し、出來れば少し向上させたい。「文化」を愛し、學者の俸給を增し、戰爭はさけたい。さういふ考へ方は、植民地的なものを何かの形で保持せねば不可能なのです。あるひはさういふ生活は、貿易商人の懷ろ具合によつて、多少の時を保持できるかもしれません。その代りそれは平和の保障とならぬのです。

我々はさきの戰爭に於てもかういふ考へ方のものが、戰爭に導いた根柢勢力の一つだとしてきたのです。それ故戰爭を正義化する唯一のみちは、古い傳への生活をどこかで實現することだと申してきたのです。全く滿洲系の新興財閥だけが、戰爭の責任者と申せません。それでゐて彼ら自由主義者は今でこそ戰爭に反對したと云ひつゝ、戰爭の時には軍部に仕へてゐたのです。我々にさういふことは出來ません。

彼らは自分の立場を理論的に反省せず、自分らの言論を良心的に探究せず、つねに誰の味方であるかを曖昧にする世渡りに熟練してきたのです。彼らに對し、今日こそ何を第一義とし、誰の味方かといふことを明らかにさせる必要があります。それは、どのやうな場合に戰爭介入も止むを得ないと考へてゐるのか、あくまで平和を守る決心なら、それをどういふ形に現さうとするのかといふことを、明白にしておく必要があります。彼らは平氣で言葉をかへるからです。

彼らは實際生活の上での思想と感情は、必ず戰争の一つの陣營に屬さねばならぬものをもちつゝ、口さきでは平和を唱へるのです。さうして後になつて、新聞やラジオで、瞞された瞞されたとわめくのはみな彼らです。

しかし彼らは自分の抽象的平和論が、内容と方法をもたないことをさとり、形勢非となると、多分に共産主義の陣營に近づく傾向があります。最もそれも一時的現象ですが、それによつて良心を満足させたといふ錯覺をおこすのです。自由主義者の平和論が、窮餘の策として、共産黨と合流することは、共産黨の方からも働きかけるでせう。彼らを表看板として、暴力革命の地下工作を進める可能性は、今後多分にあります。一月のコミンフォルムの日本共産黨批判があつた後でも、この點は警戒をゆるめてはならないし、我々の立場として、つねにこの一線の峻別に努めねばなりません。

南原繁君などは、アメリカへ渡つて、日本の大學の共産主義教員の追放を擁護しました。彼らを追放すれば、自由主義の勢力が弱まると云うてゐるのです。南原君は世界の二分してゐる現情勢がわからぬのでせうか。自由主義者を、誰の味方と考へてゐるのでせうか。情勢を知りつゝ國民を瞞さうとしてゐるのでせうか。

平和と中立を守るためには自由主義者の場合も、例へば津田左右吉君のやうに、ソ聯をしたふ者や、ソ聯の手先となつて日本人をおだてるものを一切拒絶すべきだといふのが當然なのです。しかし彼らは、いつでも必要な時がきたら、私は平和主義者だつたと云ふでせう。これが彼らの舊來のやり方ですから、今度ははつきりと事態を示して、彼らが誰の味方かを明かにさせておく必要があります。

日本を謬つた者は、左や右のものでなく、日本の官僚組織の中樞にゐて、官僚に對し最も因縁深い影響力をもつた彼ら自由主義者たちこそ最も重いものでした。彼らは戰爭に對しても平和についても、本氣で實踐的に考へた例がないのです。

それが最もよくないところですが、彼らは巧みさと器用さによつて、世渡りすることに慣れて、思想といふものを極めて甘く考へて了つたのです。

さうして彼らはその政治的平和論が論理的にゆきづまると、平和を守るためには國が亡んでもよい、などと平氣で云ひます。これは決して平和の運動を助長しません。反つて善良な人々に武器をとらざるを得ないといふ氣分を起させるものです。

日本が知つてゐる三つのみちの他にある自由主義者のみちは、最も曖昧で變化し易いみちです。それを追從便乘の道といふのです。

問　絶對平和生活といつた生活上の變革が現實的に可能でせうか。

答　それは變革といふものではありません。のみならず終戰以來の現狀では、まだ可能性を多分にもつてゐます。戰時中からの懸案だつた土地政策の地ならしが、ともかくでこぼこだらけでも完了したことも好條件の一つです。講和の見通しがかなり後退したことも、我々の立場からは無下に不幸とは思へません。對中共貿易が米支紛爭で見込薄になつたこともむしろ好條件です。その上まだ外資は入つてゐず、西獨などに較べると援助經濟のワクも殆ど云ふほどのものもありません。且つ我々はこの考へ方の實行に於てはむしろ不景氣と危機を利用し得るのです。

問　最近では平和の主張が、全面講和論といふ形で行はれてゐるやうですが。

答　去年夏出來た「平和を護る會」は、民主主義擁護同盟を母體とする團體ですが、別に共產黨の別働團體化する傾向が見られます。それは「平和を護る」といふことを命目として、「全面講和」といふ大きいワクで、大衆の輿論を組織しようとしてゐるやうです。その次の目的は明らかでせう。

全面講和か單獨講和か、といふことは、勿論全面講和が望ましいのに決つてゐます。しかし久しい間のソ聯の非協調的態度や、毛澤東政權が出現し、かつそれが米國と紛爭狀態に入つたことや、年初と共にアジヤ情勢が極端に惡化した結果は、全面講和どころか、單獨講和さへ心細い情態として了つたのです。

しかし最も正しい立場で、平和を護らうと思ふ日本人の場合は、全面講和か單獨講和かといふことなど、何ら考へなくともよいのです。右顧左眄することなく、つねに誰人に對しても、何國に對しても、不變の絕對平和生活をこちらから宣言すればよいのです。絕對平和論は戰爭の終結としての講和といふ考へ方と無關係です。

問　現狀のまゝ第三次世界戰爭に入つた場合の我々の態度は？

答　さういふ不幸な想像が實現せぬことを、神々に祈つた上で、申しませう。最も重大な狀態はその時に始るのです。その混亂狀態に於ては如何なる冷靜さも度を失ふかもしれません。しかし例へ我々の國土が不幸な戰場となつても、一切の軍事に反抗せず、共力せず、誘惑されない態度をとらねばなりません。さういふ態度をとり得るためには、我々の國土と國民の生活計畫を確立し、絶對平和生活を立てておかねばならぬのです。さういふ最も不幸な場合を考へた時に、この國民計畫の必要が痛感されるのです。一人でも戰爭に介入して利益を得ようとすれば、百事瓦解の前兆となるのです。

我々のこの考へ方は講和問題に對する唯一つの方針と信ずるものですが、その以前に於て、さらに痛切に必要な方針だといふことを理解して下さい。しかしこの場合にいふ國土計畫は、講和の時に考へられる國土計畫と少し異るかもしれません。

問 その國土計畫の根本になる思想は何ですか。

答 完全耕作といふことです。國民の皆が計畫上耕作できるといふことです。完全雇傭といふことではありません。これが平和生活の最低主張です。世界の可能耕地は過剰であります。今日の主權とか國家觀の根基をなす欲望と無關係な精神によつて生きる人々に對し正當な法規によつて、耕作を許すのは當然だと思ひます。今日も從順な日本人は、その日にも必ず從順だと考へられます。

しかし現狀のまゝ戰爭に入る日の用意としての國土計畫は、おそらく生活程度の困苦缺乏に耐へる上で、一層苛酷だといふだけで、これも不可能ではありません。戰爭放棄とか武器放棄といふ方が、一層に不可能事だつた筈です。强力な他からされることに對してなら可能で、自らすることは不可能といつた奴隸根性はよくありません。

確信をもたないもの、現實性をもたない、觀念的なものは、口を閉すやうにしむけるのがよいのです。日本の自由主義者は、たゞ時代良心といふものとのつき合ひの上で喋つてゐるだけです。

問　しかし現實問題として、日本が二つの世界のどちらにも屬さずに、暮してゆくといふことが可能だといふことを國民は果して信ずるでせうか。それは理想上の根據に立つものですから、極めて困難だと考へられます。

答　問題は何どでもそこへ歸つてくると思ひます。すべての人がその精神を解することはたしかに困難です。さうしてそれが困難だといふところに、アジアの自覺の進展せずアジアの悲劇と不幸がくりかへされる原因もあるのです。さうして國民の經濟生活や繁榮から割出して、ソ聯につくよりアメリカにつくのが有利だといふ感じが、少なからぬ國民の押しつまつた氣持にあると思ふのです。これがいつはりのない氣持と思ひます。この點を安倍君は手をつけてゐないのです。あれでわかつてゐる筈だといはずに、納得するやうに語る努力が欲しいと思ひます。

生活のみならず氣持から云うて、又皮相的なものにちがひありませんが、一種の正義の感情から云うても、二つのうちのどちらと云へば、大たいの人はアメリカの方がましだと考へてゐるのです。それもよくないといふこととなると、安倍君も、單なる理想主義的平和論でなく、人の納得する計畫を、暗示としてでも云はねばならない筈です。

問　それは日本人がまだ戰爭にこりてゐないからでせうか、戰爭によつて利益があると考へてゐるからでせうか。もしさうだとすれば、さういふ考へを訂正し、戰爭の慘害をあくまで教へる必要があるとおもひます。

答　戰爭にこりてゐないといふよりも、崇高な精神と嚴肅な理想を知らないからです。我々の云ふ如き理念をもたないで、近代の生活の中で生活してゐる人は、戰爭時代に入ると、何かの形でそれに隨伴してゆくより他の仕方がないのです。さういふゆき方が、近代の生活なのです。

戰爭をなくするものは、戰爭嫌惡感でありません。戰爭嫌惡感は敗戰氣分を助長するだけです。戰爭を廢止させ得るものは「理想」のみです。しかもその「理想」は、戰爭と無關係な生活を建設する體系の上に立つ「理想」でなければなりません。

聯合國軍が日本に進駐した當時、彼らは二つの宣言をしました。一つは日本を絶對戰爭させない國にするといふことです。所謂四等國にするといふのです。今一つは、日本人に戰爭は儲からぬといふことを徹底的に思ひ知らせてやることだと宣言しました。

問　今きくと傳說のやうに遠い感じですね。

答　さういふ感じ方がよくありません。これを傳說にしてはなりません。日本人はこれを忘れてはならぬのです。それを忘れてはなりません。今度はこちらから思ひ知らせてやることがあります。それは世界の理想を我々が見せ示すことです。

問　時々耳にするアジア第三勢力といふものの可能性はありますか。

答　東京のヂヤーナリズムで云うてゐるさういふ考へ方は、東南亞植民地ヂヤーナリズムの作り上げた願望的謀略的かけ聲にすぎません。終戰直後の西歐の第三勢力思想以上に甘い考へです。あの當時哲學者の田邊元君などは、西歐第三勢力に日本も追隨できるやうなことを、本氣で考へて、政治哲學といつたパンフレットまで作つて宣傳したのですが、その熱意はともかくとして素人の國際情勢判斷のみじめさに終りました。

いづれにしても、「近代」の內部に於ては第三勢力は成立するわけがありません。そこに於てはその繁榮を拮抗せんとするものと、その繁榮を奪取せんとするものとの二つに別れるだけです。奪略は持主が代ることで、文明の性質がかはるのではないのです。それは質の「革命」でありません。しかしさういふ奪取を共產黨では「革命」とよんでゐるのです。

もし第三の原理を考へるなら、それはアジア以外にないのです。アジアの理想は「近代」とその文明の本質の上で異質のものだからです。その代りアジアを願ふ者は「近代」をのぞめません。アジアの精神を持して「近代」の文明の中に住むといふことは、本質的に出來ないのです。矛盾するのです。

印度のネール氏の考へてゐる經營や性向については、日本人のギヤーナリストや政治家に多分わかつてゐないのでないかと思ひます。一かどの印度人の發想の中には、スワラヂの精神がきつと殘つてゐる筈です。

問　スワラヂの精神とは何でせうか。

答　それは簡單に云うても、印度植民地の成立から、彼の無抵抗主義に至る迄の仔細を云はねばならぬのです。しかしその倫理として、精神の核をなすものを、一言で云へば、近代に反する精神と云ふか、むしろ近代に無關心な精神と云ふべきでせう。

問　しかし近代人が近代文明に無關心であり得ませうか。例へば原子力の將來とか……。

答　ガンヂーは彼の第一義の關心に於て原子力に無關心だつたでせう。いや無關係の世界に生きてゐたでせう。しかしそれは近代を生きてゆくといふ上で無關心といふ意味でありません。つまり自衞手段は構ずるといふ關係で、本質の精神や理念上では無關係だといふことです。念願もせず、誘惑もされず、期待もせずといふ形です。

問　しかし原子力を開發に利用したら、日本の島國にもさらに多くの人口が住めると思ひます。

答　しかし近代文明の進歩は、不幸にもさういふ構想から出發しません。絶對に人間を幸福にしない進行に加速度を出してゐるのです。近代文明は戰爭を終結させるための努力をする代りに原子力を利用した爆彈を作つて、大量殺戮をいよ〳〵慘虐化したのです。

問　しかしそれは學者が惡いのでなく、學問を利用する上で今の社會の制度の罪なのでせう。

答　必ずしもさうでありません、今の社會のさういふ進行に必要な學問が生まれ、學者が出るのです。戰爭に關係無かつたり、殺戮に重寶でない文化學術は注目されないのです。故に我々は國際ヂヤーナリズム上の文化と競爭する必要はありません。理想が反對だからです。その名譽を名譽とする必要もありません。

東洋の精神の學問は、今の戰爭社會に必要ないから抑へられ、注目されないのです。スワラジの倫理もさういふ考へを根柢にしてゐたと思ひます。日本の十七世紀以來のこの系統の考へ方は（その源流はずつと早く古くからあつたものですが、十七世紀に意識的な復興學問とされました）明治時代にもあつたのです。西鄕南洲の思想の核には、さういふ文化觀があります。今も眞の東洋人の精神に一般にあるものです。

問　それは近代文化を否定する意味ですか。

答　さうとられてもかまひません。いや、無關心なのです。汽車がめざはりだといふのではありません。それを破壞しようと思ひません。しかしそれがなくなる時代がきてよいのです。むしろなくなる時代のくるのを希望するのです。これは人間の幸福と倫理の問題からです。破壞するといふことは、我々の否定するところです。

今日の現實問題では嚴密な論理として、近代文化の生活を追求してゐる者は、米國かソ聯のいづれかにつかねばならぬ結末となるのです。

問　しかし人間の生命や健康に貢獻した近代文明と、それをおしすゝめた偉大な人々の場合は如何ですか。

答　そこにも絕對的なものはありません。魅力かもしれないが、倫理とは云へません。例へば、ストレプトマイシンの效果は、まだ未檢證ですが、かりに絕大の效果があるとしても、藥をつくつた制度は、藥による治癒者より多くの病患者をつくつてゐるのです。この近代生活の追ひかけつこの方が破滅の豫感の上で怖ろしくなります。

しかしかういふ問答は我々の學問上の議論ではありません。故に我々は無關心であればよいのです。我々は近代史上の世界的知名人に於ては、僅か數人の文學者以外にはそれほど精神上の敬意を表してゐません。人間を大量に消耗したり、大量に殺戮する機械と事物の發明に於て、アジア人はヨーロッパ人に敗けたのです。それは文化の血統と傳統の考へ方が違つてゐるのですから當然のことです。東洋人はさういふ考へ方になれてゐなかつたのです。さういふ發明家を尊敬せよと強制することは危怪なことです。それは深刻な好戰主義を養ひます。

問　普通に、日本人は文化に關して模倣的性質は多いが、創造性はないと云はれてゐます。この點は如何ですか。

答　すでに申しましたやうに、日本の本質上の生活と、そこで考へる理想、倫理、つまり文化と申しませう、さういふものと、近代文明のめざすところとが全然ちがつてゐたから、あまり先導的な役をしなかつたのです。ことに第一流の人物はさういふ間違つた文明に追從しなかつたのです。これはアジア一般の精神に共通するところです。

また日本人が模倣に長じてゐたといふのは、さう云へるかもしれませんが、さういふ見方から卑屈になる必要はありません。日本人は近代文明の樣相を知つた維新開國當時から、日本の自衞手段として懸命に近代文明をとり入れようとしたのです。それは東洋人にとつては第一義の文化目的でなく、情勢觀上の自衞手段だつたのです。それを第一義の理想と考へた人々が、「文明開化」といふ誤謬に陷りました。これは戰爭に續く線です。しかし文明社會に追ひつくことが「自衞」であるといふ「近代後進國の眞理」を、維新の指導者は了解してゐたのです。彼らは印度や清國の情勢により、その判斷をしたのです。

しかしこれに對し、別箇の考へをもつた人々がありました。我々の精神上の先人とはさういふ人々をさします。彼らはさういふ自衞は第二義的である、第一義の理想を忘れるなといふことを懸命に唱へたが、文明開化派のためにうけ入れられなかつたのです。彼らは攘夷家と呼ばれました。日本の近い時代の歷史には、攘夷家といひ攘夷論といふ思想があります。この思想も誤解せられたものの大なるものです。彼らの考へ方は本質上で、道德の見地から東西文明の優劣をのべたのです。彼らへの誤解の原因は、ものごとを知らない小說家と活動寫眞の脚本家が作つたのです。

攘夷家といへば、異國のものや人に對し、むやみに病犬のやうに食ひつくものの如くにしたのは、主として活動寫眞のせゐです。さうしてさういふ活動寫眞の影響を、そのまゝうけて歷史觀を立ててゐる者らが、この國ではインテリゲンチヤと稱してゐます。

しかし多數の日本人は感情的に、彼らの眞意を、各自の道德觀的氣質の上でくみとることが出來ます。それ故日本の普通の人々は、この思想をもつた人々の善意を、了解してゐるのです。このことをもつとわかりやすく云へば、この系統の人々の氣分に、思想の言葉と方法を與へたのが、かの岡倉天心です。しかしこの系統の思想を持しつゝ、世間を隱遁せず、時務を論じて說をなした人々は、戰時中戰後を通じてあくまで理解されず、簡單に反對のものに誤解されてゐます。慨しいことですが、現狀から考へると當然のことでせう。

明治の新政府になつてからも、この道義と文明の上の二つの對立は、深刻な爭ひをくりかへしました。

しかし大正昭和となつてからは、この場合の本質上の見解を反對に解釋して、文明開化派に反對したものを、武斷派と呼びました。ものごとを間違へだすと、あくまで間違ふものです。怖ろしいことです。戰爭中はこの誤解のまゝで押し通して了つたのです。しかしそのころは、（さうして今も）我々の思想もさういふ同じ型の誤解にさらされてゐたのです。かくてアジアの本當の倫理生活を知つてゐた人々が、我國でも退けられたのです。日本を近代文明國にしようと計畫した人々は、日本を近代兵備國としようとした人々です。この續きに日本の近代文明國加入時代、世界三大强國時代、戰爭時代があひついで始ります。

過去の日本は好戰國民でありません。二千六百年の國史に於て、明治以前の外戰の例は、僅か五回しかありません。そのうち二回は防戰出兵で、二回は無法な侵入軍隊をわが海岸線で擊退しました。たゞ一回だけが外征軍を派遣した戰爭でした。明治になつてから始めて日清日露の二役を經驗し、義和團事件に出兵し、大正に入つて日獨戰爭に出兵、シベリヤに出兵、さうして昭和の戰爭に入つたのです。このうち義和團事件、日獨戰爭、シベリヤ出兵は、趣旨に於て今日の國際正義も非難できない筈です。しかしこれが我々から見て「義戰」かどうかは別事です。ともかく二千六百年の國史を通じて、三回しか國外出兵をしなかつた國民は、好戰國民と云へないと思ひます。

しかし明治以後何故好戰國民と見えるやうになつたかといふことは、さきに申しましたやうに、近代世界に對する自衞手段をとつて、日本を近代文明國に仕上げようとした當然の不幸な結果です。さうして模倣といふことも、さういふ日の必要から生れた緊急絶對の努力の結果なのです。さういふ意味でこれを模倣と云ひませう。日本人の高價な經驗とすればよいのです。

この模倣は止めねばなりません。あまりにも空しいことだからです。我々はアジアの民の理想の天空のひろさを思はうではありませんか。日本の最高の精神と叡智は、この期間に於ても近代の道とちがふ道をめざしてゐたから、最高のものは近代の道を拒絶したのです。

西郷南洲は、孔子の極めて文藝的な道德論を王陽明の學說で學び、さらに本居宣長の系統の學問に心を傾けた人ですが、彼は早くも、近代史文明は、決して文明とか文化といふ第一義のものの血統ではないと見破つてゐたのです。

問 日本の近代の模倣は、さういふ自衞の自覺をしてゐたのでせうか。

答 文明開化の指導者の中には、或ひは自覺してゐた人もあるかもしれません。しかしすべての行爲の底で、第一義のものをみつめ續けるといふこと、つまりもつと大切な理想があるのだといふことを、大體には自覺しなかつたやうです。福澤諭吉が重寶がられ、南洲の眞髓は、理解されなかつたのです。

この期間の國の步みを見ても、さういふ理想を顯現したものは極めて稀薄です。それは相合はない二つといふ形で、進んだやうです。しかも第一義の考へをもつ人は、國難危機に當つては、己を殺して難に赴くといふ、國家的な氣持が濃厚でした。そしてそのために、いつもたやすく近代派にしてやられたやうな外觀を示してゐるのです。

さういふ第一義派の人々は近頃では明治天皇の御集を欽仰し、その中心は主として天皇側近の儒者や國學系の學者で形成されてゐました。實際政治上で、政權をとるといふ例がなかつたのです。彼らは本質論から、政權を取ることを嫌ひ、また一種の隱者的な性向をもつてゐました。これは「近代文明」に對する彼らの精神の當然の生理ですが、その結果は巨大な悲劇と云ふべきです。

しかしこの模倣は、文明諸國の仲間入りをするための、自衞思想の現れだ、といふことから多くの不吉で戰慄すべき結果を將來しました。その一つは近代文化とその兵器を、過去の個人防禦的武器思想の判斷のまゝに、有效に使用せねばならぬと考へたことです。百發百中といふ思想がこれに當ります。それは生產能力の低い、近代文化の意味で後進性を荷つた國の、經濟狀態から生れる當然の觀念でありますが、大體に於て多人數殺戮を目的とした武器を、有效に百發百中的に使用するといふことは、まことに恐怖すべき思想であり、戰慄すべき結果を將來します。

近代兵器といふものは、多量に消耗すべきものであります。これによつて高度の近代經濟は圓滑に動くのです。努めて消耗し、努めて無駄使ひすることを考へねばなりません。それが平時戰時を通ずる戰爭であり、文化生活はそれによつて向上します。國府軍はさういふ經濟學を熟知してゐたやうであります。アメリカに對しかういふ近代思想を有效にふるまひました。中共軍に破れたのは別箇の原因でありませう。しかるに日本國軍は、百發百中と唱へ、かび臭い貯藏に專心したのです。これは反近代の思想です。近代の戰爭は、彈丸を命中させる戰爭でなく、彈丸を澤山つくるのが戰爭の實體であります。

多人數殺戮用の近代兵器を、消耗せず最大效果に於て使用することは、つまり「ヒユマニズム」に反するのであります。その怖るべき性質を熟知し、これをほど〳〵に使用することが、「ヒユマニズム」にもその經濟にもふさふのであります。この點模倣の人々は誤解したのです。しかしこれも自衞の發揮といふ點から考へると、この誤謬は止むを得ないものであります。そこまでの注意がゆきとゞかなかつたのであります。しかし歸するところ第一義の倫理を忘れてゐたからであります。

問　近代否定の見地は、近代と隔離した生活をするといふことになりますか。

答　さうではありません。我々は正しい生活の理想をもつてゐます。そしてあくまで正しい理想を說くためには、この近代社會に生きて、そこで生きるための自衞をすることは必要です。その自衞權は、無關心といふ形であらはれる時もあります。必ず武器をとるといふことでありません。

汽車のある時は乘り、ない時はあるく、といつた形の自衞權は、第一義の關心を保持して忘れなければ、當然なしてよいことです。過去五十年の不吉な禍は、これを忘れてゐたたので、步み方をすつかり間違つたのです。最も怖ろしい、精神と倫理の敵である、近代國家の頂上に立たうとしたのです。模倣しか出來ない人々が、さういふ恐怖の妄想を起したのです。さうしてアジア植民地を開拓し、近代國家の先棒を荷つて了つたのです。卽ち近代の恐怖を實現し、日本がアジアである故に、別箇の罪惡さへ犯しました。最高の獨創的な精神と叡智は、さういふ模倣と無關係だつたのです。

問　しかしさういふ文明利用は狡い行爲でありませんか。

答　利用でありません。これも自衞の一つです。虐げられてゐるからです。しかし近代の主導者も虐げられてゐるのです。金持も、資本家も、ソ聯の權力者も、誰一人として自由な人間ではありません。我々の夢想してゐる世界からみれば、一人として人間らしい自由をうけてゐません。

東洋人の精神世界には、一人だけ逃避して出來る、甘美な隱遁世界の誘惑があります。しかし近代社會に生れ、まざ〳〵と現狀を眺め、理想を見たものは、さういふ逃避ができないのです。しかし逃避できる者の方を、アジアの代々の精神は、決して憎みはしない、和やかな氣持で、賢い人、賢者とよんだのです。狡い人と呼んでもよろしい。

問　平和を可能にすることは、結局近代の物質の立場をすてて、精神の立場に立つ以外にないといふわけですか。

答　我國に於ては近代の思想に從つて、物質を旨として考へる者と、アジアの精神の倫理に生きるものとの二つに別れるのです。この精神をもたない者は、絕對平和を考へ得ないのです。國際的な神の立場――國際宗教の神の立場では駄目です。惡いことには國際宗教の神の教へは、神の生活の基本型を教へてゐません。

問　日本人は神の生活の基本型をもつてゐるのですか。

答　今日日本人の選ぶべき道は現實の判斷として三つあります。一つはアメリカの陣營に屬するゆき方、二つはソ聯に屬するゆき方、この二つは情勢論です。近代の道です。三つめは、大方に云うて憲法第九條を守るといふゆき方、ところがこれを守るには、たゞ近代の觀念では守れません。その理想の生れる生活に考へ及ばねばなりません。この三つを否定した時の第四番めのみちがさきに云うた精神のみちで、これだけが日本人の生きてゆく道です。さうしてその生活が、わが民族神話の傳へる、神々の生活の基本型に卽するのです。わが神話は生活を律する主宰神の教へをいふのではなく、神々の生活の原型を示してゐるのです。神々の生活の基本型を傳へるのがわが神話です。そしてその生活がなほ大凡に現在してゐるのです。

わが神話は、人間生活の教へを說いて君臨する神を描く代りに、神々の生活の原型を傳へてゐるのです。その原型の生產生活に人間が生きる時は、必ず神々の道に則り、基本の倫理に生きるといふことを示してゐるのです。これはいづこの國際宗教にも見ぬことです。日本の神話の傳へでは、人間の勤勞に於て、神々と人は一體となり、生產が完成されるとしてゐます。觀念的な道の教へよりも、その生活を先とするのが、わが國の傳へです。觀念上の道德戒律を教へる代りに、正しい生產生活のあり方を教へてゐるのです。それを神々の生活の基本型と呼んだわけです。

問　その神々の生活の原型といふものが、卽ち道と云はれるものですか。

答　さうです。「道」は観念やことばでなく、生活そのものが道なのです。この考へ方は、元祿以降の國學者が拓いた復古學問の成果ですが、わが道はこゝにあつたから、ことばで説かれなかつたと彼らの説いたことは、この生活といふものを念頭にせねば、理解できないのです。この道、神の道とよんだのです。末期に出た二宮尊徳なども、道はことさら説く必要はない、その（神より傳はるまゝの）生活をそのまゝに生活するものは、「學ばずとても道や知るらん」と申してゐます。尊徳の云ふ生活とは米を植ゑてつくる生活のことです。人の働き――定つたものに従ふ働きのことです。人のおきてに従ふのでなく神のおきてに従ふのです。

問　その神々の生活の基本型は今日の何に傳つてゐますか。

答　その最も簡明で、然も根本になつてゐるものを申しませう。それは米作りです。「米作り」は神の「事よさし」と考へられてゐるのです。米を作つて身を養ふことも、米を作るつくり方も、たゞ天地自然の道のものではなく、さらに人工の道のみのものでもありません。たとへば經驗によつて、米をとるか麥をとるかといふことから世界がわかれたわけではないのです。

今日の世界文化は餅文化と麵麭文化に大きく分けることが出來ます。さらに別の分類をした時の牧畜と水田耕作とでは、道徳の根本がちがつてきます。

世界の道徳と制度の大略をみると、牧畜民の生活より出たもの、農耕民のそれ、商業民のそれ、大量生産の勞務者より生れたものが四つの大きい型です。これと異る分類はいくらもありますが、パンか餅かといふのは、重大な分類です。これはアジアと近代といふ區分に通じてゐるからです。

ともかく「米作り」は水田のものです。水のもつ性格が絶對的に影響します。水田農では牧畜の場合の如く繩張り觀念や、その支配觀は出ません。水田農は勞務の關係に於ても極めて平和的です。そこには侵略や支配の觀念は成立しないのです。個人の水田耕作にはつゝましい限度があるからです。米作りは水に從ひ、天候に從ひ、さうして個人のつゝましい力の限度に從つてきたわけです。その米の種の起原はわかりません、天から降つてきたと信じてゐました。(今日でも誰も種の起原は知りません)

つまり米は天つ神から事よさゝれたと考へるわけです。さうした米は、天地自然の道のまゝにおくと收穫出來ません。雜草を抜き稻を育てねばなりません。かういふ方法の起原は、やはり天造と考へるより他ないのです。この天造はさきの天地自然の道とはちがふのです。天地自然のみちは、稻も雜草もともに育みます。しかし稻を育て雜草をとるみちは、決して人工と經驗のみによつて知つたみちでないのです。第一稻の種は天造だつたのです。米を食ふことも、神の教へでせう。比較した時に米が美味でその酒がうまいといふことは、經驗の結果かもしれませんが、その經驗の根據となる絶對はなほわかりません。

かうして米作りは、神より事よさゝれたものと考へられました。この米を作るには、年の初め(春)に播種し、古代では秋の終り冬の初めにとり入れる、つまり一年とは米の一代のことでした。だから日本のことばで、としといふのは米のことです。これを神の日からくりかへし子孫の不朽にくりかへすと考へところに、永遠の思想と萬代不易の萬世一系の思想が生れたのです。この萬代不易は、秦始皇帝の權力が考へ出した萬代不易の願望と全然異るものです。米をつくる人の永遠の生活實感です。

わが天皇の御位は、大嘗によつて繼承の實備ると云はれるほどに、大嘗は御一代最大の行事ですが、大嘗とは御一代初度の新嘗の呼び名で、新嘗とは、その年米を、主として酒にして食ふ祭事です。また天皇の御政治を具象する最大行事は、春水田に下り立せられて播種され、秋に新嘗をきこしめすことです。大神宮の大祭（四節祭とよぶ）もこれと同じことがらです。それは神代のまゝを今に變りなくくりかへしてこられた、不變と永遠の實證であります。

この米作の方法から「事よさし」といふ思想が考へられます。つまり神と人々がつねに共同に働いてゐる、換言すれば人が神に助力してゐる形です。神から人に委せきりになつたのでも、與へられたのでもないのです。このいつも共同だといふ實感は實際の米作りをすれば必ずわかることです。

この水田耕作の場合、農民を支配する階級がない時は、所有權といふ考へはなかつたのです。所有權は侵略に附隨して出てくるものですが、水田農に於ては原則として侵略が考へられません。大祓詞の罪狀の中にも天つ罪として規定されたものは所有權上の罪でなく、生產妨害の罪です。

須佐男命昇天の時、天照皇大神が難じられるおことばの中に、國を奪ひにこられたのではないかといふやうな語がありますが、結局、命がその勝さびにされた罪狀をみるとみな所有權に關することでなく、生產と新嘗の妨害でした。そのことをこのやうに表現したわけです。この場合のくにとは生產と生活の樣式を云ふと考へられるわけです。封建時代の領土的支配權の意味でなく、住民の生活樣式の變革をさして、くにを奪ふと表現されたものと解されます。

さうしてこのことあつて皇祖第一代の神武天皇を讚へる御名にも「はつくにしらす」とありますが、この「くに」も「領土」「支配」でなく、生產樣式を知ろしめした意味と考へられます。「くに」は「ひらく」もので、故に「しらす」ものです。古語でも「うしはく」(領土支配)と「しろしめす」は分つてゐます。天皇は「しろしめす——しらす」(知)のです。第十代崇神天皇は、國土と文化と宗教の上で大きい事業をされたのですが、それが神武天皇の方針に卽して遊ばされたので、當時の國民はこの天皇にも「はつくにしらす」とおくり名を奉つてゐるのです。

須佐男命はこの亂暴なる振舞の爲に高天原から追ひ放らはれるわけですが、その後の須佐男命の御事蹟を見ると、專ら農業の方面に活躍せられます。このいきさつを別の觀點からみると、日本の農民と農といふものは、結局須佐男命のされたまゝをこの世でくりかへす、つまり須佐男命の贖罪を背負つてゐるのだといふやうな解釋さへ可能なやうに見えるのです。

もつともそれは、さういふ云ひ方が出來るといふだけの話で、わが神話には原罪といつたものもさういふ考へ方もありません。もちろん天罪といふのは原罪といふものではないのです。須佐男命が高天原から下りてこられて、農神になられたといふことだけが事實なのです。さうして命の罪に象つたもの、延喜式祝詞の大祓詞に出てくる罪の實相も大體一年で（もつと精密に云へば稲の成長を中心にして上下二期に分つ半年で）消滅する類の罪です。それは米作（米産物でよい）に随伴してゐるだけのものだつたわけです。

問　近代生活は戰爭を囘避し得ぬしくみであるとか、貿易は戰爭につながつてゆくといつた云ひ方は、共産主義的ではありませんか。

答　我々はたゞ事實を云うてゐるのです。それは共産主義者だけでなく誰でも云うたことだといふことを知らないから、あなたはそのやうに考へたのです。今日の人々は共産主義以外の學問のことを知らないので無理もありません。事實を云ふ上では、主義はありません。その原因結果と、解決の方法と實踐に於て、我々と共産主義との異るところがあるのです。もつともこの頃の日本共産黨はうそばかり、しかも堂々とうそをいふので、あの新聞は「アカハタ」でない「ウソハタ」だと、社會黨の鈴木茂三郎君が皮肉を云うてゐます。

問　全面講和と單獨講和の得失については？

答　得失はともかくとして、國民の希望する原則は全面講和に決つてゐます。しかしさきに一寸申しましたやうに、中共の問題とか、ソ聯の態度、アジア情勢の危機化などに附随して、たうてい全面講和の望みがないといふところから、早期に單獨講和でもといふ呼聲が起つたのです。しかしアジア危機の進行を見てゐると、これさへ次第におぼつかなくなるやうです。

　單獨講和といふのは、主としてアメリカの單獨講和を云うてゐるやうです。この主張はアメリカ的な傾向をもつてゐると一應判斷されるわけです。その云ひ分は、全面講和は現状では不可能といふに近い情勢にある。さういふ状態の下では、單獨講和も止むを得ないといふのです。それによつて、占領状態を終結し、主權を回復し、貿易を正調にとりもどし、わが國の復興を、貿易の線で、以前の状態になるべく早くもどしたい、と考へてゐるのです。

　貿易によつて、以前の日本に近い状態にもどさうといふ考へ方です。我々はこの考へ方は、平和を護る上でよくないと申してきたのです。しかし全面講和の場合も、これと同じ考へですからよくありません。

　のみならずかりにある一國で單獨に講和を結ばうといふ國があれば、その國は特別な安全保障を我國に與へねばならぬわけです。日本の古い外交官は、さういふかけ引に於て、歸着するところで有利なものを得ようと考へてゐるやうに見えますが、これは非常に危險な掛引です。

　民自黨あたりでは、單獨全面と別けて考へるのはをかしい、全面講和の前提としての單獨講和であると云うてゐます。これはさうかもしれません。我々の絶對平和論の講和觀なら、さう云へるし、さういうても可能性もあると考へられます。戰爭の終結といふことといたつて無關係だからです。

しかし民自黨にはアメリカと單獨講和し、つゞいて全面講和にうつる理論上の用意があるでせうか、無ければ嘘を云うてゐるわけです。彼らは講和のことは、こちらから何も云へないと云つてゐますが、日本の戰爭放棄と武器放棄を護ることは、世界に輝く正義ですから、外交のかけひきや、利益本位の條件については云へなくとも、正義に關しては云ひ得るし、云はねばならぬのです。日本人がきかされた以上の澤山のことを、我々なら云ひかへします。そして日本人は正義を熱烈に愛する民族だといふ證を立てねばなりません。戰爭は利益にならないといふことを、日本人に思ひしらせてやるのだといふことは彼らが云うたことです。

我々が主張するといふことは、暴君のまへで啖呵をきることでなく、正義に對し熱情をひらき、利益本位の言論をすてて、合理的な計畫を示すことです。他國のことに干渉せず、日本だけでできる平和生活をのべるだけのことです。

我々の立場に於ては、民自黨と全然異る原理に立ち、全然異る意味で、講和を技術面から二つにわかつて考へるのはをかしいと申します。我々は相手が誰であらうと、同じ一つの信念と計畫を示すのみだからであります。

これが我々の講和觀です。國際情勢に右顧左眄してゐる必要はありません。その間に確乎とした基礎計畫をつくれば、その國土計畫は、これを講和會議の席上で要求しても、世界人類の理想を思ふ志によつて、當然同感されるでせう。「世界人類」とはさういふものでなければならぬと思ひます。また、さういふ思想をもつた時に、單獨もよし全面もよし、單獨は全面の段階だとうそぶいてゐてもよいのです。しかしさうした基礎を示さずにうそぶく人は、本人の知らず〱の間に、國民を僞瞞したといふことになるやうな惧れも豫め感じられます。

しかしコミンフオルムの批判に慴服した後の日本共産黨が、その反米運動を、全面講和といふ、現在としては不可能な大義名分論で展開することを、十分に警戒せねばなりません。國民の大衆運動を、この大きいワクでつゝみ、そのまゝコミンフオルムに獻上しようと云つた思惑を立ててゐる様子です。日本の例の自由主義者たちが、結果的に見て共産黨のかうした方針に共力する可能性は、極めて大きいのです。我々の絕對平和論は、あくまで全面講和だなどとは申しません。それは單獨講和も止むを得ないといふ意味をふくむのではありません。

我々は、さうした戰爭終結の樣式問題とかゝはりない、永遠の祖國の進路を云ふのです。故に講和問題は我々に於て第二義的です。しかし國民の全面講和の希望は、共産黨に利用されてはなりません。だからポツダム宣言を守れとは、ソ聯に向つて云ふべきであります。狡猾な共産黨が、忠實で善良な日本人の耳もとで、大聲と喧騷を以て、それを云ふまへに、こちらが云ふべき相手に向つて冷然と云ふべきであります。しかしこんな發言權の爭奪戰は我々の目的からすれば、とるに足りぬことであります。

問　絕對平和論の結論はどのやうに考へたらよいでせうか。

答　その點をはつきりしておきたいと思ひます。あなたの云はれるのは、政治的結論といふ意味なのです。我々はさういふ結論の出し方を警戒するのです。それは日本の氣ぜはしいインテリゲンチヤの共通の缺點の一つです。

我々の思想は、考へ方を示さうとしてゐるのです。政治的結論を與へようとするのではありません。だから我々が仲間や友達同志と呼ぶものは、國民感情に於ては、一つですが、決して政治結論を一つにした徒黨性をなしてゐません。たゞ尊敬すべきものを尊敬する點で一つですが、その尊敬を宗派的に強ひることは、お互ひに於てありません。從つて、我々は、政治的結論とか、政策論として示す何ものもたないと云ふのです。たゞわが國の道の本質を明らかにし、今日日本人として生きる道は、この原理によらねばならぬと信念してゐるところの、その道の考へ方を示してゐるのです。

それは政治的結論でないとの理由です。又我々は一つの絶對論を立てて、それを指導論とし、一つの思想上の黨派を作る考へは毛頭ないのです。我々がさういふことを考へないのは、さういふ結果として、何らかの政治的な無理をすることによつて、我々の愛國の情が歪んで成長したり、歪んでうけとられることを怖れるからです。

我々は一人の日本人として、現狀に於てなしうることのみ、爲さんとするのであります。日本の臨んでゐる危險な狀態をありのまゝに感じ、それに對し我々として及ぶ限りの思ひを述べてゐるのみです。しかしそれを徒黨的な示威で人に強ひようとするのでなく、お互にもつ醇乎たる國民感情にうつたへて、相談をもちかけてゐるといふ態度であります。

しかし舊來より日本人のうちで野心をもつ、卑怯な人々は、どんな醇乎とした言論に對しても、まづその中から政治的結論と思はれさうなものをさぐらうとしました。さうして何かの近代政治思想的なレツテルをつけたがるのです。さういふ人々から最も多くの害をうけたのは我々です。かういふ日本人のよみ方が、日本の絶對主義を作る一つの基礎です。一つの國が奇怪な權力の下によく治るのは、さういふ一連の小野心家どもが、その權力をますます强大に見せかける巧妙な工作を日夜努めてゐるからです。彼らは大體自由主義者だと稱してゐます。

我々は何ごとによらず、直ちに政治的結論はと考へるやうな、日本人の輕卒な態度を非難します。

問　何か特別の運動をする意志は全然ないといふわけですか。

答　さういふわけですから、運動といつた考へは毛頭ありません。くりかへし申しましたやうに、我々は思ひ切つた對策を考へ、それを可能とする新しい原理を（實は古い傳へを）提出したのです。これは原理と思想の問題ですから、數箇のテーゼによつて直ちに理解されるとは考へません。我々は一つの原理を示し、その考へ方を云ひ、具體的着手は、すべての人々の智慧を結集した成果として、結實することを期待してゐるのです。

それを我々は實踐とよびます。我々は私意の實踐方法を示すことによつて、指導權ないし權力を、學說をもつ者、作つたものの掌中に常に確保しておかうとする、中世風神學者の教會主義に反對するのです。かうした點でも、マルクスの學問上の權力操作を、下等なものと斷定するわけです。

我々は、この主張を個人の名前で云ふことさへ欲しません。これは誰が考へてもよいのです。又一黨派の名前で提唱しようとも思ひません。黨派がないからでもありますが、黨派的行動をする指導理論の形に急造してこれを提唱し、黨派形成を期待するといふ考へがないからです。又さうしたことをしないで、しばらく國民感情の間で成熟するのをまつ方が、ふさはしいといふ考へに立脚するわけです。

我々は多くの人々に對し、相當きびしい批判を試みましたが、それらの諸君もみな、實に國と民族を思ひ、理想を尊ぶ人々であるから、虛心に我らに向つて、或ひは蒙をひらくなり、贊否を表されんことを願ふのであります。我々は批判と警告に對し、決して無關心ではありません。

我々は普通の評論家のやうに、己を主張しようとするのではありません。一人より二人、二人より三人の考へを集めて、少しでもよい考へを示し、理想のため、道のために、盡したいと思ふのであります。我々はたゞ日本をおもふ心を表現するのです。

從つて我々は、この趣旨が、廣くゆきわたつて、國民の心、日本人の魂に傳ることを切望してゐます。しかし今日の日本のヂヤーナリズムは、その小心な卑怯さのために、今なほ我々の如き言論に耳を傾け得ないやうであります。

彼らはこの十數年來、如何なる專制政治組織さへ構想し得なかつたやうな、恐るべき言論封鎖を續行してゐるのです。最も卑怯な者のなすことと、超專制主義者のなすところは、つねに共通します。政治心理學に於ては、彼らは同じ類型に入るのです。日本の新聞といふ新聞、出版といふ出版は、無抵抗主義でなく、徹底した便乗追従主義です。これは超專制主義と共通します。その土臺となるものです。無抵抗主義は、絶對平和生活といふ生產生活をもたない時に成立しないといふことの一つの實例であります。

また我々は、何人の特別な援助をもうけてゐないのです。それもある種の人々が安心するやうに申しておきます。我々は奉仕と無償の行爲として、考へるところ、憂ふるところ、思ふところを廣く傳へようとしてゐるのです。我々はこれを自分一己の說とは考へてゐません。誰か一人云はねばならぬことを、誰も云はないから云うてゐるだけのことです。しかしこの說に贊成する人があるなら、その人の出來る範圍と方法で、これを人に傳へる工夫をしてほしいと思ひます。お互に日本を思ふ心のあらはれとして、日本をよくするための材料として考へてくれるだけでもよいのです。我々はこのひそ〳〵と國を憂ひる聲が、すべての日本人の魂にふれることをたゞ祈るのであります。

昭和廿五年二月初旬

續絕對平和論

さきの「絕對平和論」（三月號所載）は、二月國會開催中のものでしたが、その後各方面の情勢は極端に變化しました。今年の終戰記念日を期して、世界情勢わけてもアジアの情勢は、過度に變貌しさうな氣がします。これらの事態に關聯して、さらに檢討してみたい問題が少くありません。

この春以來の情勢の變化は、しづかに省みると、恐怖を感じさせるといふべきものでした。尋常のヂヤーナリズムは、時節に合せて急速に變つてゆき、その筋をふりかへることがないので、さほどにも考へぬといふだけです。歷史のあとを顧みることの出來る人は、さうして健全な思考をもつ人は、もつと〳〵怖れねばなりません。しかし怖れることは狼狽することではありません。

問　終戰以來五年目の記念日が間もなくくるわけですが、國際情勢は別として、世の中は昨年あたりから次第によくなつてきたやうです。

答　さうです。大體もとにかへつてきたやうに見えます。しかしそのことに附隨して日本の将來を考へると、隨分憂はしい問題があります。よくなつたといふのは、つまり「近代的」になつたといふことです。これは「植民地的」といふ風にも云はれてゐますが、おしつめて「近代的」です。大内兵衞君が、この正月には昔ながらの菓子も食へたコーヒものめたとよろこんでゐたやうに（朝日新聞二十五年二月初旬）、大體戰爭以前の「近代生活」に漸次囘復してきたのです。

しかし我々はこゝで喜ぶ代りに、政治經濟的にこの狀態から問題を考へるべきです。何に立脚して日本の昨今の「近代生活」が可能となつてゐるかといふことと、その將來の運命といふものを、もう一度考へたいのです。この狀態が喜ぶべきものでなく、戰爭の危機に日本が一步入つたことを意味することが明らかになる筈です。

問　さういふ形の復興はアメリカの援助のせゐだけではないでせう。

答　無論です。日本人の努力の結果です。境遇の幸せでもあります。しかし現世界――近代社會の中で他の近代國家に等しなみな生活が享受できるといふことは、いろんな點で近代國家の組織機構に入つてゐるといふことです。

問　普通に考へると、さういふことに何の問題もない筈ですが、社會主義をとなへる全面講和派の經濟學者が（大内氏のこと）正月に食へた菓子とコーヒを喜んで、もつと長生をしたいと云つてゐる時、國粹派の古典的思想家が、菓子を見てさへ、日本が近代戰爭に介入せねばならぬ狀態へ一步入つたと案じてゐるといふことは皮肉でせうか。

答　皮肉でありません。大内君のやうな人は、主義の上でも「近代生活」の享受を最終目標にしてゐるのです。尋常に考へたら、「囘復」によつて近代的な、「繁榮」と「幸福」をうけられるのですから問題はありません。しかも我々がこの「囘復」を怖れたのは皮肉でないのです。「平和」を考へ、「戰爭不介入」を國の目標とする場合には、これは非常に危險な狀態を表象してゐるわけです。その狀態は「近代」の荷つてゐる將來の運命から離れられません。

日本の生活が近代化を囘復したといふことは、それだけ日本が「近代」の一員となり、ひいては戰爭渦中に一歩深く入つたことを意味します。やがて自然にさうなるわけです。東京が空襲の戰場としての可能性を、增大したといつた意味などは第二義的です。爆擊の恐怖の外にある近代的大都會といふものは存在しないのです。やがて南米のみ、「近代文明」の疎開地として可能といふことになるでせう。

問　さきの「絶對平和論」の中でも「近代化」と「戰爭」の關係は、くりかへし問題になりました。昨今の日本の人心の動きを見てゐると、次第に戰爭は避けられないと考へ出したやうです。勿論これは、强力な侵略者の暴威におびえてゐるといふことであります。さうして暗々のうちに實力による防禦體制を考へようとしてゐるやうです。

答　三月當初からくらべると講和論も隨分變化しました。單獨講和論が俄然有勢になつてきたのです。全面講和が望ましいのはきまつてゐるが、現在の國際情勢から云へば、それは不可能だから、單獨講和でもよいといふ考へ方です。日本から米國の撤退を求めてその空白地帶へソ連勢力を迎へるといふやうな空疎な中立論は困るといふのです。殊に朝鮮事變以來日本人は現實的に侵略の恐怖を感じ出しました。

問　しかし全面講和派にも言分があるのでせう。

答　それはあります。果して單獨講和は早急に出來るのかといふのです。全面講和をまつことは、今後何年かゝるかわからないと云ふけれど、單獨講和をしてみても、その結果は占領狀態の持續にすぎないだらうと彼らは云ひます。戰爭的決着がつくまで米ソは宥和しないだらうから、そのまへに單獨講和をすることは米側につくことである、さうすると戰爭と共に米側の一員として介入せねばならぬ、それはよくないと或者は云ふのです。しかし今の占領狀態のまゝでも世界が戰爭狀態に入れば、日本が安閑としてゐられる筈がない、と單獨講和派は現實問題として反駁してゐます。

單獨講和をしても占領狀態の持續とかはりはない、といふ考へ方は――安倍能成、天野貞祐以下五十五人の仲間からなる平和問題談話會の聲明の補足でのべてゐるのですが、しかしそれは想像のもので、實際どういふ講和をするか諸君らは知つてゐるのか、と、外務大臣の吉田君にあつさり一本とられたわけです。

問　それは首相がとり消した、正月國會の失言の背景でせうか。

答　彼の單獨講和論の場合は努力できる、現に努力してゐる、かういふわけだつたのでせう。

問　大內兵衞氏は日本はアメリカの投資を絕對必要としてゐる、そして――むしろその結果と云ふべきだが、對支貿易も絕對に必要だ、だから兩方によく思はれなければならない、と云うてゐます。これが全面講和論です。

答 さうです。誰だつてさう希望するでせうが、今日の國際情勢は希望にかゝはつてゐない。だからまづこの現實をどうするかといふ問題です。大内君の說では、米ソの妥協をまつより他ありません。しかしそのうちに向うは戰爭を始めるかもしれない。そのまへにこちらが不景氣で倒産するかもしれない、といふふうに考へる人も多いのです。

問 しかしそこで倒産せぬ多くの人々もあるわけでせう。

答 できうべくんば國民經濟を近代國家の戰爭を中心にした動きによつては、絕對倒産せぬ形にしたいといふのが、我々の願望です。それで明瞭極端に結論を云へば、アメリカから投資もいらない、對支貿易も考へなくてもよい、さういふ國民經濟をつくりたいのです。

問 それは單獨講和といふ考へ方の根本になる思想とは反對の考へ方ですね。

答 さうです。全く反對のものです。全面講和論とも反對のものです。我々は近代的繁榮を願望としてはならぬと唱へてゐるのです。我々は本質的平和生活を考へてゐるのです。これが絕對平和論です。

問 しかし四つの島で、日本人は、今日明日といふ日から、自給自足して暮してゆけるのですか。

答 その耕地を增すことが出來なければ、人口を減じねばならぬといふのでせう。山陰の方の人で世界の國々で、ソ聯の如く世界平和を唱導するものは、まづ日本人に耕地を與へよ、それが世界平和の途だと唱へてゐる者がゐます。

問　その人物は何ですか。

答　多分狂人でせう。

問　結局「完全耕作」はどういふ形で解決されるのですか。

答　「完全雇傭」を解決するのと同じ位に困難です。殊に完全耕作論の場合は、その思想と事實の立前から、「侵略」が不可能ですから。だからその「平和」といふ點で、世界に對して希望をもつてもよいと思ひます。しかし懇願もできないし、脅迫も出來ない考へ方です。いづれにしても日本の最大願望は侵略されず侵略を思ふ必要がないといふ状態の生活を立てることとです。ところが現實は侵略の恐れの中にあると云はれる、慨しいことです。

トルーマン氏はソ聯は四十の國際條約を結んだが、その中で守つた唯一の條約はヤルタ協定のみだと云うてゐますが、終戰以後の世界平和問題の暗礁は、このヤルタ協定にかゝるやうです。この勢力圏の協約が「平和」に資すものであるか、あるひは、「平和」を原理とし、「人道」を理想として成立したものかといふことは、當然検討の結果正しいものなら守られ、正しくなければ破られるのが當然といふことになります。吉田首相も大西洋憲章に矛盾するヤルタ協定といふ「悲しむべき協定」と申してゐます。日本の問題は完全耕作權のみです。

日本の近代以前の思想家の中では、本居宣長は働く民のすべてが日毎に米五合を食つてゆけるといふことが、政道の祕訣だと唱へました、――勿論「民」は作り食ふのです。これが往年の最低生活の原則です。今日の榮養學でも、米だけ食ふ時は五合が榮養失調に陥らぬ限度だといふ計算になつてゐます。

この説を二宮尊徳は繼承し、米の他に鹽味噌若干を必需とし、この代用品は絶對に不可と解説してゐるのです。饑饉時などに代用品を與へるのはよくある政治だが、これはいけないと云ふのです。榮養量で數へるのでなく、絶對物で考へたわけです。その絶對を考へるのが政治だと云ふのです。「封建時代」の學者の方が、爲政者に對し苛烈な要求をしたわけです。最も道義的なわけです。尊徳は衣服のことにはふれてゐません。

問　土地の問題は、日本の平和維持といふ理想論から主張できるといふわけですか。

答　もしあなたが、自ら作つて自ら食ふ、最も低いといはれてゐる生活の中にある人倫と、そこから生れた精神の美と平和と愛を信じ得るなら、曖昧な筈はないのです。かういふ謙虚な高い精神の願望は、世界中に、その最も高い精神者の間に於て、同志を持つと信じます。つねに理念をかゝげるものの立場で堂々と主張してよいのです。

問　結局日本の現在としては、何を考へても、懇願するといふことが不可缺ですか。

答　我々の場合は、たゞ懇願するだけではありません。懇願すること以外に目的も手段もないといふ議論ではないのです。それは我々は生活の恢弘といふことを考へてゐるからです。「近代」に對する別箇の生活理念をもつからです。だから必ず土地を求めなければ成り立たぬ説を云うてゐるのではありません。

もし第三次の大戰が起れば、その後――といふまでもありません、その發端から間をおかず、我々の計畫を實現せねばならぬこととなるにちがひないのです。しかし我々は戰爭に介入しつゝ、さういふ生活に入ることは無意味だと思ふのです。近代生活の希望者も、事態がそこに至れば、この「無意味」を、我々以上に感じるでせう。しかしその感じ方も、論理的には全然ちがふわけです。

我々の考へ方は「懇願」と「祈念」以外に道がないといふ情勢論的な平和論と違ふのです。「絶對平和論」は、單獨講和派や全面講和派と全然根底の異る思想をもつてゐるのです。近代的現實世界に於て、平和の保證を依賴せず、精神に立つて本質的平和論をひらくものです。

現實の二つの世界は、米もソも「近代の繁榮」を願つてゐます。「近代の繁榮」を維持する爲めに、或ひは增大するために、世界が二つに別れて戰つてゐる時、共產黨以外の日本の全面講和永世中立派といふ人々は、その「近代の繁榮」だけは享受させて下さい、しかし戰爭の役割は免除して下さいと「懇願」してゐるのです。勿論彼らは「中立平和」は「近代」の最高の理念と考へてゐるので、このやうな虫のよい云ひ方が出來るのです。

これは單獨講和派の人々が、場合によつては協力以上になつてもよいと腹を据ゑてゐるのと大分にちがふでせう。この方の人々が卑怯でないのです。

アメリカの本國でも、日本人が米國のしてゐる戰爭から無關係でゐて、しかも「近代の繁榮」だけは享受させてくれといふのは餘りに虫のよい話だ、日本人のために米國市民が稅金を拂ふのは嫌だといふ聲があるやうですが、それは當然のことです。

問　しかし「近代人」が「近代の繁榮」を享受するのは「人間權利」であつて、その近代の繁榮の持續のための戰爭に協力するか否かといふことと無關係だといふことは、アメリカ人が教へたのではありませんか。

答　さう教へられたといふことを、例の五十七人の學者らは强調してゐます。

問　ユネスコの八人の社會科學者の共同聲明をみると、彼らは戰爭廢止の方法として、資本主義を社會主義的に運營することにみいだしたやうですが、國家間の近代戰爭の原因を、世代から世代へ繼承された「國家的自負の神話、傳說、象徵類」によつて育くまれると云うてゐるのは如何でせうか。

答　さういふ事實は中世紀的ないし十八世紀以前の封建王國間の戰爭の原因の一部にあつたかもしれません。近代に入つてからは、さういふ命目は、敗戰防止のための戰意昻揚に利用されたかもしれませんが、近代戰の原因となつた例はどこにもありません。日本がアジアでした戰爭の原因も、決してそんなところにあるわけでないのです。

なほさういふ廣い意味の「民族感情」の象徵と神話は、不敗體制の建設に於て初めて合理性を發揮しますが、必勝體制の建設には役立たず、むしろ矛盾を暴露することは、十分今次の戰爭で經驗されたこととおもひます。

問　といふことは?

答　必勝體制は必ず侵略的なのです。民族神話はさういふ氣樂な狀態から生れたものではありません。最低線の誠實に於て生れたのです。日本の神話もその點では異りありません。さうしてわが神話は、水田による米作といふ共同的な生産生活の中に、「神ながら」と呼んだ道をみたのです。これはよく考へてみなさい、悲痛です。

こんな悲痛な神話は他に例ありません。敗北を一朝にくつがへす天佑神助の傳說は、歴史時代に入つてやうやくして出てくるのです。神話の形成をしてゐません。さういふ侵略者間に於て、已のみ神に選ばれた民族であることを辨證する類の神話とは、我神話は全然異つてゐます。わが神話は原始に於て、四海皆神として始るのです。選民の思想はありません。

この點が最も文化理念上で優秀と云はれる所以です。絶對的主宰神もなく、絶對的全智全能神もありません。神々の支配觀念を唯一神に形成してゐません。神の觀念によつて始まるのでなく、神の道は、生きた神々の生活として現はされてゐるのです。神々は生活してゐたのです。この神々の生活が、究極に於て、絶對平和論の根據根柢となるのです。

しかし侵略者のもつ神話でさへ、かつては思ひつめたどん底の神助から出發してゐますから、必ず誠實です。思ひ上つた者のために利用できるものではありません。それは思ひ上つた者をつき落す役をするのです。これは今日最大な國際宗教をなしてゐるキリスト教の「聖書」をみてもよくわかります。

問　マックアーサー氏が日本は東洋のスイスとなるべきだと云うてゐますが、なるべきであるといふことは、どういふ具體的な意味でせうか。

答　なるべきだといふだけではよくわかりません。ヨーロッパ的十九世紀的生産生活の様式は、日本ではまねられません。我々日本人の眞の理想を、彼らの言葉では「四等國」以下といふのかもしれませんが、我々は近代の概念の中にない「等外國」、精神の體制を考へてゐるのです。しかし彼が、我國を「四等國」にしてやるといふなら、そのための供與はこれを甘受しても、それ位の物量によつては我々の理想を低くしないでせう。近代的意味の「四等國」とは、やゝ近代化されたアジア植民地の一地帯といふのが、近代史上の具體的な言葉でせう。

ところが日本は自力で四等國なみの近代生産機構を囘復し、それを少しの間にのりこえる可能性さへも示したのです。その潛在的工業力（近代戰力）は二等國に匹敵してゐるのも事實です。

これは不幸といふか殘念といふか、何といふべきかわからぬ憂ひです。朝鮮事變以前に於ては、アジア各地の現在の政權は、これを非常に怖れてゐたのです。しかしこの事變によつてアジアの危機の實相が全面的に認識された時、彼らは日本のこの「近代的實力」（工業力）をたよりにするのは火を見るより明らかです。彼らは急速に日本再武裝說に轉向する嫌ひがあります。

かうした經過は我々の「絕對平和論」から云へば、不幸で且つ殘念です。我々の本質的平和論が國內でも國際的にもうちすてられて了ふからです。これは日本人の誠實な信念が見捨てられるといふことです。この時惡いことには中共が支那本土の「近代性」を一層荒廢させました。

しかし永世中立地帯スイスの模倣をせよといふ意味なら、まづソ聯と中共が米國と並んでその保證をする必要があります。それはことがらとしては簡單です。こちらの問題といふより先方の問題です。スターリン氏が、マックアーサー氏に呼應して印を一つ押せばそれでよいのです。

しかしスターリン氏は、條約は結ぶだけで守るものと考へてゐない、といふことをトルーマン氏が保證してゐますから、心配性の人はスターリン氏の印など安心しません。のみならず、その時スターリン氏はマックアーサー氏に呼應する代りに、すでに日本は中立でないといふ宣言を發しました。これでは日本は中立をのぞめぬと普通の人なら考へます。

何ごとによらず日も夜も、國の大臣たちが集つては侵略と戰爭のことばかり考へてゐる大國が、世界の半ばを占めてゐるといふことは、最も困つたことですが、これが現代文明の實相なのです。しかもその宮殿へ世界中から浪人者とゴロツキをよびよせ、侵入謀議をこらしてゐるこの「現代文明」は滑稽でせうか、悲劇でせうか。

世界中の偉人といふ偉人は、戰爭のことばかり考へてゐる人で占められてゐます。學者でも一番えらいと云はれる人は、今の人氣では原子學の學者で、これは戰爭武器の先端をゆくからです。戰爭に關係ない學問——例へば宇宙天文學のやうなことをしてゐる大學者は、それがどれほど進歩してゐても、居るかとも云はれません。戰爭が近代文化の集約です。日本軍部では戰爭は文化の母だと稱へてゐたのです。

日本へ來る外人をみても、大體戰爭に關係ある人か、關係をつけた人たちのみです。純一な平和の使節として、たま〳〵きた人は、目くらで、つんぼで、啞といふ、この「三重苦」は、日本人の共感を得ました。ことに少年少女が、この悲しい人を感動してむかへたのは、少年の情が環境に敏感なためでせう。

問　原子爆彈といへば、二月以降その事情も大いに變化し、水素爆彈が登場したりして、そのため一層世情險惡になつた際に、朝鮮の戰爭が始りました。現在原子爆彈の使用については、日本の知識階級も反對してゐますが、これを作つたアメリカの科學者らも大體反對してゐるやうです。しかし早くこれを使用せよといふ意見も少くないやうです。

答　原子爆彈——水素爆彈もふくめてですが、これは近代文明を象徵する最高の武器です。今日では近代文明とは原子爆彈だというてもよいのです。イコールのもので、相反するものでないのです。これが廣島に落下した時と事實は、最も明瞭に「近代文明」の象徵と縮圖を示したわけです。

それゆゑ「近代戰」を行ふためには、一日も早くこれを使用すべきであります。これは結果を考へていふのでなく、運命と合理によつて云ふのです。それによつて近代戰は名實かね備るわけです。原子爆彈を作つた人間の智慧は決して、戰爭を停止し得ない智慧です。彼らの人間の智慧は戰爭を熾烈にするのに有效な智慧だつたのです。この文明の論理から云へば、當然原子爆彈は使用すべきです。

戰場の人はいつでもその時代の文明の最高の武器を愛し、これを使用することを誇りとしますが、これによつて倒れることをも本望とするものです。これは騎士の氣質です。今日でも戰場の勇士たちは、日本の十六世紀の農村の群盗が使用した竹槍といふ武器で、個々に殺戮されるよりも、一瞬に十數萬といふ多數が殺戮される原子爆彈によつて倒れることを本望とするであらうと思ひます。死に易い筈です。安心に似たものがある筈です。この爆彈使用は、近代文明の末路を明瞭に指示するところがあります。

國際都市――この近代文明の表象は、原子爆彈の最も好ましい餌食です。これはこの爆彈のまへに一たまりもなく壞れます。國際都市も原子爆彈に匹敵する「近代」の產んだ文明の最大表象です。この二つの相剋と破壞關係こそ、近代文明とその思念の象徵です。しかしこれらの事實によつて何の驚異も不安も感じない生活が、世界の半以上の地域を占め、その住民の生活の中には精神と道德が守られてゐるのです。

我々は原子爆彈に無關心です。「近代」を否定する我々の「絕對平和論」は、それと無關心な生活と道德と理念をもつてゐるからです。だから我が頭上でそれが炸裂して、我が一身が灰となつても、それとは關係なく、我々の思想と生活は殘つてゐるのです。我々の思想は、米作りが永遠の象徵である如く、つねに永遠を目してゐます。

問 原子力はその破壞的用途の外に建設的用途も隨分考へられ、これが近代文明を無限に增大させるだらうとも云はれてゐるのではありませんか。

答 しかし近代都市人はそれの出現によつてたゞ恐怖を感じてゐるのです。殊に昨今は。現在ではこれを平和な工業に利用することは出來ません。それはウラニウムの生產額と原子爆彈製造の軍事上の必要とをにらみ合せると、數字の上でわかることです。だから平和に使用するなどといふことは、たゞ人を僞瞞する方便にすぎません。

しかもさういふことよりも、これが廣島に出現して、一瞬に二十萬の日本人を殺戮し負傷させた、子供も女も、軍人も政治家も、おしくるめて殺戮したことが決定的意味をもつてゐます。勿論近代戰の戰場には非戰鬪員といふ待遇は無かつたのです。カルタゴでも非戰鬪員はなかつたのです。だからこれはヨーロッパの傳統かもしれません。

原子力の出現が、戰場殺戮のためであつたといふことは、決定的な歴史上の事實です。これが「近代」の性格です。如何なる權力者でも歴史はかきかへられません。人は書きかへても、神の御前では僞瞞できません。神を信ずる人は增加したのです。

この爆彈を口實にして日本は戰爭を止め、その時一部のものは、日本の眞使命を自覺したのです。それで戰爭放棄の宣言をしづかに口出しせずに聞いてゐました。神の恩寵はこの大悲慘に於ても、どこまでも公平に働くではありませんか。それを投じた者らより、うけて傷いた日本人の方が、將來の崇高な生き方を感じたのです。

問　終戰大詔の中の、萬世のため太平を開かんといふ敕語には愕然としました。これだと思つたのです。

答　しかし憲法設定者ら――まあ飜譯家たちですが、彼らはさういふ愕然とした氣持で戰爭放棄武裝放棄を考へなかつたのです。彼らは初めから新憲法を放棄してゐたのかも知れません。それは彼らは大詔に愕然とせず、武器をすてたのちの戰ひの實相、その心と、その崇高な使命感をさとらなかつたからです。

問　全面講和論者にもさういふところがあります。マックアーサー氏が日本はスイスになるべきだといつた時、全面講和論者はその仲間の共産黨員を橋渡しにして、スターリン氏から同じ言葉を口にさせるといふ、最も簡單な平和行爲をなぜしなかつたのでせうか。のみならずソ聯にしても、何故今や日本を完全な中立國と考へない、などと聲明したのでせうか。

答　それは人間の約束といふものに信賴できる心をもつものなら、誰でも一番たやすく出來ることです。さうしてそれは、さういふ正道な人間に出來る、今に當つては唯一つのことなのです。しかるにその時ソ聯はそれをせず、今や日本は中立でないと聲明して了つたのです。

これでは全面講和論者にしてもソ聯にしても、日本を自分らのみで支配したいといふ欲望しかもたないのだと見られて、日本國民の信用を失ふのは當然だと思ひます。

問　もし兩勢力が相談したと假定して、日本人を「何等國民」にするでせうか。

答　我々は「圈外國」「等外國」の主張をしてゐるのですから、何にされても平氣ですが、例へ誰の手によつても、三等國に向上させられて、戰爭に介入させられるのは、御免蒙りたいのです。

問　平和と中立を維持する可能的な見透しはないのでせうか。

答　政治上の問題として政治的平和論は、絕對に成立しません。全面講和を唱へる中間派さへ、さういふ可能性は一言も言へないでせう。今のやうな狀態や、今のやうな政治的平和論が横行してゐると、これに反撥する日本人が何かの都合で、軍備を囘復し、再び劍をとつて立上ることは、想像できないことはありません。

さうしてさういふ條件となるのは、所謂軍國主義者の宣傳煽動ではありません。反つて平和を守るために國が亡んでも仕方ないなどと云うてゐる無法な平和論に因があるのです。今日では共産黨の革命デマです。共産黨のデマ宣傳が、最も有力な再武備說推進力です。

文部大臣の天野君も、今年三月には平和を守るために國が亡んでもかまはないと云うてゐました。さういふ說の人を大臣にした吉田君もよい度胸ですが、大臣になるとすつかり變つたやうです。

「祖國正論」に指摘してあつたやうに、無法な反戰藝術は、その作者の人間的缺點を示すだけで、軍人否定の逆效果を現します。無茶な中立平和論の逆效果と同じことです。今日國が滅ぶといふことは、具體的にはソ聯の支配をうけるといふ現象の外の狀態ではないのです。

例の長谷川如是閑君や文士の豐島與志雄君のやうに、たゞ口頭上の平和愛好國民として、平和を守るためにはたとへ國が亡んでもよい、などといふ無責任な云ひ方は、誰だつて反感を味ふだけです。豐島君などには、全面講和永久中立を守つて、貴君のいふ如く國が亡びる時とは、誰が亡ぼす時かときくがよろしい。亡す者がある筈で、その亡す者に國をさゝげてもよいと彼は云うてゐるだけのことです。

かういふ全面講和論を、普通の健全な國民は排斥します。あへて國家主義者が排斥するわけでないのです。方途も目的もない平和論は、結局國民を不安にし、おのづから自衛武裝を考へさせるのです。なぜ全面講和論を唱へたらいけないのかわからぬといふ大學生が、都下にも多數ゐるさうですが、かういふ始末になる全面講和論がいけないのです。始末がよくないのです。ソ聯に國をさゝげる議論を國民は喜びません。

第一豊島君らは何の思想も理想も生活も、さらに生活上の反省ももつてゐません。彼らは平和論を看板にした侵略者でも、又その手先でもないと思ひますが、かうした結果をへて、その同調者となり、手先となるのです。

現狀に於て、多數の日本人はやはり新しい侵略者を默つて見てゐないだらうと思ひます。米國よりソ聯がきた方がよいと考へてゐる人は共産黨以外にありません。ソ聯がきさうだから、その先物を買つておかうといふやうなさもしさは、新興大學教授級のインテリの中に少しはゐるかもしれません。

眞の平和論は、さういふ人心――戰爭にあき〳〵しつゝ、しかし都合では劍をもつて立ち上るやうな民心、(これは決して軍國主義の再現でないのです)――さういふ民心を一つの目安にして、その精神に革命を起すやうな、本質的平和論でなければならぬのです。

今の全面講和論者――政治的平和論者――の中立論ないし平和論は、たゞ世界の正義に訴へると云ふのみです。この「世界」とは具體的なことばで何かといふことを彼らに反問する必要があります。彼らはヤルタ協定以來の世界の動きを何と見てゐるのでせうか。彼らは世界の正義がどこにあるかを具體的に云ふべきです。

しかも最後の捨ぜりふが平和を守るためには、例へ國が亡んでもよいと云ふのですから――かうした暴言はもはや健全な議論の對手とならないわけです。これは現状ではアメリカの撤回を求めて、ソ聯に國土を進呈してもよろしい、といふ言葉です。まさかアメリカに亡ぼされてもよいと考へてゐるわけでないでせう。

如是閑君や文士の豊島君はかういふ暴論を公言してゐるのです。誠實のない思ひ上つた文士といふのは、輕卒に困つたことを考へるものです。文部大臣の天野君など、これではいけないと思つて、單獨講和派になつたのでせうが、その理由を論理的に云はないのは、これも困つたものです。學者は文士より不正直で事大主義です。

問 今日の狀態に追ひ込められたあげくに、自衛武裝を考へる尋常な精神に、革命を與へるといふことは、どういふ意味でせうか。

答 それは勿論南原繁君などのいふ、内容の曖昧な精神革命論ではないのです。南原君のいふのは、精神革命でありません。甲なる思想を乙なる思想にかへるだけで、その兩者共に近代の範疇内のもので、決して「近代」そのものの革命となりません。從つて近代に隨伴する戰爭を無くすることはないのです。

我々は「近代」と原理上異る「生活」とその理想及び文明を示し、人心に「近代」を革命する原理が存在することを認識させようとするのです。これを精神に革命を與へるといつたのは修辭上の言ひ方です。我々は「近代」の思想としての「革命」の、手段、方法、發想など、その思想とそれに附屬する、一切の政治的行爲の現象を根本から否定し、要するに「革命」といふものを否定してゐるのです。

問　國民が現實的に考へるやうになつて、空疎な平和論や、平和論を看板にした侵略者の黨派思想が敗退したといふことは、一面では戰爭の危險が增大したと考へられます。しかし戰爭にあき〳〵し、戰爭を嫌つてゐる國民の實狀は、何かの阻止の役をせぬでせうか。

答　戰爭を嫌つてゐるといふ氣持が戰爭を防止することは出來ません。戰爭は軍國主義者の煽動から起るものではありません。今日普通の日本人は戰爭を嫌つてゐます。再び戰爭によつて打開すべきやうな事態をもたないし、そのやうな考へを決して思ひつかぬでせう。卽座に戰爭を起す能力をもたないから、當然のことです。

しかし終戰以來五年、戰爭の絕え間ない生活をしてきた世界の各國の人々には、一擧に終末戰爭によつて、積年の陰鬱狀態を解決したいといふ氣持も多いと思はれます。合理的な計算ではだら〳〵つゞいてゐるのもよいと考へられるでせうが。この時日本だけがこの五年、世界の兵火から離れて、平和生活をしてきたといふことは、驚くべき奇蹟です。近代史劇の皮肉です。しかしこの「平和」も、六月廿五日に心の中で半ば以上つぶれました。

問　單獨講和說の方は如何でせうか。

答　我々は講和と平和の政治上の技術を云ふのでなく、政治的な平和論を唱へるのでなく、第一義の我々の生活のあり樣を說くのです。我々は世界の現政權に知己を求めてゐるのでなく、世界の良心に知己を求めると共に、いさゝかの希望を與へうると考へてゐます。その中へは現在最も不幸な朝鮮の良心と魂（少數かもしれません）も入るわけです。しかし朝鮮事變によつて、講和は拍車をかけられたでせうし、日本は一切の面で强化されるでせう。

問　その第一義の生活のあり方といふのが「絕對平和論」の根據だつたわけですか。

答　さうです。その生活からは戰爭の實體も心もちも生れない、平和しかない生活、さういふ生活の計畫を先とする平和論が絕對平和論です。これは理想に生きるといふ上で、全面講和論よりもさらに非現實的かもしれません、しかし理想と熱意と誇りと光榮をもつてゐます。

その生活からは、戰爭する餘力も、戰爭の必要も、さうした考へも起つてこない、――さういふ生活といふ意味です。そのため我々は二つの命題を立てることが出來ます。一つは近代生活を羨望せぬこと、一つは近代文明以上に高次な精神と道德の文明の理想を自覺すること、この二つです。しかしこれは一言に云へばアジアの精神の恢弘といふことなのです。アジアの本質は、さういふ意味で近代の反對です。この反對といふことは、アジアの魂の生得として云ふのでなく、アジアの魂を育むアジアの生活として云ふのです。

問　そこで何かの辯證法を考へることは出來ませんか。

答　違ひます。それはいけません。我々はアジアの原有である故に、決してデイアレクテイク（辯證法）といふ論理を使用しないのです。またそれを信じません。アジアに於て、その文化と理想は、それをもちません。アジアは永遠です。永遠にして絕對です。この絕對と永遠の中にはデイアレクテイクは存在しないのです。

しかし近代とはディアレクティクだといふことは出來ます。近代史の進展、近代人の生成、近代人の支配形式、權力様式、陰謀霸道、それらはすべてディアレクティクです。ディアレクティクによつて説明されます。人智の不安定、人力の空しさの證です。しかしアジアの恢弘の場合、ディアレクティクは用ひられません。

アジアの立場は決して近代を破壞しようと申しません、それが無くなることを願ひますが、それと無關係な生活を、强固に精神の面と卽應しつゝうち立てるのが、その念願です。

問 その場合人種とか民族とか國家といふ問題はどうなるのでせうか。

答 東洋の傳統の道義に立脚した思想から見れば、近代のさうした考へ方は大體別箇無緣のものです。

民族自決とか、住民の自由なる意志による主權の決定といつた考へ方は、「近代」のセンチメンタリズムです。近代の成立した血みどろの論理の中に、强固な骨格をなすものでなく、クレミヤ戰役に於けるナイチンゲールといふ類のものです。永世的世界平和に對し何の意味もありません。この善意のセンチメンタリズムは、不幸にも次の戰爭の遠因をなす場合の方が多かつたのです。このセンチメンタリズムの發生因を云々することになると、宗教家たちの考へ方を保證する上で有利なところがあるといふだけです。

「近代世界に於て」大多數の人種の場合は、民族と云ひ國といふものは、人間の生れながらにしてもつ、近代の悲劇と近代の屈辱の冠だつたのです。これは中世以上に明白だと考へられます。

しかし我々の云ふ道義に立脚した場合、國とか民族といふものが稀薄になるのではないかといふ點に疑問をもつてゐられるやうに察しますが、稀薄になるのは近代の考へ方の國とか民族といふものであつて、原初の、國民族といふ考へ方は初めて濃厚になるわけです。

問　世界は一つになるべきだといふ考へから、國籍に關する問題も近ごろ切實に感じられるやうです。

答　さういふ觀念上の問題は二つの觀點で考へたいとおもひます。「祖國」にのつてゐる「西洋史問答」をみると、「國」といふものについて、「世界」といふものについて、その成立にわたつて多數の暗示がしるされてゐます。この西洋史觀は獨自な立場をとり、その批判も極めて鋭く、注目すべきものですが、それ以上に、今日の日本にとつて必要な業蹟です。

今までの我國の西洋史家といふものは、「近代」の與へた課題の内部でものを考へ、彼らの與へてゐる問題をとく以外に、別箇の立場から問題を立てるとか、獨自の批判的立場をとるといふことをなさなかつたのです。たま〳〵さうした獨自な思想家が出ても、岡倉天心のやうに外國でみとめられぬ限り、日本の學者はこれを默殺したのです。あれ程に海外で有名だつた天心にしてすら、その高遠な史觀と文明觀が、日本の學界でみとめられたのは、さきの戰爭に入つてからです。しかし外國の今日の史家で、天心の影響をうけてゐる人は非常に多いのです。

この西洋史問答は、「近代」が設けた問題に從つて考へ、それに合ふ數箇の答の一つに丸をつけてゐる類の、近代歴史學の中のものではないのです。さういふ植民地的態度を初めから問題にせず、こちらの立場から、「近代史」の中に問題をつくり、その獨自の問題に對し、自主的な解答を與へてゐるのです。

かういふ歴史を今までの日本の西洋史家が考へなかつたといふことが嘆しいのです。以前に於ても、天心ほどの史觀と文明觀をもつた人は民間に多數ゐたのですが、日本内地の學界や文壇では、さういふものを壯士風だと考へて認めなかつたのです。しかし明治時代は大正昭和時代ほどではありません。今日この問答が、注視されてゐるのは大へんうれしいことです。

世界が一つにならねばならぬといふ考へ方は、ローマ帝國後期の思想でした。一種の文明の終末の思想と云へます。結局世界は一つにならないまゝで、蠻族が侵入移動し、これがつひに近代史を形成する結果となつたわけです。その近代史、つまりヨーロツパ史は、今日ではヨーロツパ文明の二つの植民地に移つたわけです。ギリシヤやローマの末期に似てゐるといへば云へます。さうして近代史＝ヨーロツパ史だつたものが、今では「ヨーロツパ」は消滅して、その文明の植民地の、蹂躙下に二分されようとしてゐるのです。「近代」の主體として一單位だつた「ヨーロツパ」、「近代」と同意語のヨーロツパは、もう存在しないといふ状態にあります。これが、世界は二分して「冷い戰爭」にあるといはれてゐる状態です。これが近代史の終焉様式を現してゐます。

今の近代史のヨーロツパは、ギリシヤ・ローマのもつた東方的性格を何ら原有してゐません。彼らは血統上ではギリシヤ・ローマと無關係です。その歴史はつゞいてゐません。しかし今日の國籍の問題にはもつと深刻なものがあります。主義や思想や人間を運命的に決定します。故に現在の最も現實的な考へ方をしようとする人々は、我々は「人間」である前に「日本人」であるといふことと、日本人は「日本國民」であらねばならぬといふ二つのことを、承知しておく必要があります。

問 その他に人種の問題も、「近代史」社會ではまだ人種の問題を無視してよいところまで、その文明が進んでゐないのではありませんか。

答 國籍と人種といふ觀念は、「近代」の文明建設の基本構想です。近代文明は「アジア」がなくしては成立しないのです。その代りにアジアは生れながらにして、悲劇的です。獨立と自主と民族統一、つまり完全主權運動は、アジアの二百年來の題目であり、悲願でありました。

問 例の「椿君の場合」の主人公の如きは、國籍の悲劇でせうか。

答 椿君といふのは、フイリツピンの軍事裁判で死罪を宣告されたが、自らは無實をとなへ、しかし誰をもうらみ憎むことなく、「海ゆかば」を門出に歌つて死の刑場に赴く若い少年兵と同じやうに、自分も死なうと云つてゐたあの學生のことですか。

問 その無實を彼の知人たちは嘆願してゐるのです。

答 神に訴へた彼は、死を前にして悟達の靜さにゐるが、その無實を、人に嘆願せねばならぬ人々は、何といふ哀れな矛盾でせうか。勿論彼は國籍のゆゑに、無實の罪によつて、刑場の十字架上に立つわけです。かういふものが十分に意識されたならば、「近代の聖者」は成立する筈です。將來の神聖をひらくものは、かゝる「聖者」の場合でせう。古代の聖者とやゝ趣きが異るのは、今は「國籍」が決定的だといふことです。

問　「近代の聖者」とはさういふものでせうか。

答　眞の無實は必ず判明します。しかし判明した時には、十字架上の罪人は既に蘇生しません。彼は死の前に救はれてゐるでせうが、その無實を知つた「人類の正義」の感傷は、必ず神を思はねばならないでせう。彼は聖者となるより他ないのではありませんか。

しかしかうした事情を豫め意識した行動として始まる精神上の活動は、恐らく日本を復興する根基となるでせう。我々は少しも悲觀したり絶望したりしません。

問　さういふ心境を平和論に生かせばよいと思ひます。

答　さうです。しかし我々はそれを云ふのに、決して天野君の如く「死して生きる覺悟」などといふ、戰時表現や軍國調の修辭を用ひません。最も謙虚な生き方を云ひたいからです。

問　餘事ですが、この問答をよむ人のために、こゝで我々とおつしやる言葉の具體的意味を説明して下さいませんか。

答　「我々」は修辭にすぎません。ことばのあやです。誰でも「我々」と云へばよいのです。しかしその我々は、我々と同じ志の者を現してゐます。私といふ個人ではないといふのでなく、私は無くなつた筈だからです。我々は言論に署名もしません。かうして世間を逃避して何年でせうか、山中に住んで五年、我々といふ「この人」は、前朝の遺老であり、今日の隠者と考へてゐます。時には都塵に埋れる隠者です。さういふ種類の人は、東洋のどこにもゐます。戰爭中の上海にも北京にもゐました。浮世の文人たちは、その無言の人を怖れてゐました。

問　政治的中立論の變化と云へば、四月には言論のヂヤーナリズムの空白時代がくるとのお話でしたが、四月ごろのほんのしばらくの間、虚脱狀態があつたまゝ、五月二日ごろから急轉直下、今はゆくべきところへいつたやうです。日本共產黨の處理の問題、警察豫備隊の問題、國連協力の問題、義勇軍問題、再武裝說など、考へやうでは思ひもよらぬことが起つたとも云へます。

答　まづその系列の問題ですが、國連協力問題及びそれに關聯する警察軍問題、別途の義勇軍問題、さらに進んで再武裝といつた問題は、未だ現象的には少しも進んでゐないのです。

社會黨のやうな數的に有力な政黨が、さうした協力の何らの實際の動きもまだ政府が示さない時に、政府が輕卒な協力をするのはよくないといふやうなことを聲明してゐましたが、その社會黨は同じ日に國連に協力することを誓つてゐるのです。つまり此の聲明は、單なる黨利を追ふ黨略であり、國家の重大事に當つて、黨爭私鬪を弄ぶ態度です。共に協力するといふ考へ方ならば、國內でも超黨派的に考へるべき問題の最も重大な一つなので す。それが社會黨の云ひ分では、現政府より自分らの方がうまく協力するから、自分らにやらせよ、と云ひたいのでせうが、實にさもしいことで、何ら協力の方法も行爲も決定實行されてゐない時に、政府のする輕卒な協力はよくない、と云ふのは何のことかわかりません。

本當の筋みちのある考へをもつ人なら、かういふ時は、當然、まづかういふ形で協力せよといふべきです。これは本人も協力するつもりでゐるなら、輕卒な協力はいけない、といふ代りにさう云ふべきだといふ意味です。

つまり社會黨の態度が輕卒なのです。社會黨が國連を支持し、まだ協力體制を示してゐない政府を鞭撻するためには、當然よいと信ずる案を示すべきです。それが正常な常識です。戰後の日本の世の中は、よい人がゐなくなつたために、恥しいことばかり起るものです。

問 それにしても社會黨が朝鮮事變の後でさへ、一方で國連支持を唱へ、他方で全面講和を唱へるのは、一體どういふことになるのでせうか。何年まてば米ソが宥和狀態に入るといふ見透しを當然云ふべきにかゝはらず、彼らは一度も云うたことがありません。

答 あなたのいふのは二つの問題を含んでゐます。この二つの問題は、別々に考へねばなりません。社會黨は公の立場で、自身の矛盾を何とか處置せねばならぬ狀態にきてゐます。彼らは新聞社や雜誌のやうな、闇取引的轉向は出來ないでせう。彼らは自ら主張する如く、「祕密外交」は、この場合なし得ないでせう。

しかし我々は現實問題では單獨講和派の方が、ずつと合理的だといふ議論の筋みちを認めるだけで、單獨講和とか全面講和といふ問題が、自ら解消するやうな、本質平和の立場を考へてきたのです。これが絕對平和論の立場です。

問 その點は三月號の「絕對平和論」で大方了解しました。

答 さういふ對講和問題は、第二義のものであるといふことを、ぜひ理解してもらはねばなりません。我々の絕對平和論は、ソ聯もしくば米國のいづれかに依存して、現在の「近代の繁榮と幸福」を求めることをしないといふ立場です。

さういふ近代の繁榮と幸福につきまとつてゐる非人間的な生活樣式と、非道德的な組織機構、さらにさういふ生活や機構と不可分の關係をもつ戰爭、近代文明、これを我々の生活から離れさせるための、生活樣式を考へるのが我々の立場です。

我々は「近代」を否定します。その代りに、アジアの道義の確立を考へます。この道義の確立が近代の否定の土臺であり、絕對平和論の基本であつて、それが單なる宗教や信仰理念や抽象的道德思想に立つものでないといふことを、さきにもくりかへしたわけです。

アジア的生活のもつ「眞理」を恢弘する以外に、平和の基礎となる生活はないのです。「近代」の生活と思想は、戰爭の母胎です、それは「植民地」――「市場」がなくては成立しない「時代」です。

問 我々も戰後政黨の政治的平和論の如きを問題にしてゐません。關心もありません。しかし天野貞祐といふ文部大臣が、四月に全面講和を主張し、五月文相の位置についたことについて、國會でその態度を質された時、「全面講和を主張したが、單獨講和に反對したことはない」と答へました。これだけ政治の「道德」が墮落してゐる事實を如何にお考へですか。

答　天野君の國會での答辯は聞いてゐません。しかしそれ位の人物でせう。舊政黨人は、まだそこまで墮落してゐません。しかし四月に主張したといふのは何ごとですか。

問　岩波書店から出てゐる「世界」といふ左翼雜誌——岩波書店はいつも最も官僚的なものと、最も左翼的なものとの二股をかけた商賣をしてきた書店ですが、そこから出てゐる左翼雜誌へ、天野氏が「永久平和への熱願」といふ文章を出したのが四月です。それには「死して生きる覺悟」といふ傍題がついてゐます。

その中で講和問題を考へるについて、我々はまづ大東亞戰爭についての責任を反省すべきだと云うてゐます。「わが國の知識人は大戰に臨んで平和に對する熾烈な意欲を表示したであらうか。寡聞なわたくしは戰後においては平和を要求する聲を聞いても戰前に於ては殆どそれを聞かなかつた」と反省してゐます。

答　博聞强記のあなたは、純粹なその聲を聞きましたか。

問　それを聞いたほどの博聞强記の人は一人もゐないでせう。それはともかく、天野氏はそれにつゞいて、「我々は講和を語るに先立つて敗戰意識に徹底しなければならない。世界の面前に土下座してゐる自己の姿を知らなければならない。」しかもそれを「これは決して卑屈になることではない。自己を知ることである、歷史的現實の自覺である、生きんとする者は先づ死なねばならないのである」

答　食言を意とせずといふのも、今の「四等國」の文部大臣を甘受した氣持なのでせう。その場合の心理上で解明すべき問題は、彼の云ふ「世界」とは何かといふことです。面前といふ以上「列强」でせう。それが「死して生きる覺悟」なのでせう。驚くべき表現です。

問　「列强」でせうか。私は「土下座」という封建的な禮式を見たことがありません。—活動寫眞では見ました。文部大臣のニュース映畫ではまだその土下座——死して生きる覺悟のあざやかなリアリズムを見てゐません。

それから彼はかういふことを申してゐます。「列强と對等の地位にあるが如く、しかのみならず戰勝國にてもあるが如く、平和を說き自由について語るならば、それは痴人の妄語というべきである。斯かる心構へを以てしては、自由は永久にわれらのものとはならないであらう」かういふ「卑屈」の道理が存在するといふことを、私はその日まで知らなかつたのです。

しかも「ひとは植民地化をいふ、しかし植民地化されることを恐れるよりは、植民地化する自己を反省すべきである、そも〳〵日本はこの狀態に於て、獨立と自由とにねうちするであらうか」天野氏はまづ以前と今の自身を「反省し」、今の自身が「獨立」と「自由」にねうちするかどうかを反省すべきだと思ひます。

しかも彼は「日本を破滅させたのは決して軍備や經濟力の不足でなくして、道德的墮落であり不道理の橫行跋扈であつたこと」と申してゐます。彼自身がその「道德的墮落」と「不道理」の見本のやうであります。

結論として、「武器は絶對にとらぬ、國が亡んでも戰爭せぬ、武力的にいづれの國の味方をもせぬ」この信條を守るためには安易であつてはならぬ、「それは死して生きる覺悟が要求せられる」と申してゐるのですが、それがつまり「世界のまへに土下座する」わけです。

答　さうして「全面講和を唱へたが、單獨講和に反對したのではなかつた」と答辯したのですね。この人の文章は、少々生意氣な昔の中學生の作文のやうな抽象的美文のよせ集めです。さういふ程度の讀者にうけるのでせう。今の文章にしても支離四滅な美辭麗句の羅列にすぎませんが、たゞ對象一切のものに對する「卑屈」さといふ點で統一をなしてゐるやうです。この「卑屈」は「謙虛」ではありません。一種の思ひ上つた優越感です。さういふ答辯を國會でして、自分は道理を守つてゐるやうに思ふ人間の頭腦の構造は、精神病理學の專攻者の手で處理してもらふ以外に方法がありません。もつとも戰後派的厚顏無知症の一種ですが。

しかし彼は現代の日本の氣どつた知識人を代表してゐるやうです。だから絶對平和論と何の關係もありませんが、さういふ現代日本の知識人の心理を分析する上で一應問題にすべきです。

問　しかし平和と自由の主張について、日本の狀態として、これは主張すべきものでなく、たゞ祈願すべきものだと云ふ考へ方はかなり多いと思ひます。

答　近代の繁榮と幸福を平和と自由の同意語と考へるなら、祈願以外の方法がないかもしれません。我々の「絶對平和論」はさういふ立場でありませんから、祈願といふ氣持がわかりません。祈願によつては、我々の考へる本質平和は何一つ實現しないのです。

我々はつねに神に對し謙虛でありますが、人間に對しては對等と考へてゐるのです。國が破れた時、國民が「人間」としての位置を失ふことは、近代に於てもなほ改良されない悲劇です。しかしもと〳〵アジア人は近代史の開始の日に、すでに「人間」としての位置を半分失はされてゐたわけです。これは「近代」の一つの特長です。生れながら「半人間」だつたわけです。

だからアジア人は「人間」の獲得と完全主權の囘復を約束する者に、必ず共鳴します。たとへそれが惡魔の心を藏した僞瞞者であつても、警戒しつゝもついてゆくのです。アジアに於ける共產主義運動の旺盛さは、結局さういふ人權と完全主權の囘復の願望が、大きい作用をしてゐるのです。

この最も悲慘なアジアを經驗すること薄く、やゝ近代的な生活の繁榮と幸福をわがものとしてきた日本では、從つて共產主義は決して壓倒的になりません。もし共產主義運動がいくらか熾烈になる時があつても、それは決して盲目的な信從や、虛無的な暴力衝動としてではなく、一種の政治的抵抗形式の方便としての場合であらうと想像されます。

問　各新聞社が五月頃より一せいに全面講和論を放棄したのは、何か特別の意味があつたのでせうか。

答　さういふことよりも、放棄といふか、轉向といふか、さういふ變節に對し何の聲明も説明もないのがいけません。何かに強ひられたやうに見えます。これは必ずしも博覧強記の者でなくともわかつてゐることですが、最近の新聞の様子は、さながら昭和十三年四月から八月にかけての實情に酷似してゐます。多少ちがふところは、何かに非常に怖れてゐることです。

例の東條君さへうけなかつた新聞上の敬語を、今の吉田君がうけてゐるのは、むしろ滑稽事ですが、先日その吉田君の祕書が、寫眞班との間に起した「暴行事件」で、各新聞紙が司令部のインボーデン氏との私的會見の談話を大げさに發表し、この米人の言葉によつて、吉田君の祕書の行爲の暴力性を保證させ、彼の祕書を非難してゐるのは、新聞の事大主義に驚くばかりです。とりもなほさず、新聞の權威と自主獨往の精神の缺如を示し、言論の自由の自己放棄と評する外ありません。「人間」は誰でも、自主的に、善は善とし、惡は惡とする強い精神がなければなりません。

問　善を善とし惡を惡と判斷するのに勇氣が必要でせうか。

答　眞の勇氣はその時以外に必要ないでせう。戰場の銃彈下を往くのに、これほどの勇氣は必要でありません。死よりも死の想像が、牢獄よりも禁錮の想像がはるかに怖ろしいやうです。

宗教の信者は、その信ずる神の御名によつて、事物の判斷をするでせう、思想の教派の人々も開祖と傳統に基いてそれをするでせう。水戸黄門を賴む者は、最も不幸な人か、事大主義者かの何れかです。

戰爭の如き非常事態の中で人が不安狀態になると、現實の虎の威を借る狐の類の人間が多くなるものです。戰時統制經濟下の巡査の、橫暴と悖德をこらしめる「英雄」として登場する憲兵の話は、全國津々浦々にほゞ同じ形式で行はれてゐました。その時調べてみたのですが、これは憲兵隊の謀略宣傳でなかつたのです。東條君はそんな小才の人物でなかつたのです。

問　戰爭は嫌だとか、戰爭は惡だとかいふだけでは何の意味もないのでせうか。

答　さうではありません、さういふことを口にすることは、簡單に組織されて、戰爭狀態の中では、必ず對立するどちらか一方の勢力に役立ちます。さういふことを云ふ共產黨でも豐島與志雄君でも、彼らの平和論は十分戰爭遂行者（侵略者）に對し役に立つてゐるのです。朝日新聞社の社說（二十五年三月）で、戰爭の反對は平和でない反戰だ、今日は反戰運動を起すべきだと云うてゐましたが、これは間違ひです。戰爭を根柢で否定する本質平和論は成立します。しかし反戰運動は平和のために奉仕するのでなく、交戰國の一方に奉仕するのです。戰爭に奉仕するのです。朝日新聞が今日日本で反戰運動を實行したら、對立するどの陣營に奉仕するかは極めて明瞭です。

問　軍事基地の問題にからむのですが、先般北海道へ赴いた時、實に愉快な遊說家に會ひました。彼は全面講和の立場を說くのです。アメリカの資本の入ることに共產黨は反對せずに、ロシアの資本も入れるのがよい、今のやうな密輸はいけない、と云ひます。アメリカの資本も欲しい、支那市場も欲しい、だから米ソと仲よくせねばならないと云ひました。最も愉快だつたのは、日本に軍事基地がほしければ、米ソ兩者に貸し與へたらよい、それはしかしどこか大へんな遠い小島で、並んで貸すのが一番よい。日本は平和國だから武器を遠ざけておく必要があるといふのです。さうしたら兩者共に滿足するだらうから、この時米ソ兩者に談じ込んで、全面講和を可能化したらよい、これは米ソの平和ともなる、このやうなことを街頭で演説するので、聽衆が面白がつてきいてゐました。參議院選擧の折です。

そのついでに日印提携論に對する意見も唱へてゐました。ネール首相が、原子力生産を始める意志をもつてゐるが、印度にはその技術者も專門家もないと嘆じたさうですが、彼はこれに同情し、日本の先進原子學者らを米國へ送る代りに、印度へ送るやうにネール氏にもちかけ、それを實現して、日印提携を名實兼備に最も強く實現せよ、子供の象をやりとりするやうなことでは、兩民族の相依らうとする眞の氣持の一端さへ十分に表し得ない、と申してゐました。ともかく國民の憂ひと願望を、己の判斷でうけとり、一々その具體的解決方法を示してゐたわけです。

答　それも狂人の類です。

問　極めて眞面目で眞劍でした。

答　狂人は眞面目でないといふことはありません。

問　印度に對しあたゝかい氣持の通ひを感じるのは、この「狂人」はともかくとして、かなり横溢してゐる感がしました。

答　狂人も間違つてゐません。今日の日本の憂ひと思ひに、具體的な解決策を與へようとすると、彼のやうな狂人の言になるのでせう。彼はその問題の提出法が謬つてゐるだけです。しかもその解決の方法のない問題を、明確な實行できさうな形で解決したやうに思ひ込んで、人に見せるから狂人にされるのです。しかしスターリン氏にたのんで全面講和を實現したいと云うてゐる人々と、この狂人とはどこがちがふでせうか。全面講和は出來るかもしれません。しかしそれはさういふ方向へ世界情勢が動いた時の話です。誰でも「日本人」で、スターリン氏に會つてものを賴むことの出來る人や、資格をもつ人はゐません。日本は今日占領下なのです。結論を曖昧にしてゐる平和論者は、大抵狂人と五十歩百歩です。狂つてゐるのです。「狂人的」なものが始めからあるわけです。

政治的全面講和論を平和論に結びつけてゐる人たちは、その解決の具體的方策を示さないので、狂人ぶりを發揮しないですんでゐるだけです。又その課題と、現實生活の直接面からくる問題とを結びつけて解決しようとしないから、本人自身も、その愚かしい抽象性と、その方針の具體化が、滑稽と氣違以外の何ものも示さぬといふことに氣づかぬのです。しかし情勢が切迫してくると、もうさういふ中途半端やごまかしが通用しなくなります。こゝ一月もつゞきますまい。彼らの方が不眞面目と云はねばなりません。

問　國が侵略される怖れといふことと、國の防備については、すべての國民が憂ひとしてゐるのです。大衆は正直ですから、その憂患に對應する處置を、各々の考へで必ず考へてゐるやうです。

答「朝鮮事變」はそのまゝ「日本事變」になる可能性が十分だつた、と總理大臣の吉田君は云うてゐますが、日本が無防禦状態になることに對して、確かに國民は不安をもつてゐます。

問 吉田氏は具體的に何を根柢にして、どんな考へをそのやうに表現したのでせうか。

答 情報によつてでなく、懸念でせう。といふより他ないではありませんか。さうしてこれは多數國民の懸念です。この懸念は、豐島君や南原君、大内君などいふ數十人の中間平和論者の保證ぐらゐで安心しません。直接スターリン氏が保證して、米國と日本の永世中立を議したら、多少安心するかもしれません。健全な常識ある日本人は、それらの人の說く全面講和永世中立論とは、大體のところ、米國の軍事基地を拒否し、ソ聯を入れるための運動だと考へてゐるやうです。

問 しかしさういふ問題と別に、軍部はやすやすと占領地を放棄するでせうか。

答 さうです。その方がはるかに現實的にうがつた眞實です。よほどに強力な作用がなければ放棄しないでせう。さうして今日の如く戰亂と不安の時代には、さういふ出先軍部に働く強力な政治的壓力など想像されません。殊に極東の今の情勢では、出先軍部の方が本國に對し指導的になつてゐる感さへあります。

問 社會黨の水谷氏は、軍事基地を内部に作るのは、どうも國民の感情にまづいことだから、琉球あたりに作つてくれるがよいと云うてゐました。(朝日新聞二十五年三月)

答 それはいつのことですか。今年三月ごろですね。そのころなら水谷君の苦しい告白でせう。今なら一般の民心は軍事基地など既定事實と考へてゐるではありませんか。

問　朝鮮事變以來……。

答　さうです。東京の輿論はその事變以來一變しました。再武裝說さへとび出す位ですから、基地問題など雲散のさまです。

大體東京のやうな近代都市は、決して土着のアジア風な生產生活をしてゐませんから、「近代社會」が戰爭に突入した場合、己のみ戰爭の局外にあつて、しかも「近代生活」だけ享受したいといつた虫のよい話はないのだといふことを、實際生活者は反射的に考へ得るのです。軍國主義や利益から考へるのではありません。又儲けのために考へるわけでもないのです。一種の反射的な、いはゞその生活の自衞感覺のあらはれです。

だから都會はいよいよ戰爭となると、戰爭に突入するのが早いのです。それしか仕方ないと悟るわけです。さうして「戰爭」を生活とします。さうしなければ都會は生きてゆけません。都會の生活者はそれをよく知つてゐます。東京が一番早く軍國調を呈したのは當然のことです。中立國で金儲けだけをするやうなしくみは、今ではどこにもありません。

問　軍事基地の問題はどうなつたのでせうか。

答　我々だつてそれを欲しません。しかしこの欲しませんといふ時の當方の考へ方は、共產黨や「平和問題談話會」の諸君らの云ひ方とは違ふのです。我々はそれを主張することに最高目標などおいてゐません。だから總理大臣吉田君が最近、講和後の軍事基地も義勇軍も好ましく思はないと云つた時の、云ひ方や考へ方ともちがひます。これは外務大臣として外交官としての吉田君の言明でせう。「自衞權に關する政府の所見は、武力による自衞權はあくまで放棄したのであるといふ見解だ」と申してゐます（七月廿九日）、春の國會では占領下の軍事施設には何ら異議は云へないと、答辯してゐました。

　この吉田君は祕密外交だといふので攻撃されてゐるやうですが、戰前の駐英大使級の人物を戰後人物の中へ入れると、ずゐ分ひき立つものです。外交でも政治でも、民主主義でも、人間間の肝心の問題は祕密裡に決定するのが當然のことです。ガラスばりの部屋で一國の外交を議すのが民主主義だ、などと阿呆なことを考へる者が、社會黨といふ大政黨を作つてゐるのです。勿論、彼らは黨內スキャンダルをガラス部屋で演出してみせるのは得意中の得意のやうであります。

問　しかし軍事基地を米國に提供しても、彼らはその上日本人の義勇軍を要求しないでせうか。

答　戰爭と武裝を放棄する日本國憲法は、アメリカを中心にした連合國が作つたものです。手續は少し入りこんでゐますが、作つたものと云うてもよろしい。さういふことは多數の日本人は未だ忘れてゐません。

　最近米國で日本の再武裝を問題にし、その一上院議員が、日本義勇兵募集の建議案を提出したりしてゐるのは、その心理があまりに露骨で、理解に苦しみます。もつともアイケルバーガー氏の如く、以前から米國の安全保障のために日本は必要だといふ如き議論はありました。慘憺と蹂躙され一切の武器を奪はれ、今さら手で鬪へ足で鬪へ、武器をとれといふのは何事か、それは神人ともに許さぬところだと、安倍能成君は憤慨してゐますが、武器をすて、平和國家ともち上げられたことを思ふと、一寸くすぐつたいではありませんか。これは例の天野貞祐君に「道理の感覺」から辯解してもらふ必要があります。彼以外にかういふ場合を平氣で辯解できるやうな「大博士」は日本にゐないからです。

吉田君さへ自衞權は講和後に復活するものだが、「武力すなはち戰爭によつて國を護るといふ考へを心の奧にもつてゐるならば、日本の國の安全を阻害するものである」とこの春の國會で申してゐました。この考へはもつと判然とさせる必要があります。今の日本の異常な狀態をかみしめて、かうした異常な考へ方を追求すべきです。

問　しかし義勇軍あるひは國防軍が憲法から否定されるといふことと別に、つまり假定の問題として、日本の安全保障を自力で行ふために要する武力、裝備、軍需工業といつたものは、現狀として可能でせうか。又實現するものでせうか。

答　朝鮮事變に介入した米國は、三日の間に不擴大方針をすてねばならなかつたやうです。もし彼らが幸ひに三十八度線迄囘復しても、そのまゝでは依然治安の囘復せぬことは火を見るより明らかです。極東の安定を計るためには、かつて日本がしたと同じ進出をせねばならぬことを必ず感得するに違ひありません。問題の一つはこゝにあります。

勿論日本の自主的な立場は、米國の政策の一端として考へる必要はありません。だからこの假定の問題も、自衞的の問題も自衞的軍隊がいくら必要かといふことからまづ考へてゆくべきです。日本は武裝解除以來、軍事研究さへ自發的に解除しましたので、國防に聯闘する軍事知識は、知識階級の間にも極めて貧困で、皆無といふ現在の状態であります。

こゝでかりに列強——二大陣營の軍事力配置狀態を考へ、そこから割り出すと、日本が西歐側につくと假定した時の自衞兵力は、大體に算定できますが、何らの植民地も市場もなく、狹い國土に於て、その尨大の數をよく養ひ得るでせうか、養ひ得なければその武力が侵略的性格に轉ずるのは自然の勢であります。近代戰を行ふに必要な最高最强の兵器の生產設備を何一つ許可しない現狀で、なまじつかの武裝は、むしろ損害のみといふことになりさうです。

日本は、戰爭や侵略の意志をもたないといふ前提から申すのですが、未然に侵略軍を防ぐためには——さういふ自衞隊でさへ、假想敵國に對する侵略的實力をもつことが必要と思はれます。かういふ國防軍は容易に出來るやうで、實際は不可能に近い。從つてそれを作れば、忽ち色々の矛盾を現出してゆくと考へられます。萬全に避ける方がよいわけです。殊に軍備と戰爭のくりかへしでは萬世の太平は實現しません。

米國が日本人を傭兵として採用するといふことは、兩方の側から見て實現しさうにありません。このやうな場合には占領軍命令が憲法やポツダム宣言に優位するとは考へられぬのですが、さういふことが實現した場合、米國はアジア諸民族の不評に當面する覺悟が必要です。

國連の警察軍として、日本人の軍隊が出來たらといふことも云はれてゐますが、これは講和後、日本の國連加盟後に初めて起る話です。最高裁判所の田中耕太郎君は、日本人が個々で國連の警察軍に編入されることは憲法に違反せぬ、といふやうに云うてゐますが、この法理は、今の常識に合ひません。常識がさういふことを肯定せぬなら、彼の法理の方を改めるべきであります。

つまり田中君は個人的な、しかし法律的な見解として、（長官が個人的意見として公的な場合とは反對のことを云ふのも變な習慣ですが）日本の國が義勇軍をつくるのはいけないが、個人が義勇軍に加はることは法的に可能だといふのです。そして海外に渡航する必要がある場合は、その許可は司令部が決定することとなるわけです。しかし八月のマックアーサー氏の書簡によつて、義勇軍問題は講和後迄持ち越されました。これは當然のことです。

今度出來た警察豫備隊は、國内共産黨にそなへるといふたてまへださうですが、革命の時に果して警察隊が有效かといふ點に疑問が多いのです。建軍の本義をもたない警察隊の如きは、國内治安に對してさへ不完全なものであります。これは韓國軍の例が最もよく示してゐます。

數種の再武裝説は、いづれの實現も難しい上に、好ましからざる考へ方であります。日本人が誇らしい自負を以て、現實を處置する重大な期間は、非常に手近にきてゐると我々は思ふのです。日本人がみな毅然として、これに對處することを祈りたいのであります。

問　ソ聯と中共が、東歐で獨逸を假想侵略國とした如く、日本の假想侵略を對象として條約を締結したことは、再武裝の問題にからんで困つたことだと思はれます。

答　ソ聯はそのさきに、日本は中立でない、日本の再武装は始つてゐると聲明したのです、その聲明の下で五十七人の全面講和は唱へられてゐたのです。ところが多數の國民はこれを聞き知つて、特にこの條約を知つて、その頃から初めて再武装の必要も止むを得ないと感じ出したのです。しかし國民に軍事知識と軍事研究がありませんので、具體的な構想も、その利害得失も考へられません。たゞ漠然と侵略を懸念してゐるところです。

しかし現在の國土經濟に於て、日本は有效な近代的自衞軍をつくれません。理窟から云へば、それがつくれるやうな條件におかれることがまづ必要です。同時に日本人の理窟と感情を納得させる名分も必要です。しかしそれらの準備行爲がなされないで、さきに事を行へば、怖るべき不安狀態を現出するでせう。共產黨はさし當つて實力をもちませんが、かういふ事態に於ては、國民感情を煽動して、近くは朝鮮で行つたまゝのことが行へる可能性へ、急速に近づくわけです。

問　再武装といふことを、絕對平和論では如何に考へられますか。

答　再武装は問題の外のものです。本質論としては考へることも、考へる發想もないのです。こゝでふれたのは、現實の問題として現行のものの考へ方の根本を批判したのです。

問　海外――殊にアジア各地の日本に對する依然たる不評と反感の殘存によつて、こゝから再武装反對說が出るといふ希望的觀測もあります。

答　東亞各地の人々の間で、日本は不評で、未だに反感をいだかれてゐるといふことは事實でせう。しかしそれはある政權に屬する人々の間の評判であつて、反對政黨の中には、依然として日本の眞なるものを信じ、心魂を通はせてゐるものも少くありません。日本人の間でも、未だに日本人に反感をいだくことを口にするだけを、使命としてゐるやうな人間が少しは殘つてゐます。アジア各地に、かういふ奇妙な日本人と口のあふ者が存在するのは當然のことです。しかしアジア各地の反對政黨の中には、日本の再武裝に期待してゐる者も少くないのです。一面觀ではいけないわけです。

問　朝鮮事變の本質はどうですか。

答　我々はこゝで最も濃厚なアジアの悲劇の實相を見ます。彼らの民族統一、國土統一、自主獨立——つまり完全主權の恢復の四十年來否數百年來の願望が、一つの反對戰力にたよつたといふ現象です。ソ聯や共產黨といふことに絕對的な信條があるのでなく、獨立を思ふアジアは必ずソ聯に結ぶ、この後進民族の悲劇を深く考へねばなりません。

問　それは必ず悲劇でせうか。

答　悲劇となるのです。例へ成功しても悲劇であるといふことが、必ず明らかにされる時がくるのです。しかし今日のアジアで、「近代」の狀態で、獨立と解放をおもふものは、ソ聯に通じてゐます。共產黨の目標も住民の近代化にあります。貧困と窮乏からの解放といふ點ではデモクラシーと手段樣式がちがふだけで、最終目標は同一です。ソ聯のアメリカに對する、近代文明の意味に於ける、後進性から生れる卑小感、弱小感といつたものが、世界平和をおびやかしてゐる事實は、もつとも具體的にアジアで現れるのです。

問　さういふ解放感が悲劇にすぎないといふことを、「絕對平和論」は敎へるのですか。

答　さうです、それは必ず悲劇として、最新の武器による無數の殺戮を記録するだけでせう。かういふ事實が近代文明の實體です。

問　アジアに於ける解放運動が、ソ聯にたよるのは、それが現秩序の反對政權だからといふのでせうか。さうした反面、この種の解放闘爭の中には、印度の先例に通ずるものもあるのではありませんか。ガンヂー的運動の出現する前景は如何でせうか。

答　ガンヂーの出現する前景といふところまでは、いつてをらないのです。ガンヂーは「近代生活」を、歐米と共通にしたいといふ考へ方から始る政治運動の一切を、道徳の見地で否定しました。つまり今日ソ聯にたよつてゐる者は、近代の繁榮を理想としてゐるのです。それを奪取して己のものにしようといふ考へ方が、さういふ行動をとらせるのです。この奪取のことを、彼らは革命と云うてゐるわけです。

ガンヂーはさういふものを理想にしてゐません。これが理解されねば、ガンヂーへ一歩も近づかぬでせう。あの骨だらけの小さい男はおそろしい根性をもつてゐたのです。近頃のアジアでは天心とガンヂーが、本當の魂をもつて、それを大げさに示した人です。しかし本當のアジアの魂の持主は無數にあります。たゞ口にしなかつたのです。

問　それも無抵抗主義でせうか。

答　無抵抗主義の根據は、東洋人のみが傳へてきた道義道徳を、「近代世界」の中で確立する方法の探索から始つたのです。その道徳護持の基本は、自給自足の生産による以外に道がないと考へたのです。日本の平和論者は、近代生活を平穩に享受することを平和を守ることと考へ、平和を守るために國が亡んでもかまはない、（無防備狀態の中へ侵略軍が入つてくること）と云うてゐるのです。これを無抵抗主義と考へてゐるのです。さういふ云ひ方は、論理よりも道德の見地から唾棄すべきものです。ガンヂーやその無抵抗主義と何の關係もありません。

問　近ごろ各地の青年の間で、ガンヂーに對する關心が非常に增大してゐるやうですが、

答　それは誰でも氣づいてゐるところでせう。眞劍なものの一つです。しかしその人たちの考へねばならぬことは、ガンヂーの印度の場合、印度は無防備な中立地帶ではありません、國境も海上も英軍によつて、この獨立を失つた民族の國は北方の侵略に對して、最强最大に防備されてゐたのです。さうしてガンヂーは道德の恢復を考へ、その道德の囘復する生活の恢弘を考へたのです。我々は彼の考へをこのやうに整理せねばならないのです。これが我々の本質論的任務です。

ガンヂーは政治的に完全主權を要求する運動よりも、道德恢復を原則の第一義としたものだと、我々は日本の敎へによつて解釋します。この點は今日のアジア各地のソ聯に依存した完全主權恢復運動と根本の思想を異にしてゐるわけです。アジアの見地にたつて、この今日の運動を、アジアの敵とよんでもよいのですが、實際はこれもアジアの悲劇なのです。

當時の印度の狀態は現在の占領狀態の日本とも似てゐるやうで、條件はこと〴〵にちがつてゐます。現在の占領の解放の後の日本の平和論といふこととなれば、ガンヂーの無抵

抗主義やスワラヂの考へ方では、現實的に不十分と思はねばなりません。全面平和論者の云ひ分では、無防備な近代生活地帶が現出するわけですから。

問　さうしたガンヂーの解釋が絕對平和論の見解でせうか。

答　我々の考へ方は、近代を否定して、第一義の本質生活を形成しようとするのです。ガンヂーの行動から、政治的な完全主權恢復を目的としたものを、清掃するのは當然です。我々の國家觀は、普通のそれと全然違ふわけです。しかもこのことは、極めて異常な精神と道德の自覺をともなはぬ時は、決して判然としません。近代を否定する、近代に反對する、しかしそれを敢て破壞することをしない。――かういふ思想は、「近代」に代るものとして、さらに偉大な理想や美や價値や道德をもつものでなければなりません。かつそれを實現するものでなければなりません。

問　結局「近代」とは何かといふことを明らかにすることが、直接今の課題だつたわけですか。

答　迂遠なやうですが、それ以外にありません。

問　近代の解明は、近代とは何か、その成立について、といふ考へ方に進むべきだつたと思ひます。「近代の終焉」とか「近代の否定」といふ言葉は、戰爭中さかんに云はれましたが、近ごろは全然聞かないやうです。

答　歐米では今も變りなく、考へてゐる者は云うてゐるのです。そのころの日本人は、殆ど身につまつては考へなかつたのでせう。別のことばで云へば道徳上の目標がなかつたのです。アジアにめざめてゐなかつたのです。これは戰爭目的の喪失、國論分離といふ結果となり、敗戰となつたわけです。

問　六月廿五日の朝鮮の戰爭の勃發と共に、東京の言論は、再武裝にまで進展したやうです。それを主張してゐるわけではありません。噂してゐるのです。

答　六月廿五日に始つたといふことは、麥の收穫が終つたので始つた戰爭といふことです。それはどういふ人々の始める戰爭か、その性格をよく示してゐます。兵士らは米作地の水田に困つてゐるといふことですが、戰場と化した水田地帶では、米作に最も大切な手入れ時のことゆゑ、一層困つてゐるでせう。十二月に始る戰爭は、米作の收穫を了つてからのものです。今度は麥作の方の人々の始めた戰爭です。米作の農繁期に始められた戰爭といふわけです。

しかし絶對平和論そのものは、直面する個々の戰爭とは、——たとへそれが世界戰爭となつた場合でさへも、直面する戰爭には無關係です。またさういふ思想の生活をしてゐる個々の人々は、一切の近代戰爭との關係と影響とを、あきらめといふ形でうけとるのです。このことは如何にもよく、今日の平和な生活の狀態の悲慘さを示すのではありませんか。それがアジアの本體の實狀です。

しかし我々は平和の基礎生活がいつか築かれることを信じ、平和は唯一の道徳的生活の中のみにあるものなることを信じて疑ひません。ゆゑに直面する戰爭におのづから無關係となるでせう。この思想は動搖しないのです。それは政治的思想とか情勢論ではないからです。

問　その點で、個々に現存する絶對平和生活を、國民生活に形成する方法論が、絶對平和生活論だといふわけですか。

答　さうです。個々の場合は一種のあきらめの生活に落つくより他ないのです。それでも本人には、その魂と心に於て充足してゐるのですが、その狀態は精神の光輝を十分に發揚しない悲慘と考へねばなりません。

問　その生活の變更の過程と以後に於て、自衞といふことは問題になりませんか。

答　我々は近代の物欲と野望の世界から離れるわけですから、誘惑されないといふ態度が、十分にこれを守ると思ひます。但し過渡期は別です。だが我々は、「近代化日本」がたとへその自衞軍隊をもたうと、そこに何の希望も安心ももてないといふ理由はくりかへした筈です。

問「近代」は單一な歷史上の名稱でせうが、これが觀念上の「近代」と、いりまざつて使用されるので、理解に困ずるところが少くありませんでした。

答　たしかに「近代」といふ歷史的命稱と、觀念上やイデオロギー上の「近代」を、修辭的にいり交へて話したやうです。

大體「近代」といふ歷史の始りはゲルマンの移動からです。「近代」はこの線上のもので、ギリシヤやローマと血脈の關係はないのです。

しかし實質的な「近代」はアジアが發見された時代からだとも云へます。そしてアジアは支配されるものであり、ヨーロッパは支配するものだといふ観念が、具體的にあらはれた時代とも申せます。さらに産業革命以後の呼び名と言うてもよいでせう。我々はまた東印度會社の成功を以て「近代」といふ歴史上の状態の始めとも考へるのです。

しかし日本及日本人の「近代」は、大むね「模倣」が近代だつたわけです。日本の言葉では文明開化とそれを呼ぶのです。

さういふことよりも、觀念の上の近代は果して存在してゐるのかといふことに、我々は時々疑問をもちます。「反近代」の元祖は、「近代」の「小說の父」と云はれるゲーテでありました。彼は東方の専制を研究しました、そして多數決制に非常なる疑惑をもちました。しかし「觀念」として、輪郭の定つた多少高次な「近代」はやはり未だに殆ど存在しないやうに見えます。つまりそれは我々が自己の中につくつた「近代」觀念──外にないものでせう、そんなに文明は普及してゐないのです、世界の實質文明は精神の上では三千年來少しも進歩してゐないのです──だからそんな概念は、或ひは幽靈かもしれません。幽靈は心の内に生れるのです。その幽靈とは尋常に闘つては、決して勝てないのです。ゲーテが疑惑した「近代」など、當時のヨーロッパのハイカラな紳士の間にもまだ無かつたゲーテの先見の觀念です。しかし今日となつて、自動車と鑵詰とペンキの文化が、東洋の六世紀の法隆寺文化より進歩したものとは誰だつて云へません。

この「近代」についての概略は、「祖國」に出てゐる「西洋史問答──西洋文明の批判」が明らかにしてゐます。今までの日本人は、殆ど稀有の例外を除いて、日本の立場で西洋文明とその歴史を批判するといふことを知らなかつたのです。舊來の人々は、西洋史の範圍內で、彼の眼で、彼の立場で、歴史批判を試みたにすぎません。しかし「西洋史問答」は、東洋の生民の道德に立つて、彼を批判したのです。これは簡略なものですが、終戰後、日本人の正氣の自覺をうながす最初の著作となるかもしれません。その點でこの簡略は偉大に通じます。

絶對平和論が近代を否定するのは、近代の性格は平和でなく爭鬪と侵略と謀略であるからです。又物に立脚し精神をもたないからであり、さらにそれが商略狡智をもつが道德でないからです――まだ〳〵いくらも云ひ得ます。考へてみるとよいでせう。

問　安倍能成氏は、「祖國」の記者は、徹底的平和の精神は、アジアもしくは日本人の魂の生得のものだと論じてゐるが、これは贊成し難い、と云うてゐます。

答　それが誤解であることはすでに明らかです。我々は安倍君のことばに従つて、魂の生得だと云ふのでなく、その生活實相だといふのです。さういふ生活の恢弘のみが、平和の唯一の根基だとのべてきたわけです。我々のことばだと魂の生得といつてもよいのです。しかし我々はこのことばのくひちがひを、くりかへし〳〵いつも具體的に説明してゐます。

アジア人或ひは日本人でも、近代の生活を願望してゐる者は、決してアジア人の平和とその道德を了解しません。一概に云へば、都會人はもはやこのアジアの道を忘れてゐるのだ、と我々は以前にも云うたほどです。アジア原有の生活の道だけが、唯一絶對の平和のあり場所であります。

かういふ點から、安倍君が、「日本人には政治的講和問題以上に根本的平和問題の嚴肅な自覺が要求せられる」と云ふところまでは贊成ですが、その解決を「道德的宗教的な價値轉換、內面的革命を必要とする」と云うてゐる限りでは、安倍君はたゞ最後の大目的を漠然としたことばで云ひかへただけで、何らの現實的意味をも示してゐません。つまり科學的でもないのです。

同じ程度に抽象的なことばを並べて、抽象的な理想を、具體的に解決したやうな錯覺を示してゐるだけです。それは解決ではありません。解決になりません。第一安倍君には具體的な結論が自身の問題としてないのでせう。詩人的な感情を昂らせて孤軍奮闘してゐるのは壯としても、多少齒がゆい感がします。

我々の見地では「內面的革命」を近代の否定――近代生活の廢棄と云ひます。これは極めて具體的です。しかしもし安倍君がそれが不可能だと云ふなら、それでは平和は實現せぬと答へるばかりです。さうして貴下は何を具體的にさし示すかと問ふより他ありません。こゝが我々の思想と根本本質の異る所以だと考へるのです。

又安倍君の云ふ「道德的宗教的な價値轉換」といふことも、我々の立場では、近代生活と近代文明の放棄といふ一語につきます。その時の國土國民的計畫は質疑あれば答へませう。――と云ふよりも相共に誰とでも相談したい。我々は指導しようとか、私說を立てて快を叫ばうとするのではありません。我々は個人に與へられる賞金や榮譽を、輕蔑も羨望もしませんが無關心です。もつと明瞭に申せば、我々の言論は近代的な署名さへ必要としないのです。我々は職業的評論家ではありません。この言論は國民抵抗線の聲です。建議進言ではありませんから、その禮もとりません。

しかし東西兩陣營の歩みよりに希望をかけてゐた安倍君も、六月の戰爭勃發以來内外情勢の決定にかなりの衝動をうけたことと思ひます。彼の平和論は結局その歩みよりによつてのみ實現する平和論です。今や雨降つて地固るとも云うてゐられないでせう。そして「政治的講和問題以上に根本的平和問題」を考へることは、今こそ、この日にこそ最も必要なわけです。老人の冷水とはいへ、相共に奮勵を期したいと思ひます。これを説くことが、五十七名の同志の過半が落伍したり、本性をあらはした時、安倍君の唯一人の使命でせう。

朝鮮の戰爭に對し、當初日本の報道機關は樂觀的でしたが、東亞各地の情報機關は、初めからみな事の重大さに愕然としてゐました。これは日本が不思議な五ヶ年の平和生活を享受した結果のあらはれです。その五年の終一年で、「近代生活」に半ば入りかけた途端に、この戰爭にあひ、兩者あひまつて、もはや戰爭の鬼に半ば縛りつけられて了つた感もあります。

こゝに引用した安倍君の文章（文藝春秋七月號）の中で東獨共産黨員のデモを危險視し、その鎭靜を祈つてゐますが、すでにその頃には、東亞の危機が（去年後半あたりから）急速に西にテンポを合せてきた事實に、しづかに危機の情をいだくべきだつたのです。我々はさういふ形で危惧したのです。東の危機が西の陽動作戰でもなければ、西の危機が東の僞裝作戰でもありません。自からテンポが合つてきたのです。これが今日の危機の實體です。テンポが合ふといふことは、「平和的狀態」の期間が縮まつてきたといふことです。

我々はくりかへす如く、全面講和單獨講和の利害得失を云ふのではありません。時務的優劣を論ずるのでもありません。絶對平和論は、政治的——時務情勢論的——講和問題を無視して、根本的平和の見地とその可能をのべ、その實現を日本に於て期するものです。萬世の爲に太平を開かんとの聖旨に翼贊せんとするのが、我々のひそやかな願望に他ならぬのです。

「武器によつては平和はこない、勝つたものに於ても、敗れたものに於ても」これは天の聲です。眞理です。我々の浪曼主義を表象する、東洋平和のための行爲は、一度は敗れました。我々は誰に破れたとも考へてゐません。「文明開化」派のために破れたのです。しかし我々は性格の浪曼主義を考へる時にも、それを最も極端に形成せねば、心安からぬものがあるのです。

昭和二十五年七月下旬

續々絶對平和論

問　八月十九日外務省情報部から「朝鮮動亂とわれらの立場」といふ、政府の意見書が發表されました。その中で今や日本の中立は不可能になつたとのべた上に、平和運動と稱されてゐる運動の實態を警戒せよと國民に呼びかけてゐます。

答　この所謂朝鮮動亂外交白書の要點は、日本の國民の大多數の希望するところとして、日本のゆく道は、所謂「民主主義」を守るにあるといふ趣旨を表明してゐます。

次に國際情勢の判斷に於て、二つの世界の對立は、朝鮮事變を契機として、全世界にわたる實力的對決にまで進んできた觀があると斷じてゐます。

さうして第三に、第二の判斷の結果として、こゝに至つては、もはや「中立」といふ立場はなく、この現實世界に於て「平和運動」を云ふことは、結局「民主主義の敵」に奉仕するにすぎない、つまりそれは國際革命軍への奉仕に他ならぬと云うてゐるのです。

問　第二の判斷から第三の斷定に至る筋道は通つてゐると思ひます。しかしさういふ判斷は一體何にもとづいてゐるのでせうか。この間まで吉田首相は、今日の日本は獨自の判斷の基礎になる情報組織をもたない、といつて、積極的な意見をさけてゐました。自分の判斷は、永年の外交官生活から得たカンによるだけだといつたことを申してゐましたが、今度もさういふカンによつて、判斷したのでせうか。それにしても、この度のやうに激越な調子で、國民を一方的に組織せんとするやうな態度は、そのよしあしはともかくとして、さういふ態度は、政府の態度としては、今日の日本の國際的地位から考へて、避くべきではないでせうか。

答　避くべきだといふ結論には同感です。しかし一般的に云ふのではありません。北鮮が侵略を開始し、その背後にソ聯がゐるといふことは、今日の世界の一般通念から云うて、判斷として謬りないでせう。しかし侵略か否かを判定する經過論や手續の問題よりも、何を侵略といふかは思想の問題です。近代史を通じて「侵略」とはそも〱何かといふ問題を、良心をもつて解決する決心に到着せぬ限り、人類の平和も世界平和の爲の聯邦政府も決して生誕せぬでせう。

　さういふ解決とは、まづ「侵略」状態を解放することです。こゝで我々は重大なことを指摘しておくのですが、それは、我々は「近代文明」の理想も現實も認めてゐないといふことです。勿論アジアの立場は、本質上で共産主義に組するものでありません。

　我々の主張は、所謂世界人類の良心に向つて、（例へばユネスコの如きものに對して）「近代史上の侵略」といふ問題を良心的に解決することを要求します。ユネスコが戰爭原因として例擧したのは虚妄概念です。今日の戰爭と不安の原因は、「近代史上の侵略」とその形跡と影響にあります。また我々はその「侵略」と「近代文明」の導入を同意語に解する思ひ上つた考へ方の訂正を要求します。

我々の世界文明の知識と文明史に對する廣範な視野は、近代文明を唯一の人類の理想的文明と考へ得ないのです。我々は本質的な道徳の見地から、それを否定してゐます。我々は近代の文明の理想と現實を、その將來の變化を豫想した上でも、世界の文明の唯一の理想とは考へてゐないのです。世界の高い文明の交通の豫想の上でも、これが根幹をなすとは考へられません。その文明は思ひ付も意志ももつてゐますが、肝心の道徳がないからです。

現在の近代文明を最も高く最も深いと考へることは、よほど偏狹な人でなくては出來ないことです。それは少くとも利益關係からくる偏狹さか、教養の缺點からくる偏狹さの結果です。

問　しかし政府のやうな考へ方から云へば、「絶對平和論」も國際共産黨に利用されるといふことにならないでせうか。

答　それは平和論といふ言葉からくる懸念にすぎません。我々が絶對平和論と呼ぶのは、道徳と生活の變革を主張する學説です。我々のアジア的理想の立場から云へば、道徳と生活の恢弘といふことです。我々は平和の本質を生活の形に於て論じ、文明の理想を説くのです。情勢に合せて、平和運動をしてゐるのではありません。また我々の論は、日本を第一に考へるのです。我々は政治的平和論を説くのではありません。それはいくどもくりかへしたところです。

問　最近數ケ月の日本の都市市民の輿論は、大體に於て自衛的軍隊的なものの再建を豫想してゐるやうです。これはこゝ數ケ月の新聞の指導ぶりをみてゐても十分にわかります。

わが「祖國」が、精神の獨立といふ點で、日本の自主的立場を守ることを主張した時、天下にたゞ一つの存在でした。そののち同調するものも僅に出ましたが、民心をひくに至りませんでした。

ところが今年五月に入ると共に、國內の輿論は亂暴な飛躍を重ねて、たま〳〵朝鮮の事變に更に拍車を加へられ、八月に入ると共に軍備再建を豫想下においた狀態に、ヂヤーナリズムが轉向して了ひました。それに應じて諸般の問題で、急速に復舊的傾向を示してゐます、これは日本の自主獨立といふ目標からみると、極めて危險な狀態と存じますが。

答　さうです。我々は日本の自主精神の再建の先驅をしましたが、今日では——そして明日は、急變した新聞ヂヤーナリズムの軍國調の後方へおひやられることでせう。しかしこれが日本の新聞のもつ「化物性」といふものです。さうして我々がさういふ狀態に立つことは、我々の正論の當然の運命です。我々は正しい保守精神を貫くからです。

右翼左翼は、我國ではうつりの激しい化物です。我々はさういふ政治的存在に與してはなりません。我々はアジアと日本の本質地帶です。國民抵抗線です。この線は不動ですが、世間が左に傾いてゐる時は、極右と考へられます。世間が右へ傾いてくると、何といふかわかりません。しかし何と云はれようとも、我々は正しい保守の線、國民抵抗線をつねに示してゐなければなりません。

精神上の自主獨立は少しも恢弘してゐないのです。それで將來、軍隊風な實體組織が出來上り、それが變則的な獨立自主の母胎となつても、それに對し今の言論界は何一言云へない、今の狀態では何か云ふだけの資格をもたないのだといふことを、今日しかとおぼえておくべきです。

問 しかし世情が險惡となつて、侵入軍の可能性も、想像の中で增加したわけですが、さういふ想像の侵略に對し、我々はどういふ態度を考へておくべきでせうか。

答 我々の立場から、絕對平和論が實施される場合は、反抗せず協力せず誘惑されない、といふ信條が實在してゐますから、悠然として戰車が頭上をゆくのを見てゐられるでせう。すでに戰車の通るやうな道がなくなつてゐる筈です。しかし今日の我々は、戰車のまへに橫はる運動をしようとしてゐるのではないのです。

さういふ反抗運動に我々の目的があるのではないのです。しかし絕對平和論の實施といふことが構想される過渡期に、さういふ不幸が我々をおそつた時には、これは當然想像しておくべき決心だと云うたのです。それが目的でない、目的は、道德と生活の恢弘にあります。

問 あくまで武力――暴力は排斥すべきでせうか。たとへば卑怯か暴力かを選ぶべき時はどうなるでせうか。

答 それは個人の問題である場合が多いのですが、その場合卑怯を選ぶことはいけません。しかし我々はさういふ場合の來らざることを念願し、そのためにこの理想を唱へてゐるのです。

問　しかし止むなく起つた場合の、戰爭の具體的事態に於ては如何でせうか。

答　我々は最も一般的意味で愛國者です。さうして卑怯を嫌ひます。止むなく起つて、つひに我々の力は及ばなかつた時も、愛國者でなければなりません。

我々は戰爭中、古道恢弘をとなへ、軍部の本質が、日本の本質に卽さぬ點をつねに言及したのです。わが軍の現状は國防軍にすぎないのだ、決して皇軍でないと云ひました。國防軍はナチスの思想に立脚した軍隊です。しかし我國は皇軍でなければならぬと云うたのです。敵はつねに內にあつたわけです。その頃憲兵はわが家の門前をゆきゝして示威しました。

しかし我々は勝敗の豫想によつて、和平の論をたて、それによつて軍部に反對することは決してしませんでした。我々は愛國者ですから、自ら自壞を策さぬのです。のみならずさういふこと以上に大切なことを悟つてゐたからです。勝敗より大切なことです。

それは我々の根本の思想から云へるものです。しかしそのゆゑに敗けてもよいといふのではありません。たゞ不敗のもの、本質のものを主張したのです。その不敗のものを恢弘することに、趣意があつたわけです。これは今も變りません。たゞ將來はどういふ形をとるかは、假定によつては何も云へないのです。

近頃古い海軍軍人で一時總理大臣にもなつた岡田君が、敗戰についての先見の明があつたと語り、戰爭の中期から東條君に反對して和平運動をしたいきさつを云うてゐますが、その心情は今ではなさけなく見えます。すべておそいのは勇氣がないのです。卑怯だつたのです。

彼はアメリカに破れるだらうと考へ、アメリカを敵とすることを怖れてゐただけであつて、決して、日本が「近代」の模倣追従をし「侵略」を行ふことに反對したわけでないのです。彼が今日すゝんで何ごとか告白するといふなら、本當の日本人として、日本に向ひ、アジアに向ひ、祈るやうに、その正しい道の自覺を云ふべきですが、これだけの目にあひながら、何の自覺もありません。かういふ人物が總理大臣だつたのですから、東條君が出なくとも國は亡びます、國の本質は彼に於ても亡んでゐたのです。我々の思想の見地から云へば、東條君も岡田君も同樣です。一方は刑死し一方は今日時めくといふ違ひです。どちらが本望かはしりません。

東條君その他一連の死罪にあつた人々の方は、生前はともあれ、その最後に於ては、初めて日本の道にめざめて、安らかに死んだだけ幸福かもしれません。同時に彼らの指揮下の軍隊が行つた行爲のために、ある點では却つて日本人に眞の道の自覺を與へたとも考へられます。大きい犧牲の自覺でした。

しかし我々には戰時中の日本が交戰國に破れるため努力することは絕對にできません。許しません。それは「近代」に於ては、最も卑怯な、さうして最も大きい害と惡を、無關係の同胞に及す犯罪です。道義を愛する愛國者は、どんな場合にも通敵行爲を心から憎むのです。

今日の情勢で、假定による行動理論は空虚です。我々の場合は、さういふ政策論的行動理論に目的があるのでなく、目的は實に道義とその生活の恢弘にあるのです。普通の「近代的」な政治運動や思想運動では、我々のこの目的を達成しないのです。

問　その意味で絶對平和論を運動にしないのですか。

答　さうです。それは今の情勢の下では大きい理由の一つです。しかし出來ないからしないのです。出來ないといふ理由は、仔細には云へないのです。しかし最も根本的な理由は我々は僞瞞や脅迫や煽動といつた、すべての近代の政治的運動に附隨した必要のものを、我々の原理から否定したのです。

問　それでは一箇の空論を說いてゐるといふことになるではありませんか。

答　近代の思想といふものや、近代のものの考へ方を唯一とし、それからぬけ切れぬ者から云へば空論でせう。

問　ガンヂーの場合でさへ、さういふものでなかつたと思ひます。

答　我々はガンヂーの情勢論から入つたのでなく、日本の本質論から入つたのです。從つてこの差異は當然です。

問　さういふ理論は、個人のどんな行動をも束縛しない、――結局無意味――空論ではありませんか。

答　さうではありません。つねに良心を緊縛してゐます。覺醒せしめます。一度道德を知つた人は、つねに良心を意識して、日常性の中に生きることでせう。それで十分なのです。それは自らに太ります。成長します。我々は今日明日を問題にしてゐません。その間にどんな不幸と危険がきても、決して滅びないのです。

問　國が滅んでも、滅びないと云へませうか。

答　國といふ考へ方がちがひます。近代國際社會の、「完全主權」といふものの表象する國といふ觀念の壽命は、もう一般的にそのさきが見えてゐます。この運命を防ぐ方法も防げる人もゐないでせう。

我々の道德と生活が、そのありのまゝに行はれてゐた日の「くに」といふ觀念は、生活と道德を共通にした集團の意味でした。しかもその生活と道德は卽身一體でした。

近代が衰亡する日は、我々の「くに」の恢弘する日です。アレキサンドリアもローマもみな滅びたのです。

問　「近代」――ヨーロッパ史が、世界の生活と文化を一樣化しようとする構想――所謂古からあつた帝國主義の、第三次の宿命的終焉期に入つたわけですか。しかし今日かの「ゲルマン」に當るものはあるのでせうか。

答　我々は個々のトひにかゝはつてゐません。しかし將來の世界は、新しい「ゲルマン的侵略」によつて開始されないといふことを我々は信じてゐます。この場合支那大陸でくりかへされた古い時代の帝國主義と、彼の民族文化とは無關係であつたといふ事實は、十分注目すべきものです。近代の主體にして一單位だつた「ヨーロッパ」は今日では、その文明の二つの植民地のために二分され消滅に瀕してゐるのです。

問　戰爭を避けようとする現在の多くの努力は、結局酬ひられないものでせうか。

答　それは酬はれぬ筈です。現代の努力の根本は、戰爭を避けようとしてゐるのでなく、現代の生活文明を維持しようとする努力だからです。これは虫のよい考へ方です。

戰爭は避け近代生活は享樂したい——他人が戰爭してゐる日に中立的利益だけ享受したい、これは同じ類型の考へ方です。矛盾であります。政府の今度の白書が、さういふ虫のよい考へを否定したのはやゝ賢明でした。我々は現代の世界人類を支配してゐる近代文明を決して認めてゐませんから、それを維持するための、平和や戰爭回避を考へないし、そのための戰爭遂行も考へないのです。念のために申しておきますが、共產主義は近代の文明です。近代文明生活を奪ひとらうとする野望者の理論にすぎません。

問　さういふ見解からは、「世界政府」といふ考へ方も、下らぬものになるやうですが。

答　さうです、「世界政府」といふ考へ方も、要するに現在の「近代文明」の生活と現實と理想を、人間の到着した最高様式と考へてゐる人々が、これをあくまで維持しようとする願望に發してゐます。その考へ方は、世界人類がいかに多くの原理を異にする文明を所有してゐるかといふことを了知しない人のものです。つまり教養上の偏見をもつてゐるのです。

しかもさういふ世界聯邦政府の運動者らは、ガンヂーの如き人が、その政府の初代の大統領となるべきだと云つてゐます。絕對平和論をよんだ人には十分了解できると思ひますが、ガンヂーこそ、さういふ「世界政府」の發想となる思想を、根本的に否定した人なのです。近代ヨーロッパも徹底的に否定せられてゐます。

しかしいつでも、歴史に對してセンチメンタルな思考しか出來ない人々は、かういふ滑稽な謬りを犯してゐるのです。しかもさういふ、荒唐無稽の「願望」が現代の世界の一部の教養人の間で支持されてゐるといふ現象は、我々の主張が誤解されることの當然さを教へるのです。

問 最近「絶對平和論」に對する、二、三の批判を見ましたが、谷川徹三氏はこれを新鎖國論などと呼んでゐます。絶對平和論をさして、一種の鎖國論と呼ぶ者があるかもしれないといふことは、我々の以前の問答の中でもふれられたことですが、これらの批判者の立場は、根本に於て、みな近代文明の持續を念願とするものと思はれます。

答 新鎖國論についてはもう申す必要はないでせう。谷川君も、「近代文明」こそ世界の最高の理想であり現實であると考へてゐる一人です。だから懸命になつて、如何にしてこの文明を守るかを考へ、そのための平和のために、つまり戰爭を本質とする狀態を、戰爭のない狀態のまゝに持續するために、「世界政府」を說いてゐるのです。

しかし原子爆彈を作つた「近代文明」は、決して「世界平和」に貢獻しません。我々は原子學者を少しも輕蔑しませんが、尊敬もしてゐません。彼らは專ら戰爭と壓迫と支配と、さうして侵略の道具の製作家にすぎません。我々はガンヂーや天心やトルストイやゲーテを尊敬するやうには、所謂「近代科學文明の貢獻者」に敬意を表さないのです。かういふ點で、「近代文明」を至上と考へ、それを守るための「平和」に專念し、「世界政府」に救ひを求める谷川君などとは、文明觀の根本がちがふのです。

近代國家は、決して「國籍」といふ——利權の相續權を放棄しません。近代國家の利權の相續權と、個人に於ける近代生活上の利權の相續權（個人的な近代的利權）を廢止すれば、その日に世界政府は成立するでせう。しかし誰が廢止するのかは、我々は知りません。そんなことを說として云ふのは空論だし、且つ我々は近代を否定するから、さういふことは問題とならぬのです。

近代國際社會に於て、「國籍」といふものが、どれだけの個人の悲劇と屈辱の原因となつたかは、誰も勘定しないだけの話です。あきらめるか、臣從するか、徹底的反抗戰を企てるか、いづれかです。この三つの狀態から、平和や道德の生活は生れません。世界國家をつくる實力あるものがもしありとすれば、近代文明の最高作品である原子爆彈だけです。

しかしこの原子爆彈の威力の結果は、世界を一つにする國家を作るでせうが、その世界國家では、都市の壞滅といふ狀態を見出すでせう。國家都市が壞滅した時は、近代文明の瓦解してゐる時です。勿論近代國家も瓦解してゐるわけです。

谷川君の批判は、我々の學說をもう一步のところで理解してゐないのです。我々の說が正しいか正しくないかといふためには、我々の說く生活と道德が正しいか正しくないかを批判すべきです。

谷川君はこれは今日では空論だと批判しました。違ひありません。しかし彼は第三次世界戰爭が起つて、日本の人口の幾割かが死滅し、全近代工業設備が壞滅した時、多少の可能性をもつだらうと申してゐます。つまり多少心をひかれたのでせう。彼は眞劍に平和への道をさがしてゐるのです。それにもかゝはらずひき出した結論はたあいないと評すべきものになつてゐます。

問　絶對平和生活の各個の基體は、戰爭や戰力と無關係でせうか。

答　我々は戰爭の最中、かの本土決戰の掛聲の中で、それもよろしい、日本はその形で生き殘るべきだと主張したのです。我々は戰爭狀態の中で、軍隊を放棄せよと云うたのです。國民全部が軍人になるのでなく、「國民生活」が抗戰基體となるべきだといふ意味です。誰も理解しませんでした。この「生活」といふ言葉は、特別な內容をもつてゐます。普通いはれることばではありません。

我々の抵抗線を、國民の自給自足生活の點に解決せよといふ主張です。當時これは空論だといはれる代りに、何かの革命思想だと思はれました。我々は反軍的でないやうに細心の注意をしました。我々は主義や理想を重んずるのでなく、つねに日本を第一義と考へるからです。

しかしこれをよく考へてみると、この考へ方はきつと大へんな誤りを犯すと思はれたのです。さういふ生活基體を戰力とし――その上の處置では必ず一種のゲリラ戰となりさうです。結局それは「近代戰」に敗れるでせう。のみならず當時に於ては、さうすること自體が「近代」に加擔して、道義の母胎を滅すこととなる可能性が濃かつたのです。それでは一切が滅亡です。滅亡してならぬものを滅亡させることとなるのです。

のみならずそれは一つの矛盾でもあつたのです。何となれば、「近代」とその戰爭と生活を否定する道義の根本となつてゐるものを、近代戰の一翼に――むしろ主幹にしたて上げる、しかも近代戰の專門家にそれを委ねる、これは矛盾であると共に、この上ない危險です。頼むべからざるものに頼んで、母胎を滅亡させてはなりません。

永遠のものは、つひに不滅でした。勝つことはないが敗れることはない――だが、さういふ立場を、多數が初めから考へてゐたなら、汚名の一切を避け得た筈です。考へてゐた人もゐたのです。

しかしその當時は混沌として、戰局日々に切迫してゐましたので、唯一最後の對戰思想は、誰にもなかつたのです。根柢の日本を考へた我々は、當時の情勢と、軍部の思想を考へた時不安でした。そこで我々は愕然としたのです。國を具體的に如何にするかといふ點に於てです。

その時大詔は明確に斷を下されました。民族の滅亡を阻止せねばならぬと仰せられたのです。從ふより他ありません。もはやこの戰爭を軍部に托されぬと思召されたのは、恐らくこの點にまできての判斷だと我々は信じました。それは單純なことでないのです。軍部も簡單に不信を與へられたのではないのです。それは軍部を辯護する意味で云ふのでなく、陛下の公平を明らかにしたいために申しておかねばなりません。

問　谷川氏の批判のつゞきですが、谷川氏は第三次大戰後の日本を豫想し、その想像の下では多少我々の主張に可能性があると云つてゐるのですが、それにつゞいて、小説家ハツクスリー氏がハリウツドがコロンブスのアメリカ發見當時より未開野蠻な狀態にある世界未來圖を描いてゐる例をひいて、第三次大戰後に日本が原始農業國として立直ることが出來るやうに想像するのは、かういふ西洋人の想像に較べると、まだしも樂觀的といふべきだと申してゐます。しかしこの「樂觀」は我々のことを云うてゐるのでなく、谷川氏が自身の「樂觀」を自ら反省してゐるのです。

答　念のために申しておきますが、谷川君のこの文章は、(中央公論九月號)何かのためにする平和論でもなく、極めて眞劍に平和のために心配してゐることがわかります。眞劍に切迫した氣分で書かれてゐて、その態度には敬意を表すべきものがあります。

しかし谷川君の、この「樂觀」の反省は、我々から見れば、大へんな考へ違ひです。前提と根本が間違つてゐます。少くとも、我々の考へ方から申すと、我々の懸念の實態にふれてゐない淺いものです。アメリカがコロンブスの大陸發見當時以上に野蠻になると想像することは當然です。日本も、國中の組織が近代化されてゐたなら、五年まへにすでにさうなつた筈です。ところが日本の場合は、本質的な農業に立つてゐる「日本」が、日本の雜多な生活を一からげに支へました。言葉をかへて云ふと、日本農業樣式が、近代日本のために、念入りな再奉公をして、その滅亡を支へたのです。それが今や第三次の奉公を強ひられつゝあるのです。それは戰爭のためにです。

問　谷川氏らは何を「原始農業」と考へてゐるのでせうか。

答　日本の農業は近代化してゐません。未だに廣大な都會のための農業となつてゐないのです。もしくば近代戰爭のための農業になつてゐないのです。つまり日本の基本農業が近代化せず、大農化してゐないといふことは、今日の歴史的な言葉では、それが未だに都會用ないし近代戰爭用となつてゐないといふことです。

「日本の原始農業」といつた言葉から、これを野蠻未開なものと考へるのは間違つてゐます。日本の精密農業は、農耕技術の上では近代農以上に本質的に合理的な面をもつてゐます。しかしそれはすべて「道義」に即する點に於てです。日本人はさういふ面を道義と考へてゐるのです。しかるに原始的といはれるのは、近代史――ヨーロツパ史の進歩に即して、近代用として、古い段階にあるといふことです。農の方法と技術面では少しも劣つてゐません。このことは「祖國」の創刊號に、アメリカの農學家の説をひいてのべられてゐます。

この歴史の古い段階にあるといふ事實とは何かと云へば、今申しましたやうに、近代農業化せられてゐない、大農法でない、といふことであり、それは大都會人口用でない、近代戰爭用に組み立てられてゐない、といふことが「近代史」からみて、歴史の原始の段階にあると云ふわけです。これは我々の「道義」の見地から、むしろ誇りとしてゐるのです。彼らの言葉に從へば「原始農業國家」以外に、道義的國家はなり立たないのです。

山縣有朋は初期近代戰思想の世界的大家でしたが、農業人口の問題では、近代戰略觀と大體に異つた觀點から、戰略的構想をしてゐました。本土決戰よろしいといへる状態を維持してきたのは、彼の國防論の結果によるのです。本土決戦は實行されませんでした。それでよかつたのでせう。今から云うても始らぬことですから申しません。

山縣のこの思想は、日本の國情とアジア的地位にもとづき、「近代」に對して日本を防衛する構想です。彼は高杉晋作や吉田松陰の思想を守つたのです。福澤諭吉などの文明開化派とは異る考へをもつてゐたのです。これらの史的經過を深く理解しておかないと、「大東亞戰爭」の遠い久しい原因は理解されません。それは世界史上類例ない悲劇でした。悲劇だから、その崇高性の反面に、狂暴もふくむのです。

「近代文明」の最高作品なる原子爆彈によつてまづ破壊させられるのは「近代」の組織です。そんな時アメリカ式大農産物を分配するのは大變です。擔ぎ屋では何ともなりかねます。

しかし我々は第三次大戰後の狀態の豫想を根據として、日本の農の恢弘を云うてゐるのではないのです。日本（及びアジア）の本質上の文明と精神は、その狀態で滅びないのではなく、こゝに根柢をおいてゐるのです。これはハツクスリー氏の想像によつて「近代文明」が崩壊し、野蠻にかへるといふのと、根本的に異つてゐる思想です。ハリウツドも近代式大農も、それは近代だから、近代終焉戰と共に滅びるでせう。當然のことです。我々の道義文明から云へば何の價値でもありません。さうした後に尙も殘るものは始めからあつたものだけです。

谷川君の說は、かういふ第三次大戰後の悲慘と不幸の狀態についての想像をあくまで眞劍に考へ、さういふ狀態の中で、如何にして平和を守るか――しかし彼の場合それは「近代文明」を如何に守るかといふことでしたが、その點に考へをめぐらした末に、二つの解答を作りました。それは「平和の哲學」をつくり、「世界聯邦政府」を實現するにあるといふのです。

問　自身も空論的結果しか出ないわけですね。

答　谷川君は自分の説が空論だといふ點に氣がとがめるやうです。しかしかう云ふより他に方法がないのでせう。

問　しかし平和の哲學とは何でせうか。

答　それがよくわからないのです。今までの「戰爭の哲學」に代る「平和の哲學」が必要だといふのですが、よくわかりません。今日、本質平和をのべるには、絶對平和論以外にないのです。

　谷川君の場合は「近代文明」を最高理想と信じ、これを守るために「平和の哲學」を體系的に建設し、世界聯邦政府を作るといふ結論ですが、これはアリストテレスとアレキサンドリア府（帝國）の形を復活せんとするもので、それは必ずアレキサンダー王を必要とします。

　こゝで云ふ問題については、「西洋史問答」が、現代ヨーロッパの歴史的骨組として描いてゐるでせう。その時ギリシヤ・ローマ史と「ヨーロッパ史」を分つて了つたのは非常な卓見です。それによつて世界支配の思想が史的に極めて明瞭にされたのです。

さらに近代ではヘーゲルとプロシヤ王國の關係に類似しますが、幸にもこの世界觀を地政學的に實現するところの「日本」はどこにもありません。これを念のために谷川君に申しておきませう。つまり谷川君のこの思想も上部工作を必要とする思想です。我々はそれをもつと下等な言葉でいふすべも知つてゐますが、我々は共産主義者でないから、人の善意の心情をあくまで保存しておくのです。

我々が谷川君の場合と違ふのは、「近代文明」を最高理想としないこと、又これを維持しようなどと夢にもおもはない、もつとも破壊しようとも思ひません。たゞ無くなるのを希望してゐるのです。それは道徳を原理とせず人間に不幸を與へてゐるから、無くなる方がよいと念じてゐるのです。さういふものは必ず自滅すると信じてゐるのです。

だから谷川君の如く、日本の「原始農業」といつた形の考へ方をしません。まへに申しましたやうに「原始農業」といふものはありません。「農業」と「近代農業」があるだけです。この近代農業とは何かといへば、これもさきに申しましたやうに、近代都市のための大農業、つまり近代戰爭のための大農業のしくみを「近代農業」とよぶのです。我々はこの「近代農業」に反對です。「近代農業」が科學的に進歩した形だと思ふのは、そのしくみが大都會用近代戰爭用になつてゐるからです。「科學的」といふのはその點を云ふだけで、農自體の技術面や科學面では東洋の農が合理的で科學的なのです。「祖國」の初期の方で、さういふ問題を主題とした議論が出てゐたことを覺えてゐるでせう。

問 同じやうに平和を要望してゐる人でも、その點ではずゐ分根本的な違ひがあるわけですが、本質平和論、つまり絶對平和論は、「近代文明」(現状及び理想)を維持擁護するものでなく、これを左右おしくるめて否定するものであるといふことが、いくらか明かになつたと思ひます。これは絶對平和論の批判者に對し、一様に云うてやるべきことと思ひます。

答 わしは日本人で「世界聯邦政府」の運動などに加はるのは醜い人だと思ひます。東洋人のもつてゐる精神生活の內容は、歐米人にわからぬものです。風流も骨董も美的趣味も宗教も、その究極ではわからないと考へるのが正しいのです。藝術を知的に理解することは出來ても、それの扱ひ方、生活化の面で、彼らは極めて貧困です。尤もさういふ點が「近代文明」の成育の原因となつたわけです。美や宗教の面では、ゲルマン的ヨーロッパが東方に與へたものは、何一つないのです。

問 近代藝術の場合は如何ですか。

答 彼らは「人間的なもの」といふ概念とその形象を與へました。それは人心を醜惡としてそれを辯護し、卑怯に同情し、心理研究といふ名で邪推を横行させました。つまり人間の愛と信を瓦解させる努力をしたわけです。さういふ愛や信が天與のまゝに、人間社會の秩序の原理となつてゐる狀態を「封建的」と呼んで否定し、代りに機械的な非人間的な原則による近代秩序を尊んだのです。これは近代文明の一つの基本方向にちがひありません。

戦後の日本の青年男女の間では、藝術といへば、女を裸體にする猥褻見世物のやうに考へてゐるのです。日本の近代の彫刻家は裸體しか彫りません。ヨーロツパの近世ルネツサンスの特徴はギリシヤ彫刻の衣をはいでのぞくことだつたのです。それ以上の關心はないと評してもよい位です。それが近代に入つて各國の成金趣味に一層うけ入れられたわけです。人類の所有する古典的彫刻で裸のものは殆ど稀れです。

問　世界政府といふ思想に附隨した問題ですが、さういふ思想を目下主張してゐる人々に對して質したいことは多數にありますが、そのうち最も大きい問題は、すべての良心ある人々の否定する「侵略」とは何かといふことを、歴史と道徳の事實で明白にせよといふことです。それを明白にし、且つその史的痕跡を一掃せぬ限り、世界の平和——自由と公平への第一歩さへ實現しないと思ふのです。

答　さうです。彼らの多數は「近代の矛盾」の解決に根本的にふれてゐません。現在の繁榮と幸福の維持のみを考へ、その反面で、その現代の下づみとなつてゐるものの、現状の不公平と不平等を全然考へない、つまりよい氣なことを云うてゐると批判されても仕方ありません。「近代史」はその成立の根柢に「階級」よりもつと切實な非倫な對外問題をもつてゐます。「階級」は近代史內部の問題にすぎません。

アジア人の日常は、生れながらにして、「侵略」と「支配」を生活の端々で意識させられる生活です。アジアを離れて「侵略」といふ概念は存在しません。「近代史」の特徴である「侵略」といふ概念は、アジアの狀態であり、その生態の大部分を占めてゐるものです。これは古代帝國時代の「奴隸」といふ言葉にとりかはつた概念です。奴隸時代も階級の問題のまへに民族の問題があつたのです。

だからユネスコに對して、我々は戰爭の原因は、つねにこゝにあつたと主張します。我々はこのことと、日本人の傳へた絶對平和論の實相を、歐米人に對し發言したいのです。そのためには囚人の辱めをもいとひません。我々はさう思ふゆゑにべん〳〵と生きてゐるのです。これは誰かゞ云ふにちがひないと思つてゐました。しかし今では誰も云はないといふことがわかりました。我々はどんな狀態でも生きてゐて、この發言を貫かねばならぬといふ決心を、あの日以上につよくしたのです。武人の武裝は解除されましたが、我々は文人として始めから劍を帶してゐないのです。我々の筆は包圍されただけです。

近代戰爭は古代の如き「鬪爭」とか「征服」といふものと、趣きをかへて、下卑たるものに墮落してゐるのです。戰爭がロマンチツクであつたり、藝術的であつた日はすぎ去りました。近代戰爭は戰士以外の無關係な者を大量に殺戮した方が勝つのです。これは悲慘な戰爭です。

谷川君の如き誠實で、普通の人より消極的態度を示す人が、かういふ問題を明確にすることを要求します。谷川君は戰爭のない狀態を平和として說くだけで、絶對平和の根據を知らないやうです。谷川君の平和の哲學の主張は、日本人の立場とかアジアの立場でのべられたものでありません。しかし現代人たる我々は國籍と民族籍から、常に自由でありませんから、さういふ何國民何民族の立場でもない立場といふのは、學理上實在しないのです。

もちろん我々は占領現實に對して、何の云分ももちません。こゝに云ふところは、占領事實とかゝはりない、思想の問題です、人倫正義の立場です。

問　この問題はものを考へるあらゆるアジア人の念頭をさらないものと思はれます。ネール首相だつてさうでせう。

答　多分――、しかしアジアの最高の精神は、今なほさういふことを考へることから「超越」してゐる傾向さへ感じられるのです。これが「隠遁」といひ「清談」といふ生成の法なのです。これは何と評してよいか、もう見當がつきません。勿論無下に一排できません。叱りうるやうな人がら面がまへの連中でないのです。己これを云はず、他人これを云ふ、他人これを云はず、天これを云ふ、などとうそぶく徒は始末に了へないのです。

我々はまづアジアの二流でせう。ガンヂーだつて、天心でさへ二流です。だから彼らは本質論だけに止らなかつたのです。さうして情勢論で誤解され、ガンヂーはピストルでうたれてゐます。彼らはみな、彼らのなほ奧にある、アジアの本質論の實體を、知つてゐたにちがひないのです。アジア人は本質的に神や愛とつねに共にゐるのです。

しかし最近のネール氏はどうでせうか。わしとしては彼に何一言云ふ筋合ひもありませんが、少しよけいなことをしすぎるのでないかと思ひます。もつと沈重に愚に近くをるべきです。火中の栗を拾ふやうな不手際には縁遠い人でせうが、炭火を吹いても、火ははぜる、それで負傷することもあります。まして國際情勢は爐中の火でありません。火遊びのやうに見えるのはよくありません。

さういふ火遊の果にカツコつきの「アジアの民族的英雄」になり下れば、誰でも失望するだけです。第一次大戦後に出た數人の「アジアの民族的英雄」は英帝國制最後の仇花でした。彼のアジアの支配の必要が作つた傀儡として花やかに國際ヂャーナリズムに宣傳せられたわけです。

問　「侵略」といふ事實が、「文明化」といふ辯解様式で行はれてゐる事實に對する明確な分析は、ガンヂーが努力したところの一つとおもひます。

答　さうです、文明化と云うてゐるのは、みな「侵略」なのです。それは彼我文明の考へ方がちがふからです。我々は彼を「文明」として認めてゐないのです。それは道徳でないからです。この「侵略」の史實とか、「近代史」に於ける「侵略」とか、「侵略とアジア」といつた問題を、世界の有識者が「良心」で考へるやうになれば、平和への意志は一歩高く建設されるにちがひありません。しかしそれは平和への意志であつて、未だ平和の事實とは申せません。しかしすべての近代人が、近代文明の理想と現實を、最高のものと考へてゐる間は、かういふ問題は生れてきません。考へられません。

問　西洋人が世界國家とか世界聯邦政府を云ふ場合と、アジア人の云ふ場合は、異つてゐなければならぬといふわけですか。

答　さうです。我々の場合は「人間」である以前に「日本人」なのです。これは今日に於ては絕對的事實です。例へば谷川君などにしても、自分といふ人間は一體どこの國籍人か、どこの民族籍をもつかを、つねに腹に据ゑてものを云ふといふ態度を、もつと濃厚にする必要があります。これは政治的意味に於てでもです。

さういふ點で、日本人の場合は、「世界政府」の主張といふのは、口で云ふほどに安易な言論ではありません。史的考察と人倫上の檢討をかりそめにして、安易な追從心からこれを云へば必ずその結果として良心上の罪を犯すでせう。それを知らなかつたとか、氣づかぬとは、云へたことではありません。だから今日のやうな云ひ方では、醜いといふのです、心あるアジア人の不信を買ふだけです。もつとも人間の自立を考へず、何かの手先になつて繁榮を願ふ者は別問題ですが、さういふ醜い心をもたない人が、さういふ醜い手先と同じことを云ふのは、單に本人だけの不幸や不利にとゞまりません。

西洋人の場合なら、彼らの良心に對し、この前提問題を解釋してもらふ必要があります。大切なことを考へた時には、遠慮したり怖れたりしてはならないから、正論は堂々と述べるべきです。

これに關聯して、ユネスコの如く世界文化の交流を念願する人々が、今なほそれが當然の如くに、漠然と「近代文明」を至上のものと考へてゐる状態に對して、改めて反省を要求するのです。

問　「國籍」に對する自由といふ問題について何かの結論があるのでせうか。

答　世界聯邦論の方で云うてゐる說は知りませんが、我々の人權は、親に對して「自由」を保證されてゐますが、國籍に對しては、絕對不自由しかないのです。だから問題になりません。家からの解放や信教の自由など、今日では現實問題でないのです。現狀は未だに民族感情を棄てよといはねばならぬ状態です。

ベルリンの分割や、三十八度線の分離など不幸な動亂の原因はみな人爲にあるのです。しかもベルリンを一發の下に瓦解するほどの非人情なことは、近代人に於ても、誰だつて出來ないのです。しかしそれかと云つて、民族自決の人民投票も、實現しないのです。何人かの祕密謀議によつて、我々は國際的所屬を決定されます。だから大事の終つたあとで、あの時僞されたと、ラジオや新聞でわめきちらすのが、戰後リベラリストの役割になつてゐるのです。古代人の「責任」といふものの片鱗を解する者は、かういふ連中を決して信用しませぬ。

問 國情と客觀情勢が激變した結果、春のことばは夏に變化し、變化のおもむくところ測るべからざるものがありますが、朝鮮事變が第三次大戰に發展すれば日本は國力の許す限りの完全武裝をすべきであるといふことを、マックアーサー氏が手紙でのべてゐます。これは朝鮮事變による教訓でせうか。日本が武裝することが有利か否かといふことは、よくよく日本の考へねばならぬことだと思ひます。

答 日本が自ら武裝するといふことはありうることでも、出來うることではありません。何國かによつて武裝させられるか、國連の義勇軍といふ形で武裝されるか、國連の保護をうけ現地要員として採用されるか、或ひは何國かの保護をうけて現地兵力として採用されるか、さういふ場合をつぶさに考へ、まづ誰でも考へる利害を、國家將來の見地から考へてみる必要は十分あるでせう。これは日本人の權利でなく、義務です。さらに一歩進んで理想の見地から考へることは、今日の人倫に對する、我々の當然の義務です。

問 安倍能成氏は、今になつて日本人にさあ武器をとれ、さあ戰へ、などと云ふが如きものがあれば、それは「神人ともに許さぬ」ところだと云ひました。我々も「日本人は自發的に武器を捨てたのでもないし、又自發的に再びとらうとするのでもない」といふことを、世界の良心に向つて訴へておきたいとおもひます。

答 あなたが訴へたいといふなら訴へてよいでせう。日本は現在世界に於ける最も弱者だからです。しかしさういふことを訴へる相手なる「世界の良心」といふものは、一體どこにあるといふのですか。のみならず、さういふ考へ方は最も卑怯な辯解にすぎません。權力者に對する辯解でなく、良心に對する辯解です。日本人はさういふ辯解をする民族でないと信じてきたのです。「男らしく」といふことばでそれを表してきたことです。

むしろ我々はさういふセンチメンタールを捨てるべきだと云ふのです。近代社會に「世界の良心」などといふものはないといふ嚴肅な事實から出發することが、むしろ「世界の良心」の發見となるでせう。だから日本に武器を捨てさせた國々が、それが謬りであつたと陳謝しても、それは何の意味ももちません。日本の理想——アジアの理想を納得するといふ場合が全然別箇です。その場合は、現象も今と反對になるのですから。しかし神人の怒りは、こちらで希望してはいけません。それはその時すでに起つてゐるといふ類のものですから。

問 普通の官僚とか教員といふものの中には、終戰以來左翼的言辭を弄する傾向が多かつたのですが、最近は尋常のことさへ云はず、さうして言論が壓迫されてゐるやうな雰圍氣をつくつてゐるのです。

答　舊來の例にあつたところでは、スパイ的密告と僞情報によつて、相手を陷れようとし、結局正論の幅をなくして了ひました。それは本當の心ある日本人のしたことでなく、主として左翼系統の者の行狀でした。彼らはさういふ處生法しか知らないのです。

問　現在の公務員に言論の「自由」といふのがあるべきでせうか。つまり現實には「自由」があるやうに見え、又そのやうに云はれてゐますが、論理的な意味に於ては如何でせうか。

答　共産黨の如き立場では、占領下の公務員の感情的反抗心を利用するために、「言論の自由」を云ひますが、我々の考へ方では、占領下の公務員（現住民官僚）は、さういふ「自由」をもつものでないと結論します。

論理的に云うても、本人の節操上から云うても、あるわけがありません。又我々はさういふものに少しも期待しないのです。舊來あつたアジア各地の現住民官僚による獨立運動は、過去の數例を見ても、大體短時日の間に共産黨の支配下に入つて了つてゐます。我々はさういふ連中に、言論の「自由」を保證する必要はありません。

しかしさういふことは別として、志と節操と論理から云うて、公務員は「言論の自由」を要求すべきでありません。特に今日の日本の實狀に於ては、職業に於て、言論の自由は決定されます。我々が民間にある時のみ、「言論」は「自由」です。もつとも國會の有志は

「民間」の範圍に入り得ます。「公務員」は民間でありません。言論の自由を欲するなら、公務員を辭職すべきです。「民間」といふ言葉の重さは、以前と悉く一變して了つてゐるのです。我々の場合は國民の正論と信ずる故に自らの署名さへしるしません。この政治と支配の事情を、日本人はもう少し深刻に認識すべきです。
今日の國際情勢に對してなされる、日本の進路に關する議論は、大體常識ある正氣の人には、氣違ひじみて聞えるのですが、「常識のあるものや正氣のものには、あれかこれの決定できぬ話だ」などと言うてゐては、もう公務員はつとまらぬ筈です。だから今日では公務員に「言論の自由」はないのです。しかし「日本人」には今なほ十分に言論の自由はあります。我々はそれを失ふことを想像できないのです。勿論商賣にならないといふことは十分了知してゐます。

問 大學に於ける研究の自由は。

答 さういふ形で云はれてゐるものも無くてよいものです。さういふ主張をする人々は、眞に自由を守るためにいふのでなく、地位を守つて變節する必要上から云ふやうな例ばかりです。狹い人間は、最も好ましくありません。けぢめの明瞭でない問題ですから、學理を守る必要から大學を去らねばならぬと思ふ時は、去るべきである。戀着はいけません。さういふ言訣で、地位に戀着するといふ氣持は、共産主義にかぶれてゐる者以外の者は、決して認めません。學者は清廉の士でなければなりません。この點は日本人一般の「言論の自由」と、その前程としての「言論の信用」を守るために、今後深く心がけてくれるやうに希望しておきます。

どこまでが公務員のもつ言論の自由かといふことは、馬鹿でない限り本人にわかつてゐる筈です。その上で言ひたいことがあれば、職を辭して口にすべきです。學內の問題なら職を賭して口にすべきです。これは節操士道に關する問題で、これを紊すことは、言論の自由を紊します。

新聞社と社員の場合も同樣です。寄稿家はあくまで自由であらねばなりません。しかし社說は一定の制限をうけるのが當然です。このけぢめも嚴重に守つて欲しいとおもひます。我々は一般的な「言論の自由」を考へてゐるだけですが、不幸の豫兆は細心に防ぐ必要があります。

問　平和問題懇談會に、官職名つきで署名した人々は、その官職を明記した手前からも、今日の場合自分の思想と態度を鮮明にすべきだと思ひます。我々はその人々に今一度き、たいのです。

答　さうです。曖昧にするために理窟を云ふのはいけないのです。わからなくなつた諸君は、わからなくなつたと云へばよいのです。「近代主義者」が正氣に考へたら、日本のゆく三つのみちのどれがよいか、決定できる筈はありません。

彼らは自分も亦「日本人」であるといふことと、その時の責任感を忘れないといふことを、つねに心の底にしてゐなければなりません。これは同胞に對して責任を負ふといふ意味です。單にロシヤの國籍をもつのでないといふだけのことではありません。

もつともあの署名人の中でも矢内原忠雄君は何も云はなかつたので、そのまゝ連名の中へ入れられたのだと云うてゐるさうですが、あの文章には賛成者が署名するといふやうな文句を使つてゐます。これは實に不明瞭なことがらで、あれが國際的に公表されたものだけに、これを左翼の謀略だと外人が考へるか、日本の學者は大ていかういふよいかげんの便乘的態度で國際的大事に己を處してゆくものだと考へるか、こちらではよくわかりませんが、吾人が見ると二つとも事情に當つてゐます。田中君なども、長官になつてから何かの辯解をしましたが、丁度あの宣言ののつた同じ雜誌の同じ號に平和問題についての文章をのせてあるので、この辯解も奇妙にみえます。しかし田中君はもともとカトリックですから、戰爭に反對でないと考へるのが、普通のことで、反對だといふと却つて奇妙ですが、いづれにしても學者——特に自由主義者と自稱する人々は、政治家や公務員以上に政治的態度は、不明瞭です。志操をもちません。判斷が足りません。これは日本の最も恥しい一面です。

しかし我々はこのことを、無責任で輕卒な諸君を困らせるために云うてゐるのでなく、我々民間の言論の自由を守る細心さから注意してゐるのです。それをしておかないと日本にとつて、日本人にとつて不幸なことが必ず起ります。

問　しかし日本とか日本人のことなど考へてゐないといふ種類の人間が多いのではありませんか。終戰一二年の間は、日本のことを惡く云ふのが、民主主義だと思つてゐるやうな者が多かつたのです。奴隸的な便乘家たちの間のことですが。

答　我々はまださういふ想像をしたくありません。もちろんこの點では、我々は以前はたしかに欺かれました。しかしこれは相手にだまされたのでなく、さういふ陰慘な人間性を想像しても、實在すると信じたくなかつたからです。だから我々は人にだまされたと申しません。だまされたと云ふのはリベラリストたちです。この種のリベラリストは學者官僚に多いのですが、彼らは欺いたことはすぐに忘れます。

　だがかういふ目にあつても、我々は依然として今も、信じます。必ず良心に立歸る人はあるにちがひありません。

　その上もし我々がかういふ信頼感を、想像の上でさへ失ふといふことは、耐へきれぬさびしいことです。我々の心情がさういふ不幸に陥り、心情が自滅したなら、我々はひたすら富を求めるか權力を求めることを考へ、國際的强盜團に加盟して、その日〳〵をまぎらせるより他ないからです。彼ら共産主義者は何を云はうと、その所謂理想と正義は、富と權力の公平な分配といふこと以外にないのです。さしあたつては繁榮の略奪を革命とよんでゐるのです。

問　日本の現實の三つの道といふ點についてですが、具體的には武器をとるかとらぬかといふ二つの道となるのではないでせうか。日本があくまで武器をとらない場合になすべき唯一つのみちは、絶對平和論として承りましたが、その他、祈つたり、たのんだりする以外に方法のないやうな運動は問題外とすれば、民主主義諸國の軍事力に結合するといふ現實的なゆき方以外には、無茶苦茶にたゞ中立と平和を持す——何の方法もなしに——と言ふ以外に何もないといふことになるやうですが。

答　情勢論としては二つかもしれませんが、武器をとるかとらないかと問はれて「わからない」と答へる人々は、「道」とはいへませんが、大きい勢力をなすのです。しかもこれが一番まともな考へ方（正氣）の人かもしれないのです。武器をとると云つても、ソ聯から武器をうけとつて、ソ聯の配下の軍隊を作るか、アメリカからそれをうけて米軍下の部隊を作るか、いづれかしかないわけです。その限りでは御説の通り二つの道しかないといふ結論となります。軍隊を自發的に作るといふことは出來ないのです。たゞこちらで義勇軍を作る代りに、傭兵を作ることも、全然不可能でありません。

むかしの笑ひ話ですが、ナポレオン三世の失脚したのは、明治四、五年ごろですが、當時明治維新政府は創業時代で、この失職した三世を傭つてきて、日本軍を創設したらどうかといふことを、維新政府の閣議で相談したといふ話があります。

清朝末期の大政治家だつた李鴻章など、「占領」は「傭兵」の前提だと考へて、方策を建てたのです。しかしこれは少し變な考へ方です。ローマ帝國はゲルマン傭兵の大將によつて、占領支配され滅んでいつたわけです。勿論ローマは「帝國」があつたが、「文化」はありませんから滅んだのです。李鴻章の考へ方は少々變ですが、支那の古代帝國思想はさういふ考へ方で、諸蠻に對して來、又これを結局同化したのです。支那は「文化」をもつてゐたからです。侵入軍對原住民の爭鬪の結果は、「文化＝傳統」が決定します。世界の歴史には、さういふ狀態の歷史といふものがあるのです。

問　その「傳統」はアジアに於てはどういふ「歷史」をもつのでせうか。

答　しば〳〵申しましたアジアの原有の道、道義の現す文化です。それはだから、つねに永遠に向つて流れてゐる一つのもの（連續したもの）です。むしろアジアに於ては、近代の所謂「歷史」は無くて、「傳統」があるといふべきでせう。傳統が同時に歷史です。「進步」が「歷史」だと考へ、そのために「辯證法」を重んじる近代＝ヨーロッパと全く反對の考へ方です。つまりアジアに於ては回想と傳統と歷史は一體です。アジアの道德は、「進步」の「歷史觀」を否定するわけです。もしアジアに於て、「歷史」といふものを規定するなら、さういふ傳統の道義を守る志の系譜を「歷史」と呼びうるだけです。「歷史」とは志のうけつぎ方だといふこととなります。

かういふアジアの「歷史觀」は、特に近代に於けるアジアの位置を考へた時に、明白となり、且つその切實さと深刻さが十分に理解されると思ひます。傳統を守る志といふものは、必ず諸多の條件によつて外見を異にしたり、狀態によつて異常とあらはれますが、アジアに於て、眞のアジアの精神は、この「條件」や「狀態」を「歷史」と考へないのです。それらはつまらないものだと考へます。「諸行無常」といはれる「諸行」に當るわけです。つまりしば〳〵申しましたやうに、アジアの本質は、精神であり、道德であり、さうして唯一の「永遠」だからです。アジアの本有の「歷史觀」は近代の歷史觀とこのやうに異るものです。

昭和二十五年八月廿五日

絶對平和論拾遺

問　平和といふことを、戰爭が無いといふ狀態と規定して、さういふ「平和」を維持しようとする考へ方は、絶對平和論の中で、強く批判されてゐますが、それは、さういふ事態が現在では實現不可能だからといふ意味からでせうか。

答　その意味も勿論ふくまれてゐます。しかし我々がそれを否定するのは、さういふ考へ方は、政治的情勢論ないし政治的工作論に他ならず、國家と平和の本質を正しく考へてゐないといふ點にあります。その考へ方は、近代の人間學による人間觀に立脚し、結局現在の「近代文明」を維持しようとする考へを、根本にしてゐるのです。そのことは無意味であり、「近代」は不正と判斷されるのです。

近代とその文明とその理想が不正であるといふ意味は、その本質論と情勢論の兩面共に「不正」なのであります。そのことはすでにくりかへし述べてきました。

問　國家の本質を正しく解してゐないといふことは、「西洋史問答」の中で說かれてゐるやうな、中世的國家と近代國家の差別をしてゐないといふ意味でせうか。

答　その意味もあります。「近代」といふ市民の時代は、市民の實力が増大して、それが中世の王國に對立し、あるところではその勢力に妥協し、ある所ではその勢力と協約し、ある所では革命によつてその「權威」を奪つて、自ら兵力を持ち、その「宣戰權」を己のものとしたのです。これが「近代」の國家です。これをブルヂヨア革命などと云うてゐるわけです。

さうして商人たちが、自分らの販路と航路と市場を守り、有利な侵略と關税を維持するために、組合を作り、組合が同盟となり、それが軍隊を擁し宣戰權をもつたのが、近代國家です。ですから近代國家は宣戰權を市民の協定によつて保持するわけです。

かういふ國家の性格は、ヨーロツパ中世の王室國家と性格を異にしてゐます。さうしてかういふ近代國家の中には、名譽心に立脚した戰爭はありません。ユネスコが戰爭の原因としていふところは、とりとめないことです。

そしてかういふ商人の作つた國が、商業利權を擁護する目的で、お互に武力を所有する時（初期ルネツサンスでは市民社會はまだその段階になかつたのです）その武力の間に完全な均衡がない狀態でありながら、お互に手出しをせぬ時があります。又商賣がうまくいつてゐて、手出しをせぬ時もあります。平和といふものを戰爭がない狀態と規定するのは、かういふ「歴史」と「國家」にもとづく「近代」の考へ方です。ところが農から始る東洋の「國」は、かういふ利權擁護の契約ではなく、又さういふ形で宣戰權（主權）を所有するものでもありません。またその主權のやうに、明確な侵略支配の繩張をもつわけでもなかつたのです。文明の本質も自ら異るわけです。東洋に於て「文明」は「國」が表象するといふことは、西洋の場合と別箇の意味があります。

つまりこゝで主として云ひたいのは、この近代の「國家」の観念とその成立といふものと、我々の歴史の理念を象る「國」といふものは、まるで違ふといふことです。

我が東洋の歴史では、くりかへし申しましたやうに、ある一定地域と人口が、平和の基礎となる生活に入つた時に、これを「くに」が生れたといふのです。これが原有の意味です。

このことについて、「西洋史問答」の中で、國家國民の概念は二つに別けて考へられると述べてゐます。一つは明確な領域範圍――時間的にも空間的にも――の観念がなくては成立せぬ近代の國家であり、今一つは國家成立の根本となる歴史的な統一原理がさきにあつてその原理の及ぶ範圍として領域が初めて意識されるといふのです。これは東西の國家観を簡明に區別してゐますが、これだけの話では少しわかりにくいでせう。「西洋史問答」を見るとよろしい。しかしこゝで注意しておくことは、この二つの考へ方の場合、領域（領土）とか主權といふ考へ方が、本質的に異りながら、外観上では似てゐるといふことを、よくわきまへねばならぬといふことです。領域國家――初めて云うた方を「西洋史問答」ではかう呼ぶのです。――今日の知識と教養に従ふ人々は、みな領域國家の観念から、主權や領土を考へ、それ以外の考へ方を知らないのですから、日本の原有の國家観や、歴史観が曖昧になり、あらぬものに歪めて解釋されるといふ結果が起ります。

問　農村が自然に増大した形の如き「くに」に於て、文化の象徴は國家の盛典にあるといふ云ひ方、日本や東洋でする、さういふ表現を、ヨーロッパは誤解してゐるのでせうか。

答　さうです。さういふ日本の主張を、彼らは「全體主義」風にとつたのです。彼らの知識の中には、「東洋」とその「文明」といふものが無いのですから、何事でも彼らの知つてゐる形で統一的に納得しようとするのは、止むを得ないことです。

我々の三千年の歴史に於て、「文化」の實體は、つねに「くに」の「盛典」が表現したのです。それは「祭り」とも云ひました。祭典とも、儀式典禮とも禮樂とも云ひます。

文化が人にあらはれるまへに、國として現れるものだといふことを、彼らが誤解したのは、要するに歴史の知識の不足と、文明の根柢に對する廣範な視野が缺如してゐるからです。彼らの「近代」の國家觀によつて、東洋の道徳の母胎をなす「くに」と、その「くらし」を眺める時、誤解を避けることは不可能かも知れません。

問　「平和の哲學」をいふ谷川徹三氏や、安倍能成氏の所謂本質平和論と云ふ場合も、いづれも戰爭のない狀態としての平和を求めてゐるのでせうか。それでゐて安倍氏が、政治的平和論を否定してゐるのはどういふことでせうか。

答　安倍君は、政治的な判斷や見解から立てられた平和論を否定して、平和を絶對的理想とする考へ方、所謂「人類」の正義や理想に立脚する平和論だけが平和を守る上で必要なものだと云ふのです。

しかしその平和論は、例へ觀念上で政治的平和論を否定しても、必ず「上部工作」を必要とする政治的平和論になるといふことを、我々は當初から批判指摘してきたのですが、最近の論説を見ると、スターリン氏に平和を要求するといふやうな結論で、すでに我々の批判したところへ陥つたわけです。（文藝春秋八月號）

その主張の字句とかゝはりなく、それは「近代」に立脚し「近代」を持續せんとする願望のもとの平和論です。安倍君は近代の「理想」によつて、平和は將來すると考へてゐるのです。しかも一方では、政治的「上部工作」にたよらねばならないのです。これは矛盾です。且つ政治情勢の激化につれて「上部工作」による理想論は、霧散する状態に陥るといふことも既に申しました。

谷川君の場合はこれと異り、人間の心は、原罪を負うた「暗い森」だと考へます。だから人間の理想の如きにたよつてゐては、決して平和は將來せぬ。平和を維持するためには、たゞ人間の合理的な智慧にたよらねばならないと申してゐます。――我々がそれをもつと露骨に換言すると、利害判斷だけが平和維持のみちだといふことになります。その他の第一義の徳性の原理は、暗い森に存在しない、だから人間の合理的な考へ方で、平和を維持せねばならぬと云ふのです。彼はこの考へ方から「世界政府」を考へます。「哲學」と云うてゐますが非常に功利的な政治取引説です。

我々はこの兩者に、その眞摯さに於て、今日の日本の諸多の平和論者の中で最も敬意を表したのですが、その説には從ふことは出來ないのです。説の根本がちがふのです。彼は「近代」を維持せんとし、我は「近代」を認めてゐないからです。我々の絶對平和論は「近代の否定」といふことと同意語です。完全に徹底的に近代を否定すれば、必ず平和が将來するのです。

この「近代否定」の方法論については、一般的な方法を示さず、また「革命」の説をときません。我々は近代の概念である「革命」をもとより認めないのです。我々は日本の場合の方法については、むしろ「條件」の方を仔細に申述べた筈です。

問　しかし國際平和の「上部工作」にしても、世界政府の「政治工作」にしても、いづれにしても、日本及び日本國としては關與できない話のやうですが。

答　さうです。日本人自身としては、殆ど何の努力をすることも出來ない筈です。たゞ口に云ひ、口で祈る――本當の空論に終始するわけです。そして二つの社會が宥和することをたゞ祈り待つだけのことになるのです。

それだから安倍君のやうに、まづソ聯並びにスターリン氏に、平和持續を懇望して、米國と共同し、日本に全面講和を實現してくれることを期待するより他ないのです。安倍君だつて、スターリン氏に直接折衝することは出來ないと思ひます。

待つことは心もとない、スターリン氏に懇願する方法もない、といふ現實の事實のまへでは、何もいふこともなくなつて、已一人でたゞ「祈る」より他ない、といふこととなりさうです。今や何を云うても始まらぬからです。さういふ時は間もなくきます。

當代の最も高い智識人が、彼らのもつ誠實と全教養を注いで形成したその平和論の論述――それは今日の日本で最も高い近代的智識にちがひありませんが、さういふ學問の一切のものが、現實の切迫した具體面に當つては、空しく無力だといふことを證明したことは、偉大な事實です。この「空しさ」と「無力」について、我々は色々の面から考察すべきですが、殊にアジアの見地から考へたいと思ひます。

しかし我々のものの考へ方は、いはゞこの安倍君が到達してゐる狀態を出發點として、發足したのであります。安倍君は、彼と同じく「近代」に立脚してゐるその反對者を、今や絕對に「說服」し得ないといふ狀態について、今度こそ十分に氣づいたことと思ひます。學問教養の果敢さを痛感し、たゞ「祈る」ことによつて心安んじるか、それとも直接の「政治運動」をするか、奮起して「上部工作」に任ずるか、三つの場合の選擇といふ事態に、當面したわけです。

日本國民には餘計の話ですが、安倍君でも誰でもスターリン氏を訪問する時は、必ず手みやげが必要です。スターリン氏は今までも手みやげのない訪客を相手にしてゐません。しかし彼の氣に入るものを手みやげにする考へは、今日の日本には毛頭ないのです。

問 道義上の絕對平和の原理をもたない情勢的平和論は、今やすべての學的辨證の無用さと無力さとを知り、世界の二勢力の宥和を祈るより他ないといふ狀態にあるのですか。

答 世界の二勢力は宥和しないでせう。それは仕方ありません。安倍君の平和論にしても、二勢力が宥和せぬ限り、なりたゝないのです。それを宥和せしめるには、スターリン氏に懇望するより仕方ないと安倍君も申してゐます。そして今では日本の問題を離れて、二勢力宥和を祈る方へ論旨が移つてゐます。これは初めから明瞭なことですが、本人はそれについて反省するところが少なかつたやうです。我々はこれを危險なことだと前々から申してゐたのです。殘念なことです。

しかし二つの勢力はある一時期に宥和の體勢を示すかもしれません。それが講和に卽して動くことは想像されます。しかしそれは國際情勢がさうなつたのであつて、全面講和派の祈りが、スターリン氏を感銘させたわけではないのです。又單獨講和派はさういふ情勢にマイナスの働きをしてきたものとは云へません。情勢上の驅引から云へば、どちらがさういふ僞態——あへて僞態と云ひます。我々は「近代」に於て、二勢力間の宥和はないと論理上から斷定してゐるのですから——に對して、有效だつたかは一概に判定できません。いづれにしても、二勢力の宥和は本質上ないのです。それが「近代」の憐れむべき性質です。

問　戰爭が起つた場合、日本は萬人の希望通り中立を守るとしても、一番緊急の問題は、食糧がどうなるかといふことです。通常の中立論者は、みな食糧を外國に依存してゐますが、その場合果して誰が食糧を補給するのでせうか。さうしてその供給者との關係はどうなると考へられるのでせうか。交戰國の兩者より補給されるでせうか。もし一方からされた場合はどうなるでせうか。しかもその補給が海上交通の上で、或ひは萬里の遠路を冒して果して可能でせうか。これに對する中立論者の説をきゝたいと思ひます。誰だつてそれは保證できないのです。これも「祈る」より他ないわけですから。

答　絕對平和論を批判する人々は、話は別ですが、絕對平和論はさういふ一種の鎖國狀態を、理想としてゐる考へ方だとして、我々の說を信じるのです。しかし一旦緩急ある時の用意に、自ら自給自足の體制を考へるといふことと、强ひられて封鎖狀態に陷ることは話が別です。强ひられて陷つた封鎖狀態の下でも、生きてゆく上で自給自足をなさねばならないのです。

一朝世界戰爭が始れば、日本の食糧の海外よりの補給は、決して安心できません。もし第三次世界戰役を豫想するなら、政治的中立論を語るまへに、日本への食糧補給が停止した時を豫想し、これに處する對策を考へおくべきです。中立論者には特にその必要があるでせう。我々の主張は、このことを非常に重大視して、その一見方途ない情態を念頭にして、たてられてゐるわけです。

問　結局中立論者といふものは、日本の平和の問題を本質的に考へる代りに、たゞ二つの世界の宥和を願つてゐるといふことになるのではありませんか。

答　さう解釋するより他ないと思はれます。それをさらに懸命に、自問自答して押しつめてゆくと、安倍君の云ふやうに、スターリン氏の平和愛好心を「祈る」より他ないといふこととなるのでせう。

問　戰爭や軍備が惡であるといふ思想は「近代」のものでせうか。

答　人間の戰爭觀は、國によつて、民族によつて、千差萬別ありますが、結局時代によつて差別づけられます。しかしこれを「惡」と見るのは、主として「近代」の考へ方です。我々の立場からいへば、多くの近代主義者と同じやうに「近代」の諸物諸相の中で、たゞ戰爭だけを特に惡と申す必要はありません。

我々は日本が軍備をもつことが、憲法に違反するからいけないといふのではないのです。我々は新憲法の基礎となつてゐる十九世紀的思想を、原理的に否定してゐるからです。

さらに我々は、日本の再軍備が、第三次大戰介入の危險さを深めるといふだけの理由でこれに反對するのではないのです。

しかしこの二つのことは、人間として信義を守るべきだといふ點からだけ考へるなら、必ず實行すべきことです。

たゞ我々の場合は「近代」を否定する道義の原則に立つて、現象問題の個々を批判したにすぎません。再武裝も中立放棄も、この原則の立つ立たぬの點からみれば、いづれも枝葉末節の現象にすぎないのです。

問　原理のない、情勢論的平和論は、終局でどういふ役割をするでせうか。

答　それは現代の「近代文化」の維持といふ觀點に立つてゐますから、必ずその目標に從ふ現勢力の何かに奉仕する役割をするでせう。つまりその役割を果すためには、二つの世界のいづれか一方につくすより他ないのです。今日世界が二つに分れたのは、こゝにもその主なる原因があります。

問　安倍氏の說く正義とか理想とかも「近代」の內部のもの――同一世界のものでせうか。

答　「近代」の內部でものを考へる限り、どんな正義論も理想論も「辯證法」に支配されます。辯證法に支配される限り、唯物辯證法が優位するのです。それは「近代」の性格でありです。殊にアジアに於ては、政治的にもさうなるのです。

我々は唯物辯證法を認めないと共に、辯證法を否定する——卽ち「近代」を否定する立場に立つのです。唯物辯證法は、「近代」の繁榮を奪ひとらうとするものの論理でありますが、「近代」を一變する原理でありません。「近代」とその社會に於ける奴隷的人間を解放して、これを救ふことはありません。

問　近代の奴隷とは何を云ふのですか。

答　近代の機構の中のすべての「人間」のことです。機械の奴隷です。近代生活地帯に於て、人間はすべて奴隷です。古代に於ては、征服した民族が、被征服民族を奴隷としましたが、今日ではアジア人だけが奴隷状態だといふわけでありません。

むしろ被侵略地帯たるアジアに精神と人間の自由が殘つてゐます。生活の上では貧困（近代機構の結果としての不當な貧困）がありますが、彼らは人間の自由を確保してゐます。アジアに昔からある隱遁といふ生成の様式は、今日に於て精神をもつ者が、人間の自由を確保する唯一の手段とさへなつてゐます。

勿論アジアの文明の性質によつて考へるなら、アジアは文明の上で、「近代文明」の奴隷にはならないのです。三百年の「近代文明」の成果とは、「人間」を「人類」以下にしたといふこと以外にありません。これが西洋（近代文明）の成果です。

古代の人々は、人力の無窮を信じてゐました。繰つても繰つてもつきない俵藤太の糸車のやうに、人の力を考へてゐたのです。しかしさういふ時代の人々は、人の一生を紡績機械のまへに立たせるだけで終らせるやうな無慈悲なことは考へ得なかつたのです。

　令状一葉で集められる壮丁よりも、馬一頭の方が大切だといつたとか云はないとかいふ、日本軍部時代の傳説がありますが、軍部は多分さう考へてゐたでせう。「近代文明」の國では、時に人一人の命を大切にすると、奇蹟を見る如く新聞やラジオや活動寫眞で騒ぎます。日本軍部のやうに「近代文明」を完全に模倣して、しかも早く後進國の域を脱しようとすると、最も灸所で「近代文明」の「祕密」を露骨に學ばねばなりません。だから馬の方が大切だといつたのは事實でせう。さういふ思想にまで、「人間」をおとさねば、「近代」を模倣して、これにうちかつことは「後進國」に於て不可能です。「近代」とは「人間」を「人類」以下にする機構です。（自然のうちにしたのです）。神の眼からみれば「人類」と他動物とは、同一水平線です。「人間」だけをその水平線から下におとさねば、「近代文明」は成立しないのです。

　この説明はよくわかりますか、よく考へてみて下さい。東洋の文明では「人間」を「人類」以上にひき上げようとしてきました。それも「近代」のやうに、人は神と動物の中間のものだといつた考へ方（カント）から出發したのではありません。

　宣長、老子、釋迦、孔子、キリストなどいふ東方の人々の思念と業蹟を見ると、東洋の文明の理想が十分わかる筈です。彼らはみな「人間」を「人類」以上にひき上げることの出來た文明の個々のものです。人と神と人類を別つて考へたのです。「近代風解釋者」の僞瞞に眩惑されてはいけません。これらの本尊を知れば、魂の美しいアジア人にはすぐわかることです。これらの人々はみな多少とも「人間」を「人類」以上にひき上げてゐます。だから今日でも、偉大な東洋の魂に通ずる人々は「人類の理想」といつたことを口にしません。間違ひ易ひことは唱へないのです。「近代」に於て「人類」に理想などありません。

問　アジアを被侵略地帯といふことは、文明史的見地から見て妥當でせうか。

答　さうです。先方では近代文明の見地から、アジアを野蠻と考へ、近代文明上の後進國と呼び、こゝに近代文明を持込むことを、神聖な文明の闘ひだと稱したのです。否、さう思ひ込んでゐるのです。彼らは本當の文明の精神と理想を了解してゐないのですから、これは當然の善意です。

しかし古來よりの侵略――古は民族移動といふものでしたが、それらはすべて、原住民の文明より何らかの點で有力な、「文明」か「技術」かを持參してきました。たゞその「文明」と「技術」が、道義であるか、道徳にかなつてゐるかといふ點は、歴史家が批判します。それはそのまへに「歴史」が批判して了ふのです。

そして原住民の道義的な文明は、必ず侵略者の暴力にうちかつものです。

今日でも「近代」は、彼らの所有する「近代文明」を價値と思つてゐます。我々の道義の立場から、これを完全に不正と斷定してゐるのです。

問　しかし現在環境を形成してゐる物心兩面の文明を、一切に否定し、これに「無關心」を表明することは、實際上どういふことでせうか。

答　それは何事でもありません。釋迦は彼の在世當時の印度の貴族文明の機構を無視し、教團宗教家の修業の機構をも否定したのです。キリストにしても、ローマの世界帝國主義の始るころに、その文明の機構と發想の一切を否定し、のみならず過去の帝國的繁榮の一々を否定しました。孔子の制度政治學にしても、老子の思想にしてもみな同じ態度をとつてゐるのです。當時の誰人も疑はず、皆が幸福を得てゐる、便利であると思ひこんでゐたその文化を、一切否定して、その幸福と繁榮が、不正であり苦しみの原因であることを暴露したのです。教へたのです。

今日になると、我々の頭には、釋迦やキリストのみが殘り、彼らの否定した環境の文明が殘らないので、さういふ「無關心」狀態について疑問を感じる者がゐないだけです。

しかし當時のみならず、相當久しい間、彼らはその本質論の方を理解されるまへに、否定を現した論理や、その批判の表現――つまり情勢論的な面でずゐ分むごたらしい誤解をうけてゐます。

孔子の場合もこの例にもれません。その上彼らのことばは、すべての半分位迄が情勢論に亙つてゐました。しかし今ではもうそれを誰一人として情勢論と思ひません。「情勢」が消えて了ふと、さういふ崇高な發想から出た情勢論は、一種の壯烈な詩文學に化するのです。しかしこれには數百年の年月と、代々の後繼者が必要です。

わが本居宣長は、情勢論的な面の最も稀薄な思想家です。彼は專ら本質論とした古典論を通して、東洋人の理想を覺醒する方法を仔細に完璧にのべてゐるのです。宣長の場合は、二分位しか情勢論はありません。しかしこの二分で未だに彼は誤解をうけてゐるのです。もつともこれは、宣長を一向に精密に讀まない人が、その原理を政治的に批判する場合が多いからです。さういふ僞瞞的な政治的批判を粉砕するには、大衆の教養の向上にまたねばなりません。大衆が宣長の思想を知れば、今日行はれてゐるやうな政治的批判は消滅するのです。そのために長い年月と、代々の後繼者が入用だといふわけです。ガンヂーなどは、情勢論の事實の方で「同情」されて、誤解されるところへはまだいつてゐない位です。ガンヂーの場合は九分まで情勢論です。

このことは、議論としては、極めて隱微な論理にわたることですから、このまゝでもし理解し難ければ、別の形で答へるより他ないのです。

問 アジアの生活と、アジアの古代の絶對制はどういふ關係になるでせうか。

答 アジアの絶對制は、今日の侵略支配の獨裁様式とは、少しちがふものがあります。獨裁様式ではありません。アジアの絶對君主は、神と考へられました。人を通して神を崇高する氣分が、東方の詩文の中心にあります。

しかしこの神は全智全能の神ではありません。そこで君主に仕へる忠義な臣下は、この「神」を如何に助けるかといふことと、如何に守るかといふことに、心をむけたものです。

このアジア的絶對君主制は、「近代」の「後進國」が、先進「近代國家」のもつ近代の繁榮を奪取しようと考へてうちたてる「獨裁制」とは、發想も原因も機構も、まるでちがふのです。今日の獨裁制は、最も「科學的」な制度です。

この東方の專制については、ゲーテの「西東詩篇」の註釋をテキストとして考へると興味があります。ゲーテは文學上では近代の父と云はれるのですが、最も早く近代の諸文明に對し、否定的見解を示した人です。彼は新ヨーロッパ卽ち近代の多數決政治と、東方の專制との優劣の比較をしてゐます。しかし彼は「獨裁」といふ後進國の選ぶ「近代の專制」については考へてゐません。知つてゐないのです。

問 近代を否定するといふ議論が正しいとしても、次にそれを現實に否定する方法は如何でせうか。「革命」や「暴力」を方法とすることは、道義の本質に反するといふなら、直接にそれを否定するといふことはできないのではありませんか。一體何が道義恢弘の方法となるのでせうか。

答 「革命」は近代の概念です。それは我々の主張する道義の原則が否定してゐるのです。絶對平和論が運動でないといふのは、この意味からでもあります。今日の「革命」は近代生活を奪取する國家的規模の行爲です。さうして近代社會には、さういふ革命が不可分離のものであり、不可避の現象をなしてゐます。

問 國家的規模の行爲とは……。

答 要するに市民的社會の繁榮と主權を「國家」といふ形で奪取する行爲といふ意味です。所有者は變りますが、そこに文明自體の質的變化はありません。さうしてこゝにいふ「國家」は、我々の考へる東洋の「くに」といふ思想でもないのです。例の一派が「黨派」と云ひかへてゐるのは正しいのですが、もと〳〵「國家」が黨派だつたのです。

ソ聯とその東歐衞星國家の商取引關係が、他の資本主義國家間の場合より、一層資本主義的に苛酷だと、チトー氏一派の理論家の指摘してゐることは、「近代史」の論理から納得できます。ソ聯がヨーロツパに追從して學んだ合理的科學主義では、その「國家」は市民の「國家」より苛酷な權力——人間性のない權力を振ふでせうし、「國際」關係は一層露骨に支配的になるでせう。權力と暴力によつて、他國の繁榮を奪取せんとする組織の當然の結果です。

「宗教」は決して國家的規模の「革命」や、それによる「支配」を考へなかつたのです。これは近代史に於て、最も顯著です。宗教が「國家的規模」の行爲をすることはないのです。教祖は多少とも何らかに於て「道德的」です。だからすべての國際宗教も、その原產は「東洋」にあるわけです。

「國家」を奪取しても、この「國家」の性質は不變です。たゞ近代史に於ては人民が平均して零に近づくだけです。つまり奴隷化されるのです。これも質的變化と云へません。だから利權擁護のための「新國家」のなすところは、チトー氏一派の理論家のいふやうに、他の資本主義國に比類を見ない苛酷な「資本主義國」として現れるわけです。これが「革命」です。

近代市民社會に於てこそ徵兵制は不幸でありますが、人民がみな零化された時には、實質的に徵兵制の不幸はありません。誰も彼も一緒だからです。さうしてかういふところでは「人間」から遠く遊離した絕對的な階級制が、嚴然としてピラミツト型に成立するわけです。この階級制は市民社會では見られません。市民社會が「國家化」した繁榮を、奪取した者らの「國家」の實相です。

このいきさつから「國家」といふものを考へると、我々が考へてきた「民族國家」「歴史國家」と近代の「國家」の異りがわかるでせう。「國籍による不幸な宿命」とか「人類であるまへに國民であつた」といふ意味も、深刻さを以て理解されると思ふのです。最も東洋人の場合「人類であるまへに國民だつた」といふのは、高い道義的自覺の誇りと光榮による發言です。

問　國家が權力と支配の主體のやうに云はれてゐることの、裏面の眞實がよくわかります。さういふ考へ方でうけとつた「國家」を自分らのものとした時、この權力と支配を思ふ存分に發揮するのも當然かもしれません。

答　近代の「國家」は、對外支配に當つて最も國家らしいものです。對內支配は多分に傳統の習慣（モラール）によりますから、必ずしも非人間的のみではありません。しかし共產主義者はひがんでゐるので、對內對外共に支配的なもの權力的なものと考へるのでせう。さういふ先入觀があるから、人民も衛星國も一緒にして「零」にして了ふのです。我々はさういふ「革命」の考へ方を否定します。

我々には近代の繁榮と幸福を奪取する考へは毛頭ありません。つまりそれは道義の繁榮と幸福でないからです。又我々は近代の革命といふことばの根柢にある、辯證法を否定して了つたのです。道義恢弘の方法は、戰爭でなく道德にあります。それは日本の道の自覺にあります。

問　「近代」といふもの、その「進歩」の思想、その論理としての「辯證法」——それらをおしくるめて否定して了つた後では、一體「歴史」とは何を意味するのでせうか。

答　すでに申しましたやうに、我が東洋に於ては、歴史といふものは、道義を守る人々の志の傳へなのです。傳へは說ではありません。恣意でないのです。それは日本でも支那でも、有史以來の傳統です。

だから例へば朝鮮のやうな所に於ても、史官は、あらゆる政府權力から超越してゐたのみならず、王室の權威の外にゐた位です。極東に於て、「春秋」の思想は、修史の眼目でした。これは孔子以來の習慣になつてゐます。

問　さういふ見地から云へば、人間社會の表むきの榮華を——例へば今日に於ては「近代社會」の優勢さといつたものを、全然無視した形の生成の法、たとへば隱遁といつたものが重んじられることとなると思ひます。

答　東洋に於ては時に於ては、隱遁者の系列（精神的系譜）が歴史でした。我國に於ても、武家が京都に侵入して以來、文化が主として隱遁者によつて守り傳へられてゐたのは、顯著な事實です。所謂「後鳥羽院以後隱遁詩人」といふ命名は、「歴史」を云ふ上で非常に適切です。

さういふ隱遁者は、「わびさび」といつた考へ方を生成の道で奉信してゐましたが、決して「わびさび」の教理を立てる教典を作つてはゐません。「わびさび」は美的宗教の實體でなく、彼らの信奉する美を守り貫く生成の法にすぎなかつたのです。だから彼らは、つねに王朝時代の物語歌集を最高教典としてゐました。(後世の亞流が教典を作り流派を作つたのです。それらは封建的でも何でもありません。「流派」は近代的です)。

王朝時代といふのは古典時代の終末期に當るのです。それは言葉が亂れず、正しい道がなほ大本をなしてゐた時代です。別の表現で云へば、隱遁によらず道が傳はつた時代です。隱遁時代とは、なほ道は傳つたのですが、これを守るといふ意識が、文化を占めた時代です。

同時にさういふ隱遁者は、永遠と輪廻(循還)を信じてゐました。天道は循還すと信じてゐたのです。循還は永遠です。だからイロニーを方便としても、決してそれから辯證法へ墮落することをしないのです。こゝで墮落といふのは、イロニーは淸醇な觀念の遊慰ですが、辯證法は支配と欲望が絶對的です。この辯證法の性格を、今日一派の者は「實踐的」といふ言葉で云ひくるめてゐるのです。「實踐的」とは支配的征服的といふことです。

ドイツの學者の中に(ヘラー)、ドイツの初期浪曼派から、後期のヘーゲルが出てくる過程で、初めの方はイロニー、それが發展してヘーゲルの辯證法になると考へてゐる者がゐます。さうしてその中間をイロニー的辯證法などと呼んでゐます。(ゾルガーの對話篇)。しかしこの二つは本質上異質のものでした。これを「進歩」の歴史觀で統一せんとして、かういふ詭辨となつたのです。彼らの考へたやうなイロニー的辯證法といふ考へ方も、又過渡的時期といふものもありません。つまり初期ロマンテイクたちは「東方」を本質的にいくらか知覺してゐたといふだけのことです。それがイロニーといふ考へ方を生んだのです。

問　しかしさういふ隱遁は、現在勢力の下では、敗退に他ならないではありませんか。

答　近代の如く、個人生活上では、あくせくとして何かに追ひたてられる如くに活動することを人間の理想とし、共同生活上では、支配したり侵略したりすることを人間の理想とし勝利としてゐる者の眼からは、隱遁は恐らく敗退と見えるでせう。「近代」を無力に拒否してゐる如く見えるからです。

しかし今日に於ては、「隱遁」によつて守り傳へられてゐる理念を、世界の人間の理想として恢弘するといふ以外に、文明に對する崇高な發言はありません。それは近代を否定するといふことです。

この隱遁も、「古典論」として云へば、田園生活――耕作生活に基定をおいてゐます。これは陶淵明がその詩によつて現はした思想です。杜甫は忠義を守つた純潔誠實の詩人として、時代を一貫して、多くの人々に尊敬されてゐるのですが、隱遁の古典論から云へば、陶淵明の方が實例としてふさはしく、又その詩もさういふ點ですぐれてゐます。しかしいづれにしても、この二人の詩人は、我々の本質論と歴史論の上で、十分に考へるべき人々です。

問　絶對平和論の立場としては、時務的に平和問題を考へることよりも、日本の近代史を反省することが先決だと思はれませんか。

答　さうです。我々は平和を時務として云ふのではありません。さらに今日の近代的概念にもとづいて、戰爭よりも平和か正義だなどといつた末節のことを申すのではありません。もちろん强盜の親分が、子分を集めて茶會をしてゐる時は正義で、戰爭をしてゐる時は不義だと云つた、外相的理窟や、それを合理化する原理をいふのではありません。强盜のすることは、茶湯も戰爭も、同じ原理でしてゐるのです。我々は强盜が不正だといふことを云ふのです。そのやうに云ふことを、近代の人々は忘れてゐるだけです。

誰も「近代」がよくないと云ひ得なかつたのです。「近代」が戰爭をしてゐるのも、平和を守つてゐるのも、歸するところ同じ原理によつてです。この「原理」そのものを我々は否定したのです。

日本の近代史への反省を、我々は「文明開化」を否定するといふ形で現したのです。大久保、福澤の系統をひく日本こそ、所謂「軍國主義」として、今日の列强から否定された日本の、根本思想だと云うたのです。それは實にその列强を模倣し、これに追ひつかうとした誠實な努力だつたのです。たゞ我々は古くから「文明開化の論理」を終焉せしめよと申してきたのです。

その日本は「近代」を最も正しく懸命に學びました。己を零としてヨーロッパを學ばうとした結果がこの敗戰となつたのです。といふのは、すでに申しましたやうに、日本人は全部が零とならなかつたのです。東洋の理想を了解した多數の人々が生きてゐたからです。彼らは「近代」を文明の理想と考へてゐません。

これが國内相剋の因となりました。この高い理想を武力によつて實施しようといふ一部の考へ方は、勿論矛盾の故に失敗に終りました。東洋の高い理想と文明を了解する者は、決して「近代」に信従しないのです。このことはソ聯の場合と全然ちがふ状態でした。

問　ソ聯の場合も己を零として學んだのですか。

答　ソ聯の方は、その點でもつともふさはしいやり方をしました。その共産主義・唯物辯證法・絶對主義——これらは、後進國が先進國の榮華を奪取するために、最も適切な法です。近代の繁榮を理想とし、それを奪取せんとするものは、己を空しくして、まづ完全に「近代」を模倣すべきであります。そのためにソ聯は最も徹底した「科學的」な非人間的方法を採用し、人民を零としたのです。これが彼の獨裁制です。1のあとへ無數に0をつけたしてゆくのが、彼らの「理想」です。

「近代」を理念とし、これを獲得せんとする近代の「後進國」の場合には、マルクス主義を否定することは殆ど不可能です。たゞ我々は「近代」と別箇の見地に立つ故に、彼に對しいさゝかの妥協もせず、それを根本的に絶對的に否定できるのです。もし「近代」に立脚するなら、「比較的に」か、「妥協しつゝ」かしか、それを否定し得ないのです。

問　しかし絶對平和論の說くやうな生活體制を恢弘する實際上の主體は何ですか。

答　それは道德とその生活だけです。近代を獲得するためには「戰爭」が必要です。それを「革命」と呼ぶ時もあります。「乞食」によつて「近代生活」を維持するといふことは、厚顔無恥の間違ひです。「近代」の中にはそんな論理はありません。

問　さういふ本有の生活が恢弘されたとして、これを墮落から維持してゆく主體は何でせうか。

答　それも生活の中なる道德の文化のみです。こゝで武力は、性質を異にしますから、それについてこだはつて考へる必要はありません。

問　さういふ場合に指導者といふものはどうなるでせうか。

答　我々は年來の持論として、「指導」とか「指導者理論」を好みません。その考へ方のもつてゐる政治的性質は、我々の本質的な立場に矛盾したものだからです。

我々は「近代」の體系の中の「指導者」とか「主權」といふ概念とその實體を、我々の家系の中から抹殺してゐるのです。要するに「指導」も「指導者」も、近代文明の名による支配制度を表象してゐます。我々は、この支配の制度と政治を否定してゐるのです。

わが古制に於て、天皇は近代の云ふ「主權」でなく、又「指導者」でもなかつたのです。

問　觀念的な道德に立脚せぬところの、その本有の道德生活を恢弘する原理は、やはり道德でせうか。

答　さうです。近代に對決する意味の道德です。しかしさしあたつて今日我々のすべき努力は、日本の農業様式を殘存する努力です。

しかしそれが殘存するためには、深い自覺と共に、それに伴ふ改良や判斷も必要かもしれません。しかしさうしたことよりも、一應、一切の傳統を心して保存するといふことが、今日に於ては、民族の自覺を示し、後に來るものに資しうる、最も神聖で光輝のある考へ方であり、又その事實であるといふことを正當に理解すべきです。

しかるに近代の大都市の生存と近代戰爭のためにのみ絕對的に必要な大農法とその科學を、羨望してゐるのは、實に殘念なことです。勿論それは他人に作らせて食ふことを考へる都會人の思ひ付です。既述の如く、日本に殘つてゐる農法とその傳統の生活環境は、本有の絕對平和生活の典型を示すに近いものです。

これを祭の生活と我々はよびます。祭とはそのまゝくりかへすのです。紀念行事ではありません。觀念でもありません。米作り生活そのものが祭の生活です。所謂「祭」とは、その生活の一年を、ドラマチツクに一時に表現する藝能です。さういふ形でこの「祭」といふものに卽して「歷史」も考へてみるとよいと思ひます。祭りをする人々は、この一年は悠久から始つて永久にくりかへされると信じてゐます。この一年が永遠を象ると信じてゐるのです。「歷史」とは何か。生活の中の「祭」とは何か。今では、一年の生活を一時に表現する藝能から生れる神だけを「神」としてゐるのです。

さてかういふ本有生活の單位を、近代戰爭の據點とすることは、極力さけねばなりません。何となれば、その生活は「近代」及びその現象としての「近代戰爭」に反對する道義の生活根柢です。勿論それは近代戰爭に對しても、十分に抵抗するでせう。しかしかういふ形のゲリラ戰は、理想と道義と、將來と永遠のために避けねばならぬのです。それは矛盾するからです。

さきの終戰に當り本土決戰の聲を一蹴せられた聖旨として、それは民族の滅亡を來すかもしれぬと申されたのです。その意味は、この國の本有生活であり、且つ國民生活の本有實體をなすものが、本土決戰のなりゆきとして、戰爭の抵抗據點となることは、國本來の理想と生命を滅却するに至るかもしれぬ、その點を聖慮あつたものと拜察されます。

かく拜察して、みうちをの ゝ くものを感じた次第です。原則的國民生活が、「近代」に對する武力的抵抗戰の據點と化することは、そのこと自體が、國本有の原理の滅亡を意味します。

問 原理的なものはともかくとして、日本の農村の生活の樣式を、取捨選擇せず、一切を保存するとは如何なる意味でせうか。

答 日本の農業生産を組成してゐる技術は勿論ですが、その古俗慣習、信仰、寄合の制といつた一切のものを、努めて保存することを考へなければいけません。今日では、さういふものの一切を、反進歩的だと云つたり、或ひは封建的といふ言葉で葬らうとしてゐます。しかしさきにも申しましたやうに、さういふ者らはたゞ「近代」の文明理念を知るのみで、古代より今に至り、世界の多くの人心を動かしてゐる、數々のより高い文明圈と、この理念の存在を知らない、一知半解の徒にすぎないのです。

封建的といはれてゐるものの中に、どんな道義に卽したものがあるか、これは彼らにはわからぬのです。だから彼らの指圖をうける必要はありません。彼らは「近代」を無上と信じ、それ以外の文明を知らないのです。ですから「近代」といふ體系の中に存在せぬものを、理解し得ずに放棄するのです。

我々は日本の農村とその生産生活を組成してゐる一切の、信仰の古俗と慣習の秩序と技術を大切にせねばなりません。それを何といはれても破壊してはなりません。それを破壊することは、時として「眞日本」を破壊してゐることとなるかもしれないのです。だから「近代」は日本をその植民地に化生するために、これらを封建的といふ名のもとに一括し、この破壊に努めてゐるのです。數千年の長い歴史をもつ生活の中に、民族の眞の「道徳」はやどつてゐます。今日、東洋はこの「道徳」を發言せねばなりません。

我々は明らさまに、道義に反し人倫の敵であるものさへ、あへて破壊せぬといふ信條であります。この謙虚さは、東洋の「道徳」が我々に指示するのです。まして事理不明のものを好んで破壊するといふことは、それだけでも人倫の敵であります。我々東洋の「道徳」自體であるものには、それは決して出來ません。

古俗慣習は、何が正義で、何が不正か、又何が眞理であつて何が迷信かは、ことに當つて、且つ因縁をさぐらねば、どこから正しく、どこから不正になつたか、といふこともわかりません。我々は一應保存することに努めるべきです。

問　しかしさういふことをするだけでは何かとりとめなく頼り少い感じですが。

答　一人二人が考へて口にしてゐる間は、殊に不信の人からはさう見えるでせう。しかし國民の何十パーセントが、さういふ考へで日常を暮すやうになると、國の精神が肅然とするのです。この状態が少しでもあらはれた時こそ、我々の新しい出發をする日です。我々はこの肅然とする事實を信じてゐます。とりとめもなく頼りないと思ふのは、道義に對して不信なしるしです。信をもつ者にとつては、空論でありません。それは日本人の自覺に他ならぬからです。日本が存續する限り、必ず起る自覺です。

問　絶對平和論の主眼は情勢的に平和を論ずるものでなく、道義上の見地から「近代の終焉」を說いて、アジア的本有生活のみが、絶對平和の唯一の原理であることを主張するものと解すべきでせうか。

答　「戰爭か平和か」といつた形の、「近代」に立脚した、近代內部の問題に、我々は少しも關心しません。絶對平和論の眼目は、「近代」を否定し、代りにアジアの道義生活の原型を示すのです。西洋文明を批判し、アジア（即ち日本）の本義生活と本義言論を恢弘することが、絶對平和論のすぢみちです。

問　新憲法とか、再武裝とか、無軍備といつた情勢問題處置の見地に立つ平和論でなく、又情勢運用を主眼とする中立論でなく、「近代」を否定して、本有の道の生活の恢弘をめざすといふ意味に考へるとよいのですか。この「恢弘」とは、特別な言葉ですか。

答　恢弘とは、復興でありません。復興はなくなつたものを再建する意味ですが、恢弘は依然として傳つてゐるものを、おしひろめ、誤つたものを本有にかへすといふ意味です。

絶對平和生活は、アジアの原始からあつたもので、アジアの神話の生活です。そして日本では、今も國の生民の根柢となつてゐる生活です。しかしこの生活が、「近代」の諸機構のため虐げられ、すべての人間は不當に貧困化されてゐるのです。これを本有にかへすといふことは、決して滅亡したものを再建するといふ意味でなく、現存してゐる本來のものをおしひろめ、且つ邪道にある者を本來の生活にかへすといふ意味です。

この意味は奪はれたものを奪ひかへすといふことではありません。そこで近代の革命理論を、我々は否定するのです。

恢弘とは、日本の古典の言葉です。ひろめのべる、と訓んでゐます。それが國をしらすといふ意味です。本有生活をひろめのべることが、國をしらす根本です。故に國をしらす業は、領土支配でも、繩張擴大でも、主權伸張でもないのです。

問 新憲法に立脚する平和論でもないといふこと……。

答 さうです。我々の見解に於ては、新憲法を守ることが第一義ではありません。又新憲法に立脚することを平和主張の第一義ともしません。

すでに申しましたやうに、新憲法の基礎は「近代」です。しかもその「近代」があまりにも「十九世紀的」な點で、今日でもすでに實際上多くの疑惑をもたれてゐます。しかもそれは十九世紀國家のもつた保守的要素を一切除外して了ひましたが、代りの二十世紀的要素を加味することもないのです。保守的要素とは民族のもつ傳統のモラルです。二十世紀要素といふものは、一種の世界政府機構と國際的社會主義思想です。しかし現在國家に於ては、二つの世界の右も左も、そのやうな考へを拒んでゐます。

それは國際聯合から、世界政府に移る、今日の新思想たるべきもののことですが、勿論日本國憲法には、この二十世紀の西歐文明の眼目など少しも加味されてゐません。たゞ新しいものを作つて喜ぶのなら、武力戰爭の放棄を云ふ前に、世界政府への過程的國家といふ意味を謳歌しておいた方が先鞭をつける意味でも、やゝ二十世紀的だつたと云へるかも知れません。しかし日本は二十世紀的な産業と生活の根據を禁止されてゐるので、二十世紀の中で、十九世紀的産業規模で生存するといふ困難に直面してゐるわけです。こゝでも我々は潔く絶對平和論を以て應へます。

「近代」も「二十世紀的」も「世界政府」も我々の思想から云へば、無關心なものです。

問　國際狀勢を目安にし、そこに最終目標をおいた政治的な平和論や平和運動は、今日ではもはや停止狀態に入つてゐます。その説に納得しないで動いてゆく大勢に對し、彼ら論者はどのやうな態度をとるのでせうか。

答　我々の絶對平和論が、普通の政治的中立論や世界政府論と異るところは、世界狀勢をよりどころとして、平和が有利だなどと云ふ形の議論でなく、さらに國際情勢に依存して（もしくは所謂國際正義にたよつて）日本の平和を獲得しようといふ考へでもない點を、理解せねばなりません。

政治的平和論や中立論は、必ず國際情勢に依存してゐるものです。その依存の仕方は一通りではありません。

ある者は國際情勢の指導者（及びその大衆）に對し、戰争が不利であることを教へようとしてゐます。これは五年まへ日本へきた聯合國軍が、「日本人に戰争は儲からぬといふことを徹底的に教へてやる」と云つた言葉を、彼らにそのまゝ、その時の通りに、思ひ出させようとしてゐるのです。この論者らは必ずしも戰争はあくまで不正だといふ原理を持す

正義心の存在を信じてゐません。彼らの一人の論者（谷川君）は、文明が野蠻時代より進歩したとも、現在が未開人社會より進歩してゐるとも考へてゐないのです。つまり近代人も彼らと同樣に戰爭を決して忘れてゐないし、原則として不正不義としてゐないといふのです。（谷川君は所謂「國際正義」といつた、抽象的な概念や理想に依存する平和論は、實際的にあり得ないといふことを、その「平和の哲學」の中で說いたのです。これは安倍君に反對する立場です。）

又ある者（安倍君）は、國際情勢の指導者（及びその大衆）の正義心の振興を求めてゐます。戰爭は原則として不正だといふ論理の上に立つてゐるのです。しかし兩者ともに、他に依存してゐるのです。その依存してゐるものは、こちらの方では如何とも出來ないものなのです。情勢の變化につれて、現實の具體面でさういふ議論が役立たなくなれば、彼らはどうするでせうか。これは待つより他ありません。

我々は日本の平和を、日本の道に從つて自主的に立てる論をしてゐるのです。この場合「日本だけで」といふことも、止むを得ないのです。正義は一人でも守る方がよいのです。一人でも守るべきです。

例へば安倍君の平和論は、スターリン氏に懇望せねば成立しないのです。これは本人も今ではさう考へてゐるでせう。谷川君の平和の哲學も、二つの世界が妥協する條件を見出さねばならぬのです。しかしこの兩者間を遊說するといふことは、今日の日本人に絕對不可能だと我々は考へます。安倍君や谷川君にも、出來ると思はれません、さうするとその議論は、誰かゞそれをしたらよい、といふ空論になります。現に日本の大衆は皆それを希望してゐるが、つひに世界を動かさないのです。

二つの世界は、いつ妥協するでせうか。果して妥協するでせうか。ギリシヤやベルリンでした妥協は、谷川君の希望に卽したものでなかつたのです。アチソン氏に云はせると、ソ聯が七ケ條で膝を屈しない限り、世界平和は來ないと明瞭に云ふのです。トルーマン氏に云はせると、スターリン氏は條約は守るべきものだなどと考へてゐないと斷言してゐるのです。アメリカの外交はいつも超黨派外交ですから、この考は三年しても變らないでせう。その上今の日本人はどのやうにしても、二つの世界を宥和させる實際行爲（政治活動）は出來ないのです。これが十年まへ、五年まへなら、まだ出來たのです。その時の氣分で今日の議論をするのは、學者の空論と云はれます。

絕對平和論は自主的に、國内に平和生活をきづいて、戰爭の慘害をさける、だから戰爭による利益は勿論拒絕するといふのです。さういふ「利益」によつて得られる繁榮と文化を、我々は高い立場で否定してゐるのです。且つさういふ「利益」や「文化」を精神と道義の上で、「利益」や「文化」と考へてゐないのです。

問　絕對平和論が日本に立脚し、たゞ日本を考へ、まづ日本だけを救ふ方法をいふことは、獨善的な利己主義でありませんか。

答　正義を守ることは獨善でも利己主義でもないのです。正義を守る場合さういふことはないのですから、誰だつてさういふ批判はしません。又我々は戰爭を傍觀してゐるといふのでなく、己のうけるかもしれぬ侵略をも、傍観の感でうけとらねばならぬ決心をしてゐるのです。しかしまづ日本を、といふのは、日本のもつてゐる本有生活が、將來の原理だと考へるからです。それはアジア一般にある原理ですが、幸ひにも地理的に日本はその體制を確立し易いのです。農村がそのまゝ自然に國に擴大したやうな日本では、この道を最も清醇に傳へてきた上に、その地理的條件もよく、さらに今日の國際的情勢から見る時も、日本の場合は、その確立にとつて、唯一のめぐまれた状態にあると云はねばなりません。更に日本の「近代史」と、それへの反省が、その考へを人心に入り易くすると思はれるのです。

しかし我々は感情的にも、まづ日本の危機を如何にするかを考へます。一旦戰爭に入つた時は、決して日本は安閑としてゐられません。中立を守つても、決して今の「三等國的近代生活」を維持することはできません。戰火によつて日本の近代が壊滅するまへに、日本は食糧の危機に入るでせう。米はどこからも來ると考へられません。豚の飼料だつて廻つてこないかもしれません。中立を守つて、兩方から「利益」を得ようといふことは想像されぬことです。

先日インボーデン氏が、今や日本の新聞に中立といふ立場はないと申し渡したのですが、それより六箇月早く、ソ聯の政府機關筋から、日本は既に中立ではないと申し渡されてゐるのです。日本にベネツシユ氏のやうな氣の利いた外交家が出ても、この二筋の綱を渡ることは難しいでせう。そのベネツシユ氏さへ結局は完全に失敗して了つたのです。

我々は國際情勢を一定の方向に動かし、それによつて日本の平和と中立を守らうといふ考へ方を、空論として一排します。さういふ外交の器量ある人物は今の日本に一人もゐません。世界中にゐないのです。今世界の第一流と云はれる人々は、戰爭によつて解決するための努力ばかりつみ重ねてゐるのです。

また我々は新憲法に立脚した平和論も、本質的に無意味だと斷定しました。つまり新憲法の立脚する根本思想は、「十九世紀的近代」であつて、これは平和生活の原理でないからです。勿論新憲法は國際情勢の荒波の中では、國際的には何の拘束力をももちません。

今日日本には、知能に於て國民中最も優秀な階層をなす二十萬程の人々が、新憲法の規定する權利人權を停止されてゐるのです。しかしそれは「近代機構」に於て、その「利益」と「繁榮」——結局物質の面に於ける自由を停止された形になつてゐるだけで、精神の上のアジア的（本質上の）自由は停止される方法がないのです。それはこの事實とこの意味を明確にしたと思はれます。

問　絶對平和論は、平和とか中立とか、武力とか軍備とか、政治とか國際情勢とか、さういふものを第一義の問題とせず、「近代」の廢絶を説き、本有の道義の恢弘を本義とする思想だと理解すればよろしいか。

答　さうです。我々はアジア五千年の歴史を通じて一貫するところの、「近代」と全然異る文明と理想をもつといふ事實と、その文明のもつ高貴な精神の事實が、我々の主張の根據となつてゐるのだといふ一句をつけ加へるとよいのです。

そしてその本有生活の恢弘によつて、政治とか、國際情勢とか、戰爭とか、平和といふものは、一切消却されると云へばよいでせう。根本的にものの考へ方が一變し、生活が一變されるのです。

しかもその本有生活を恢弘することは、「革命」によるのではないといふことを、理解する必要がさらにあります。革命とは「近代の繁榮」を奪取する手段であり、その目標は「近代の繁榮」を願望するものです。

さらにアジアの史觀がつねに「永遠」に則り、「永遠」とはアジアの本質であるといふことを、こゝでも考へねばなりません。それは本有の生活――絕對平和の根本の性質です。

これが「近代」を根柢的に批判する悠久の原理です。日本の目近い將來を思ふ者の中で、必ず一人は考へねばならぬ思想です。たゞ我々が一人これを說くのは、我々が云はねば、誰も云はないので、これを說いてゐるだけです。草かげ山かげの國民の多くは、この思ひをいだき、それをたよりとして、激しいけはしい情勢の中を生きてゐるのです。

つまり絕對平和論は、平和の根據を云ふのです。既存の近代概念を無反省にとり入れて、たゞ平和を守るのが正しいのだ、そのために國が亡んでもよいのだなどと、無責任なことを云ふのではありません。さういふ無責任な議論は、善良な正しい國民に再軍備の必要を思はせる根據と條件を與へるだけです。

我々の絕對平和論は、日本の國民的抵抗線の聲にすぎません。アジアの民族の最も普遍的な日常觀のさゝやかな抽象的表現にすぎません。それは眞の日本人――アジアの、日本の、その民の、最も正當にして穩健な傳へに立脚した思想です。絶對平和論は、謙虚な日本人が考へる、最も正當で穩健な國ぶりの考へ方に他ならぬのです。

しかるに今日それを説く一人の思想家も、學者も文人も存在しないといふことは、何といふ危險な國の狀態でせうか。この危險は、感じ知るものだけが思ふ危險です。しかし日本には、依然として「近代」に破れない精神が傳つてゐます。これが殘つてゐる證をひそかに我々は自身によつて示し、それによつてその思ひの自覺を、眞の日本人の心に呼びおこし、又世界の精神に呼びかけたいのです。

大きい聲で云はないのは、たゞ日本人の趣味です。つぶやくやうに云ふのは、はゞかるからではありません。ガンベツタの例の有名な言葉――「忘るる勿れされど云ふ勿れ」は、我々東洋人の決して考へ出さぬ言葉です。さういふ思ひがなかつたのでせう。我々東洋の道德を守る民は、さういふ陰謀的な抵抗を、「近代」に對して考へてゐませぬ。何となれば「近代」は我々の最も大切なものを奪取していつたのではありません。たゞ道德を失つた人心が、（しかし彼らは戰爭と商賣の兩者には熟達してゐます）道義世界の生活を、物質の面で虐げてゐるにすぎないからです。

問　一般に「祖國」の主張や、その絶對平和論を、ヂヤーナリズムでは敬遠してゐるやうなことはないでせうか。

答　今日の日本のヂヤーナリズムは敬遠するよりもまだ何ら理解してゐないのでせう。多くの有識者は、多少誤解しつゝも何らかの作用をうけてゐるのです。勿論贊成者も少くありません。

ヂヤーナリズムとヂヤーナリストの一部には、意識的に敬遠してゐる者もゐるかもしれません。しかし彼らは、我々の主張を理解してゐるのでも、又理解しようとしてゐるのでもありません。さういふ理解を根柢にして、反對したり、敬遠したりしてゐるのではなく、我々だけが、國際的な何らの勢力に追從する議論を立てず、日本には日本の獨自の道のあることを云ひ、それによるべき所以を唱へてゐるのが彼らの敬遠する理由でせう。

彼らの本性は事大主義であり、便乘追從であります。さういふ人々は、我々が日本の獨自な思想を自主的に唱へることを、自分らの處生法にひきくらべて怖れるのです。しかし現在の文明の狀態では、決して獨自な思想のゆゑに彈壓されるといふことはありません。全體主義で少くとも西歐的自由のある社會では、さういふ制は行はれてゐないからです。

問　絕對平和論とは、要するに東洋の理想ですか。

答　「近代」を批判する「東洋」の主張が、絕對平和論の歸着點であります。しかしこの時東洋の精神は辯證法を云ひません。我々は現在に於て、絕對であります。妥協することの出來ない眞理を述べてゐるのです。それは歸着點であるが、同時に發足點であります。

しかしこの東洋の理想が、人類のいつの時代に實現するかは誰も知りません。現在に於て、その傳へのまゝの生活によつて、かそかに幸福に生きてゐる民は、世界の人々の半の近くを占めてゐるのです。故に我々は我々の主張の眼目を道の恢弘と呼ぶわけです。

この絶對と非妥協は、嚴然として「時」に抗するものの努めです。彼の「歴史」に挑むもの、我の「運命」に逆らふもの、しかもこの世紀の勇者は、そのために何らの武力も智慧も必要としないと云うてゐます。故にそれは「超越」した「無關心」といふのが最もふさはしいのです。

そのため我々に必要なものは、我が生れながらにあるもの、祖々より傳はるもの、我が生活を律する道德のみです。我々はたゞ道義のみを持して、彼の「歴史」に挑み、彼の與へた「非運」を押しかへすのです。しかも直接の反擊も、直接の革命も、何一つ考へてゐません。そして我々は既成の宗教の教團に類似する何ものかの所有を構想したりすることもないのです。

我々の崇高深遠な理想は、一瞬にして彼の數百年間につみ上げた虛妄の「時」と「歴史」を空白に歸すことであります。その「歴史」は道義文化より見る時、まことに空白のものでありました。それが空白と考へられてゐぬ時は、たゞの不正です。

正義を愛する穩健な日本人は、高く胸をはつて(大氣を腹一杯に吸ひ込む時の自然な形で)彼の「歴史」を空白と信ずるのであります。これには決して大乘空觀の哲理を必要としません。骨身にしみて切實に感じたこの五年の經過に於て、「近代」とは何をなすものか、といふことは、誰にも了解されたことでせう。まだわからぬ者は、よほど知能の低い者か、よほど物欲のつよい人です。

かの「歴史」に挑むことは、今日に於て最も意義ある神聖な仕事です。將來に於て、最も尋常健全な考へとなるでせう。しかもこの聖なる心をよびおこすためには、日本人はたゞ己を知り、自信を失はないといふだけで十分です。

昭和二十五年九月下旬

後記

「絶對平和論」は「祖國」三月號に掲載したのを第一回とし、つゞいて「續絶對平和論」（九月號）「續々絶對平和論」（十月號）と連載しましたが、今回の「絶對平和論拾遺」に於て、一應の區切りをつけます。この間世界と國內の情勢の激動はたゞならぬものがあり、終戰後五年間の變化よりも、この半歳の間の變化の方が多様でめまぐるしい程でしたが、我々は一貫して、四圍に動かされず、自主的な一つの道を示してきたのであります。

上梓に當つては、既載の部分に、かなり夥しい補足を加へましたから、以前にこれを讀んで關心をもつた人たちは、改めて新刊の本で讀んで欲しいと思ひます。補足した點は、國體、國家、傳統、生活、歴史、論理と云つた、本質論的な面についてであります。それは改訂といふよりも言ひ加へたのであります。間違ひを訂正するのでなく、補足して誤解を避けようとしたのです。だから以前の讀者にも讀んでもらふ必要があります。補足の部分は「祖國」誌上に掲載してゐません。補足は全體の二分の一に當る位の分量です。

なほ本題についての、質問や意見に對しては、いつでも「祖國」誌上で應答或ひは討議します。この問題をこれでうち切るのではありません。眞劍にお互に考へ合つてゆく趣旨は、決して停止する時がありません。質問が集れば、たゞちに、題目を改めて開始します。

我々は何一ことといへど、他に向つて、こちらの考へを押しつける手段などを考へてゐません。だから何の遠慮もなく怖れもなく、批評なり意見なり質問なり、あるひは注意なり訂正なり補足なりを、自身で眞劍に考へた上で送つて下さい。といふのは高慢に云ふのではありません。我々がさうしてゐるから、當然申せるのです。それは我々が心から待つことです。又よろこびとするところです。

我々は雲表高く聳えてゐる最もすぐれた日本の思想を、今日の文章の形に現すために、念願をこめてゐるのです。これは私說ではありません。しかし旣に我々は日本の國の絕對思想を自得したと僭稱することは、決してしません。我々の批判を通じて、さういふ感じを人がうけるなら、それは我々の表現の未しさによるのです。

我々は日本の道をこれから文章の形に描かうと志してゐるのです。それは個人の仕事ではないと思つてゐます。だから個人の名前でこの問答を發表しなかつたのです。これに加はる者は、高名の人、著名の人、權威ある人といつても、道義の上からみれば、すべてかの大なる傳へを守る一人の國民にすぎないのです。それは人間として水平線的に平等であるといふ、今日の思想に從つて平等と云ふのではなく、聖なるものの心で、同じ高さにあるとの意味です。たゞ各々の人間的能力の高低によつて、始めて雄渾な思想は、體系として出來上るわけです。

我々はこの思想を、文學として小說として描く、一人の天才の出現に期待してゐます。日本の最もすぐれた精神の、その魂の中にかくれて存在してゐるおもひを描く人は、民族の靈にかけて斷言します、必ず一人はある筈です。この思想を唱へた人といふ最初の呼び名は、その天才に歸すべきです。その天才の名によつて、この思想は記錄されるべきです。この思想はさういふ文學作品によつて、初めて完全に、あまねく、けだかく、「慟哭」と「嗚咽」の形象を具して表現されるからです。今日我々が無署名でこの思想を唱へる心は、十年の後、五十年の後、或ひは百年の後に、必ず時と共に輝くものの如く明らかになるでせう。

心の通じた者が相寄り合つて、さういふ道を形にのべる――それは我々の理想です。希望です。夢です。しかも必ず實現します。それこそ日本の國がらが永遠であることの證でした。

明治維新とアジアの革命

一

明治維新を論ずる場合、他の歴史上の事件を考察する場合と同様に、この大變革の兆候や條件をとらへ、その進行と結果を、具體的に考察してゆくのがもつとも普通の態度である。しかも、このやうに、一つの既成史觀によつて歴史的事實を解釋する形の安易な公式主義を排し、現象の豫兆と結果と影響を觀察して歴史の理法とその事件の意義を發見するといふ、正直でまともな態度は、何でもないことのやうでなか〳〵行はれなかつた。

近來の我國の歴史家と稱する人々が好んでとる方法は、あながち歴史を歪曲するといふほどの考へはないやうだが、手近な方法論や史觀の寸法にあふ事實を、對象の中からさがし出し、事實の性質の追求といふよりも、その方法論や史觀の證明の方に終始し、結局歴史の闡明とならぬ例が少くない。それは結果的に歴史を歪曲することである。しかもその態度が、時の流行の史觀に迎合するものなら、それは曲學阿世といはれても仕方ないことである。

明治維新を解釋するために用ゐられた史觀や方法の場合も、それらがすべてヨーロッパのものだつたから、この大變革の世界的意味を、世界的見地から考察するといふやうなことが、今日までは殆どなかつた。しかもこの原因は、アジアの立場を自覺した歴史觀と現實意識が、その人々になかつたからといふだけのことである。三百年來植民地に分割されて最低人權さへ停止されてゐたアジアがめざましく囘復し、その諸民族が一せいに獨立を始めた今日の事實の豫想や考へ方は、近頃までの西洋には毛頭なかつた。

このアジア復興の直接原因は大東亞戰爭であるが、その根源の原因は明治維新に他ならない。明治維新はアジア人だけが、その歴史的意味を、生命としてとらへ得るやうな大なる革命だつた。それについての正しい評價がアジア諸民族の精神と志の中に増大してゆく事實が、アジアの最近史であつた。又評價を増大させていつたアジア人の意志と實踐が、最近の世界史をつくつたのである。西洋人の史觀では、アジアは支配され、ヨーロッパが世界だといふ觀念を、いつも根本的なところで失はなかつたものである。

日露戰爭は世界史を一變する今世紀最大の事件だつた。しかるにそれは明治維新の精神と方法の擴大に他ならなかつた。日露戰爭の最終決戰だつた奉天會戰の規模は、ロシヤ軍約三十二萬、我軍二十四萬九千八百、敵の損害約九萬、我方の死傷七萬二十八、當時歐洲最强と稱せられたロシヤ陸軍を撃破し、日本の兵の强剛と、わが軍部の統率力の優秀さを、あまねく世界に示した。つゞいて日本海に於て、バルチック艦隊を數刻の間に全滅せしめたことは、陸海相まつて、西洋のアジア侵略に對する强大な決定的打撃を與へたものである。こゝに於て久しく西洋の武器に屈服してきた全アジアの民族は、ヨーロッパの植民地たる運命を脫する曙光を味ひ、その可能と方法を了解した。卽ち三十八年戰役をかちとつた日本の存在によつて、「近代世界」の中に、初めて有色民族の自主的な獨立國が出現したのである。その國は、西洋の最强國の軍隊を陸海に於て完全にうち破り、彼の侵略の野望をうちこらすことによつて、初めての有色人種の獨立國を作つたのである。

この驚異の事實を窮めようとしたアジアの志士らは當然のこととして明治維新にゆきついた。岡倉天心は維新の志士たちに方法を教へたのは國學だといつた。アジアの革命家に方法を教へたのは、明治維新であつた。辛亥革命の志士たちは、孫文を始めとし、みな明治維新に方法を學んだ。それが世界の歷史を新らしくする原動力となつたのである。こゝにアジアの民族革命時代が始つた。しかしこの「革命」は政權や權力の奪取や交替を意味するものでなかつた。字義通りに道義囘復の革命であつた。從つて宿怨に對する報復や復讐でなかつた。明治維新にはフランス革命にみるやうな革命の狂的時代といふものがなかつた。それは狂的な復讐に野蠻の血を流す日をもたなかつたところの輝しい革命であつた。卽ち革命の原理と意味と目的と理想とが異つてゐたからである。明治維新はかの革命の狂的時代を持たなかつたのである。

「近代」とはヨーロツパがアジアを植民地として支配し、その利益によつてきづいた贅澤と繁榮の時代である。明治維新の成立と日露戰爭の勝利によつて、この近代といふ時代觀は一變し、こゝに世界と世界史が別にあるといふ豫感はアジアの革命家たちの血をわかせた。明治維新がヨーロツパ人の史觀によつて如何に解釋されてゐるか、又何と規定せられたか、などといふことには無關心に自らの歷史の原理をこゝに見た。歷史を作つてゆく精神と方法をこゝから學びとつたのである。西洋の歷史家の氣づかぬ間に、フランス革命が歷史を變革したといはれた世紀は終焉し、世界史の中心課題はアジアに移つてゐたのである。これが明治維新の意味である。西洋の立場からは、アジアはなほ市場爭奪の戰場だつた。十九世紀後半アジアの革命家は道義囘復の民族革命の狼火をうちあげ、年々に世界と世界史をかへてゐたのである。

それは雄大な世界史の轉囘であつた。明治維新がアジアの革命家に生色を與へた時の歴史の原理は、ヨーロッパの史觀にみられぬものである。アジアの革命家は、この大變革の中から、世界史をかへる原理と方法を見た。又世界を一變する歴史觀を知つた。もつとも重要なことは、自分らの生きてゆく目標と、生甲斐を感得した。その革命は道義の恢弘であつた。ヨーロッパの史觀でない、アジア本來の史觀が、こゝに現實の世界に國家として成立したのだ。

明治維新の意味は、こゝにあつた。しかもそれは、不幸な大東亞戰爭の結果として實現された、アジア、アフリカ地帶諸民族の獨立獲得といふ事實は、世界史的な見地からみて、近代史の大變革がフランス革命にあらず明治維新であつたことを一段と明確にするものである。何となれば、今日のアジアの獨立の根源が、明治維新に胚胎することは自明であり、しかも大東亞戰爭の終始の因果は、わが明治維新以後の、且つそれの必然とした、國策に原因するからである。

さらに明治維新に於ける「革命」の意味は、東洋に傳統としてあつた革命の意味と精神を、世界史の上に及した道義的なものであつた。「近代」とその世界の成立のためには、虐げられた階級のまへに、あるひはその下に、一段と虐げられた民族が必要だつたのである。これらの民族解放は、明治維新の意味としての客觀的事實である。

明治維新の進展は、この三百年の間、西洋人の發明した武器の力によつて支配され、永遠に支配されるかと思はれた東洋民族に、自主解放の可能性の曙光を與へたのである。

由來東洋人の發明したものは、道德の學であり、宗教である。魂の永遠觀に立脚して、精神に安定を與へるものであつた。しかるに西洋人の發明したものは多人數殺害の武器であり、その科學である。現世の繁榮と贅澤を無限に追求する方法であつた。彼らはその武器の發明によつて、近世三百年間にわたり、アジア人を支配し、これを植民地奴隷化して、自己の欲望の增大に使役したのである。西洋が東洋を支配した原因は武器の發明といふ以外に、何らの精神文化上の優秀なものによつてではなかつたのである。この武器の力と西洋の驚くべき悖德性、さらに「近代」といふ時代の非人道性を、人道の立場に立つものは常に看過してはならない。

かうした近代に對應するために行はれた明治維新の性格を見ると、この革命は單なる權力の奪取でなく、又復讐の殘忍さに發するものでもない。一貫して道義囘復のための行爲であつた。封建的な階級政權を打倒した一方、その運動の最大因となつたものは西洋の侵略を防ぐといふ緊急の目的であつた。維新の志士たちは、當時の國際情勢に敏感であつたが、大河決潰の如き國際情勢に對し、隻手でこの水勢を支へるといふ大勇猛心を持してゐた。いはゞ非常識極まる自信であるが、この自信が、三十八年の後に有色人種による唯一の自主的獨立國を作るといふ事實を示したのである。

二

明治維新のめざした二面の目的は、いづれも道義であり、正義であつた。その二面は實現せられた。しかるに今日に於てこのわが民族的な正義の行爲に對する正しい理解が、殆ど失はれようとしてゐる。明治維新の世界史的意義を検討し、その道義性を追求する究學態度と史觀は、今や失はれようとしてゐるのである。

今日の俗説では、一つの既定の史觀によつて歴史上の大事件を解釋し、その史觀をなり立たせるに都合のよい事實のみをひろひ出し、歴史的な事件を公式的に規定することを科學的と稱してゐる。その最も單純な、從つて廣く流布してゐる例が、唯物史觀による解釋である。それは極めて簡單な鑄型に、歴史的事實をはめこめばすむからである。さういふ安易さから、今日の義務教育を始め、教養教育の全部にわたる歴史教育に於ても、殆どがこの唯物史觀によつてゐる。終戰後の歴史教科書は、國と人間について何の配慮もしてゐない。人物本位の歴史が、英雄の羅列に歸着するといふ點を警めたもののやうであるが、人間を認めない時に歴史などある筈がない。人物中心の舊國史教科書に對し、これらの唯物史觀に片よつた歴史教科書を、庶民の歴史に忠實なものといつてゐるが如きは滑稽な無智の誤謬である。

わが國民生活の本體であつた農に於ては、その所謂歴史といふものは殆どないのである。農といふものは永遠であり、無常でない。流轉しない。永遠とか天壤無窮といふ思想と觀念は、農といふものの實體と信念と現實を表現したものと考へられる。だから農民には生活の傳統はあるが、所謂歴史といふものは殆ど成立しない。農民を支配した政治の歴史の方が成立するのである。さういふ形で庶民の歴史を見るなら、今さら舊來の人物本位の歴史を排斥する必要もない。

つまり戰後の輕卒な變更は、歴史を動かしたものを曖昧模糊化しただけだ。人間は歴史に動かされてゐるが、又歴史を動かしたといふことは、最も明らかな眞理の一つである。よきにつけ惡しきにつけ、歴史を動かした人間の業蹟を研究し、今日に野心の多い權力者を批判牽制し、加へて後人にさういふ野心家の出現を警告するため、未萠の狀態を教へるといふことが、古來より史家の任であつた。曖昧模糊の歴史は、野心家の警戒する方法を教へない。人間を批判し理解する能力を、なるべく低い狀態におかうといふたくらみの現れである。

ところが近時やうやく、日本の歴史を知りたい、大東亞戰爭の本當の話を知りたい、といふ青少年の聲が起つてきた。これは本の賣れ方を見てもわかることだ。青少年が、大東亞戰爭の本當の話を知りたいと言ひ出したことは、實に重大なことである。あの戰爭も戰爭中の教育も、ヂヤーナリズムも、卽ち何も知らない青年が、もう三年もすると大學生となるのである。戰時中このやうに言つてゐたことは間違ひだなどいふ前說から初まる論法は、もうこの若者らには何の魅力もない。その人々にはよけいなことだからだ。この人々に魅力であるものは、今日の世間一般が言つてゐることは、このやうに間違つてゐる、といふ明快な批判だ。言ひ譯や辯解のない、單純質朴な眞理は、これらの戰後の青少年の若い魂をゆさぶるにちがひないといふことは信じて間違はぬ。

三

今日、明治維新を論ずる場合、我々が一番大切にすべきことは、明治維新は世界史に對して何をなしたかといふ點である。これは我が國が主導して何をなしたかといふのでなく、明治維新といふ歴史上の偉業が、世界に向つてどんな働きをし、どんな影響を與へどんな結果を世界史の觀點で及ぼしたか、といふ考へ方である。我々は明治維新の、精神と魂、さらに具體的な生命を問題とする。生命のない歴史的事實を問題とするのではない。歴史的事實の生命を考へるのである。これは人間を中心にした歴史の見方である。

　さういふ意味で、明治維新とフランス革命とは、果してどちらが世界史的だつたか、といふことを、今日の世界の情勢の上から考へてみたい。この問題を解明する途中で、人は必ず「世界」といふ考へ方が、今日一變してゐることに氣づくだらう。それにきづくやうなものの見方、ものの考へ方のはたらきが、歴史觀といふものの中核である。

　千八百七年夏チルジツトのニーメン河に筏を浮べてナポレオンが露西亞皇帝アレキサンダーと會見した時の話題の一つは「ヨーロツパとは何か」といふことだつた。ナポレオンはこの時三十歳の露帝の問ひに對し「余がヨーロツパだ」と言下に答へた。ヨーロツパといふ單一觀念を、世界史上の實在として作つたのが、ナポレオンだといふことは、今日では、一般にみとめてゐる。それ以前にヨーロツパの統一はなかつたのである。さうして十九世紀といふ時代は、一面から言へば、ヨーロツパが「世界」だと考へられた時代である。「世界」と言へば卽ちヨーロツパであつた。世界の中のヨーロツパといふ考へ方ではなかつた。これが近代の世界史の基本思想であつて、又國際情勢の實態であつた。

かういふ世界の中へ、日本がたゞ一つの有色人種の國として出現したことは、當然の結果として驚異と矛盾だつた。この矛盾の解決には、世界及び世界史概念の革命といふ實踐を伴はねばならない。かくて大東亞戰爭は、この矛盾を解決する當然の行爲といふ面をもつてゐたわけである。同時に、世界及び世界史をそのあるべき自然の形にかへすといふ理想と理念をもつてゐたのである。

從つて大東亞戰爭後の狀態を見ると、一應世界及び世界史概念は變化してゐる。もはやヨーロツパが世界だつたといふ觀念は昔日の夢と化し、今日のヨーロツパは世界の貧弱な一部分となつた。さうして今日の一般的世界概念では、例の「二つの世界」といふ國際情勢觀が主體をなしてゐる。しかしその反面に於て、アジア、アフリカといふ民族の發言權が堂々と世界の大きい部分を形成する狀態をもあらはしてゐる。この現實は十年以前に死亡したヨーロツパ人には殆ど夢想さへされなかつたことである。

かうした國際情勢上の世界概念の變化は、世界及び世界史觀念を、本來の正當なものにかへす動きとも見られる。さうしてこの動きは、精神と文化の面でさらに強力に進んでゐる。卽ち大東亞戰爭以後の新しいアジアの民族國家の若い指導者たちの中で、反共を宣明しつゝ、對米追從をあへてしない人々は、その主張の信念として精神と文化の面でのアジアを唱へてゐる。アジアの魂と精神の文明を、世界として認めさせるといふ動きは、國際情勢論上でアジアの地位を回復した以上に世界と世界史を正當な形に戻すものであるが、これが國際政局上でのアジアの回復と並行して行はれてゐるのである。このことから、二十世紀の歴史的人道的意志は、アジアの出現によつて、世界と世界史を正當化する方に向つてゐると考へ得られる。これが十八世紀以後の世界と世界史概念の變化である。

ヨーロツパが世界だといふ考へ方が生れるためには、その以前のヨーロツパを支配した一聯の親類關係の王室の覆滅が必要だつた。フランス革命とナポレオンはこの事業をしたのである。それが十九世紀に入ると、ヨーロツパを支配したイギリスの世界政策の時代となつた。それはアジア、アフリカ侵略の時代である。この時代に有色人種の國家として寸土を侵されずに自立したのがわが日本である。そのための自衞上明治日本は、歐米に協調したことも多いが、依然としてアジアの意志を忘れない線が强固に傳はつた。

しかし日本が有色人種唯一の國として自立の威重を眞に示したのは、二十世紀に入つてからである。卽ち日露戰爭以後だつた。しかも二十世紀前半の日本は、アジアに於て、この自立のために負はねばならぬ世界的矛盾を一身にうけねばならなかつた。「アジア人のアジア」のスローガンは、大東亞戰爭の目標であつたが、日本自立の意志でもあつた。この世界からおひかぶさつてきた重荷に日本が潰えたとき、卽ち二十世紀後半に入つて、アジア民族は一せいに一應の獨立を獲得したのである。故に十九世紀の世界史は、アジア侵略時代であり、二十世紀の世界史は、アジア獨立時代である。

我々はこの形で、大東亞戰爭を考へ、日本自立の意志と明治維新の意義を理解せねばならない。さうして今や我々は、世界と世界史概念の變貌に對處し、世界と世界史が、道義的なものとしての一者にならうとする動向をくみとらねばならない。それは又大東亞戰爭に眞に決死挺身した我々の同胞の遺志であり、かつての眞理想だつたのだ。

このやうに「世界」と「世界史」といふ考へ方と實體が變化した第一の契點こそ、明治維新だつたのである。大東亞戰爭以後の今日に於ては、世界の比重はむしろアジアに傾いたのである。ヨーロツパは消えつゝあり、フランス革命のいのちは今やどこにも見出されない。しかもアジアの現實は、ヨーロツパ風、十九世紀風な近代觀の欲望の體系とは異り、道徳の原理を人生の目標とし、道徳そのものである生活によつて殆どの人口が生きてゐる世界である。今日の世界に於て、日本人と東洋人にとつて、明治維新とフランス大革命は、どちらが偉大で壓倒的かといふことは、もはや自明となつたのである。

四

しかし今日かういふ形で明治維新の世界史的な意味を、將來に向つて遙かに高く考へうるのは、大東亞戰爭の民族悲劇に透徹し得たからかもしれない。二十年前私は、世界史轉換の最も輝しい契機は、日露戰爭の緒戰に、第一軍司令官黑木爲楨が、東北の健兒を率ゐて進軍し、鴨綠江の渡河戰に、ロシヤ軍を擊破したことだと述べた。この戰鬪に於て、敵の死傷千八百、鹵獲の主なるものは野砲二十一門、機關銃八挺、小銃千二十挺、捕虜將校以下六百十三、我方の損害は死傷九百三十二。この戰鬪の勝利は、ヨーロッパを震撼させた以上に、アジア人の呻吟してきた心を光りに向つて展いた。新しい世界の可能性がその心に生れたのである。アジアは永遠にヨーロッパと白人の奴隸ではないといふ自覺と、自主解放の決意である。世界を變革し世界史を正すといふ確信は、日露戰爭の結果として、アジア人に於ては明瞭な絶對となつた。アジアの若い革命の志士らは雄躍し、こゝにアジアの大革命時代を現出したのである。

日露戰爭は、この世界史觀からいへば、日本の獨立であり、防衛であり、アジアの解放の戰ひであり、世界をアジアにかへす聖戰であつた。アジアの革命は、道義囘復に他ならない。アジアの歷史の生命はこゝに發し、人類正義の念願が生命として現はれた。

世界の歷史を通じて稀有な君主だつた明治天皇の治世は、普通に近代史上の驚異の時代と言はれるが、その時代は近代に驚異を加へたのでなく、西洋の東洋侵略といふ「近代」を否定した、アジアの世紀の開始だつたのである。その治世は二十世紀以後に世界史を變貌するものであつた。しかもその變貌は、なほ未完成の可能と、同時に異常の大動亂の豫兆の中に渦卷いてゐるのである。

日露戰爭の雄渾な意味が、ヨーロッパ世界に妥協した日本政府下の國民の多數から忘られたころにも、なほアジア全土の革命家志士の間ではアジアの可能性の光として、心の底深く、勇氣と信念の源泉となつてゐた。しかもこれらの志士たちは日露戰爭勝利の物的原因を探究するまへに、その可能の根據を、生命としての明治維新にさぐつたのである。それらの革命の志士たちは、今日のアジアの獨立時代を知らない以前に世界がアジアに移ることを豫見してゐた。否彼らは、さういふ時代と歴史を作るために身命を投じたのである。彼らはさういふ歴史を作ることを決意し、明治維新に歴史の確信を見たのである。この歴史觀が、アジア革命時代を現出した方法であつた。

　アジアの民族革命の志士らは、大正昭和の日本の知識階級が、アジアの悲願と祈念を思はず、日露戰爭や明治維新の世界史的意味を忘れて了つてゐた日にも、それを以て生命の炬火とし心の灯としてゐた。さういふ現證は、大東亞戰爭中に東亞の各地で無數に發見せられた。

　今我々はそれを語つて大東亞戰爭の名分を立てようとは思はない。又日本軍民の功罪を改めて云々しようとするのでもない。しかしながら戰後十年の今日、悠久な人間の理想と正義の感情を第一義の信念に實踐した革命の青年たち、アジアの自主解放を念じた戰士たちの心の底のいのちと共通した情熱を以て、大東亞の戰野に斃れたわが同胞の英靈を追善することは、我々の當然な民族的義務である。それは又十年來のわが國民の念願である。それらの勇士らは、一個人の野心の犧牲に甘んずる如き人々ではない、己の生命をさらに大きい生命に獻げた、聖なる人々である。その大いなる生命とは、アジアの自主解放に他ならない。それ以上の人類の正義と人間の聖業は、三百年間の近代史の中になかつたのである。その大いなる生命にめざめるといふ點では、最も深刻に西洋の東洋侵略を受難してゐた民族に、激越だつたことは當然である。

十年二十年以前に於て、アジアの回復といふ聖なる目的のために戰つた心は、今も天地を貫くのだ。戰爭に突入しないためには、日本は實質的にアジアの國々を、西洋にうりわたさねばならなかつた。その時の妥協とはその取引に他ならない。それ故にアジアの今日の獨立は、戰爭の成果といふべきものである。

米英ソの三國が、日本人の頭上に投じた原子爆彈も彼らが植民地住民に見せつけるために行つた戰爭裁判といふ慘虐な日本人殺害も、アジア人の獨立運動を阻止し得なかつた。彼らがアジア人の頭上に試みた原爆の殘忍な殺戮を、アジア人の獨立精神、人道の正義感は遂に怖れなかつたのだ。

明治維新から日露戰爭に至る間、日本の全有識者の平常心だつたアジア革命の心は、大正昭和の全知識階級の關心の外にあつた。昭和維新といふ呼稱が、アジアの革命家たちの共感をよんだ時でさへ、日本の知識階級は、これを固陋とした。その情熱を感受したものを右翼反動と呼んで排斥することが、當時の日本の全知識階級とヂアーナリズムの傾向であつた。

要するにわが知識階級は西洋の東洋侵略史の實感を知らなかつたのである。人間の尊重と自主權を奪はれて、壓政の下に呻吟してゐたアジアの同胞の苦難に對し、全然無感覺、無同情だつたのである。しかるに、アジア、アフリカの諸民族は、日露戰爭の日本の勝利を、民族解放の曙光として祝賀した日を、五十年の今なほ語り傳へてゐるのである。これが人間の歴史であり、言ひ切るなら、アジア人の世界史である。辛亥革命に始まり、中共政權に至る支那革命家のいのちには、今も明治維新のいのちと血に通ふもののあることを私は信じる。北鮮に於ける人海作戰を可能ならしめた悲願、インドネシヤの獨立戰爭、インドの獨立、などといふ大東亞戰爭後の歴史現象には、みな植民地よりの解放、ヨーロッパの侵略と支配よりの解放といふ、三百年來の願望と絶望的な呻吟が、こもつてゐた筈である。最近のアジア、アフリカ會議の根底の感情にしても、このアジアに通ずるいのちの歴史を考へない時は、殆どその昂奮と歡喜と苦惱を感得し難いであらう。アジアの革命は人間の道義と人道の正義の恢復をいふものであつたが、未だ民族政權として完成しない狀態で外にある所謂二つの世界の權力に搖られてゐるのが、今日の共通の狀態である。

五

明治維新の生命を、世界史の新らしい觀點から考へることは、今日の日本人の自覺と自信のために第一に必要なことである。わが民族はその心と志を高く強く固くすることによつて、初めて自主と獨立を確立し得るのだ。歴史が人間のものである限り、歴史のいのちは、さらに歴史をつくる。これを結果とか影響とよぶのもよいが、アジアの近來の歴史に於ては、さういふ言葉はあまりにも空々しい。明治維新を己の魂にうけとつたアジアの志士革命家たちは、已に生色を見たのだ。彼らは可能と、光明を心に蘇らせた。

今日、世界史はどういふ方向をむいてゐるか、世界情勢の焦點はどこにあるか。すでに世界はアジアへ移つた。かつてヨーロツパはアジアを植民地とし、「近代」をきづき、この體系を「世界」と見た。今日アジアの考へる「世界」は、さういふ體系ではない。アジアは魂であり、道德である。觀念的に道德的であるのではなく、生活が道德である。從つてアジアは復讐しないのである。

今になれば、アジアの自立を、平坦な道と考へる者もあるかもしれない。今日の歷史教科書で學び、眞の歷史を知らない若い人なら一層そのやうに考へるであらう。しかし明治維新の成立する以前には、さらに日露戰爭勝利の以前には、アジアの自主獨立については何の可能性も見られなかつたのである。さうした日に三百年の歷史をもつ西洋の侵略を、東海の一孤島で防ぎ退ける方法を考へた我が先人たち、明治維新當時の青年の決意を思ひ、その膽の太さを思ふ時、私は熱い血液のたぎりわくものを今さへおぼえるのである。

當時二十代十代の青年らは、西洋の東洋侵略の終着點を察知してゐた。その怖るべき威力を熟知してゐた。これをわが東海に孤立する四つの島國によく防ぎ止めるといふことは、たゞ決意のみである。志の大きさだ。その青年らの膽の太さは、我々の今日では考へやうもないほどのものだつた。

私はしかし、これから後につゞく、眞の戰後の青年に期待することは出來る。彼らは所謂戰後派といふものではない。普通戰後派といはれるものは、戰前に世に出る能力なくして屈服し、時の軍部權力に媚態を獻じ、終戰の政權交替に當つて、新來の軍權力に同じ形の媚態と追從をさゝげ、たゞ言說を一變した者らである。彼らはすでに淸純な感情と心情のあり方を知らない。ひたみちに生きる人生とか、歴史のあり方を知らない。人生は人の一代であり、歴史はその一代の重なりであり、また一代を一貫する民族悠久の生命である。

　私は今もなほ清純な感情と情緒を感じ得る若い人々の存在を信じ、精神の純潔と眞理の高貴さを正直に感じうる人のついで來ることを信じる。さうした生命のその日〳〵だけが人間といふ意味だからだ。我々は人間を信じなくして、何の事業をなし得ようか。しかし今日は、人間を信ずる者と、信じない者とによつて、世界は二分されてゐるのである。

　人間を信ぜず、むしろ認めない態度は、共産主義と所謂共産圏の權力と生産の組織に於て濃厚である。しかしながら、普通の概念の人間とは考へられぬ共産主義人間の、權力制度の支配下に呻吟する大部分の民衆は、やはり普通の人間として呻吟してゐるのに違ひないのである。

　今日の情勢觀の中心となる自由諸國對ソヴエート圏の對立よりも、さらに大きい對立が、文化、人間、歴史、精神の上で、アジアと西洋といふ形で今日は存在するのである。この對立は世界史の將來を思ふ時、はるかに重大と思はれる。

　自由諸國と言ひソヴエート圏といふも、いづれも目標は同一の欲望にすぎず、「近代」の構想と生活のゆきつく末は、いづれ人間を機械奴隷化せざるを得ないのである。しかし精神と生活に於ける二つの世界、東洋と西洋の對立は、ゆく〳〵は世界史を決定するものだ。それは二つの政治勢力の對立でなく、道德と欲望の對立である。明治維新の進行過程が文明開化に入つた時、國內人心に於て、つねにこの對立が融和せず、矛盾を增大し、摩擦を激しくしていつたやうに、今日の獨立アジア諸國に於ける、第一の問題はこゝにあると見られる。それは大正昭和と我が國の踏んできた同じ道である。のみならず現狀のアジアの獨立國に於ては、その半植民地性のため、自由諸國とソヴェート圈の對立をその内部にかゝへてゐるのだ。アジア獨立の問題は、明治維新當時より、さらに複雜さを示してゐる。しかし自主獨立以外に獨立はないといふことは我々の得た經驗だ。かぎりない辛い經驗だ。

六

幕府瓦解の前兆にして、卽ち明治維新の豫兆といふべきものについて考察することは、こゝで扱ふべき問題でない。しかし順序として一應そのことにふれ、一般に原因と言はれるものを言はず、私見の二三を簡單に列擧してみる。

延寶八年五月、四代將軍が死んで綱吉が將軍となつた。四代將軍家綱の死はあたかも大阪落城の記念日に當り、しかもこゝに秀忠の血統は斷絶したのである。綱吉は館林の小城より入つて江戸城の主となる。この時己の政權を如何にして確立するかを考へ、舊制を排し、新制を立てんことを考へ、儒教による制度政治を行はんとし同時に江戸城大奥の女權を變革するため京都の女を迎へた。このことによつて、幕府に官僚政治が成立する一方、京阪の商人の江戸入りとなり、江戸に文化學藝が起つたのである。

京都より來た女性たちは、ことごとに將軍に迫つては里方の領地を加增させ、緣故のある京洛社寺に多くの所得地を寄附せしめた。後に京都が、志士浪人學藝家をうけ容れて養ふに足る餘裕のいくばくかは、この時に出來たのである。江戸府內にも、文化と流行が初めて生れ、江戸城大奥にも文化と迷信と流行が支配する環境が生れた。

しかるに綱吉の死後、又も嗣子なく、家宣が甲府より入つて將軍職をついだ。家宣又綱吉の前例を襲つて新井白石を用ゐ、さきの儒教制度政治にかへるに、本邦の禮法を以てした。學藝と制度は一新され、卽ち、新將軍の權威が確立した。しかし白石の有職故實の學では、政治の實用には未だしいものがあつた。すなはち近衞家熙の東下を乞ひ、これを龍の口に迎へた。家熙は江戸滯留中、將軍以上の權威を政治に對しても振舞つたのである。

この二代にわたる官僚政治と學藝奬勵は、政治の實際に資するといふ必要上から、究學の法は專ら實證的科學的だつた。殊に家宣の究學態度は極めて實證的だつた。白石さへそれに殆ど困惑するほどだつた。かうした幕府の官僚政治に伴ひ、各藩に於ても、舊來の武斷のみでは、政治の實務に役立たないことを悟り、こゝに學藝が全國に起る機運は、綱吉、家宣による二樣の官僚政治に原因する。武士の概念は一變し、官僚政治の學藝家が、武士に交替した。この二代によつて、實學として奬勵された學藝が、全國に亙つて競ひあらはれたのは八代將軍の時であつた。

八代吉宗も、紀の支藩より出て將軍職をついだ。ここに己の政權を確立すべく新法を考へたが、和漢いづれも、前代に用ゐられてゐる。卽ち大御所樣遺制にかへると稱し、家康當時の舊制を新しく興した。これが中興の祖といはれる所以である。

吉宗は、偶然にも前前代よりの諸學振興の成果に遭遇したのであるが、彼はその政治のたてまへからも、實用の學を重んじ、經學純理の學を排した。次第に經學の評論家を壓迫したので、彼らは漸次江戸を避けて京都に上ることとなつた。當時の京都は、五代以來江戸大奥の口ぞへによつて知行增加し、經濟豐かだつたので社寺と公卿は、これらの經學學藝家をよく迎へ遇した。すでに學藝への關心の高まつてゐた西國諸藩では留學生を江戸に送る代りに京都へ出すことは簡單だつたなどの理由もあつて、西國諸藩の有志家の青年續々と京都に留學し、江戸退散の學者の慷慨の講筵に參じ、談論を日常とする間に、京都は反幕府の學者青年の巢窟となつたのである。

福地櫻痴は幕府瓦解の原因をつくつたものとして、近松の淨瑠璃にうたはれた義理人情や、その情痴文學、又馬琴の歷史小說の庶民への影響をあげた。心憎いやうな通人の史觀である。しかし我々はこの他に第一の人芭蕉を忘れない。芭蕉は連歌俳諧師最後の人、しかも最大の人である。連歌俳諧師は、武家專權時代に、隱遁の詩人として、日本文學の本流を傳へ、これを俗耳に入れることを計つた。又彼らは近世の國語紊亂期に於て、「俗語を正す」の信念を、謙虛につゝましく執拗にくりかへし實踐してきたのである。芭蕉の有名な「俗語を正す」の遺句は、隱遁時代の詩人の代々の念願であつた王朝文學を守ることと、國語愛の運動といふこととの、二つの面から考へねばならない。

文學上では、契沖、宣長らの國學は最も顯著なものがあつた。國學者が整然とした文法の體系を表示し、文法の學を樹立したことが、尊攘の革命家に與へた絕大な自覺と自信とは、隱遁時代の詩人の國語愛の運動以上に、維新の實踐力の源泉となつた。しかるに明治以後は國語學者さへ、殆どこの事實を忘れ去つた感がある。すでに早く文法の學は精神を失ひ、元來の方法論さへ失つて久しい狀態である。文法の學が、維新の革命青年の精神の大きいよりどころとなつてゐたといふことは、實に意味の深い事實である。

七

明治維新の指導理論は、尊皇攘夷論であつた。尊皇の庶民感情は、わが文學史と文學者が、專ら流布したものであつて、經學や神道家の學說は微々たるものであつた。國學の影響のみ甚大だつたのは國學は和歌といふものをもつて、人心の奥に感情と情緒に訴へゆさぶつたからである。しかもこの高次のものにゆさぶられるやうな狀態をつくつたものは、中世以來の連歌俳諧師の功績だつた。

攘夷論の直接動機は、國際情勢から生れた。西洋の侵略は、危惧や豫想でなく現實だつた。すでにアジアの全地域は、殆ど植民地化され、支那に於ては清朝政府は崩壞に瀕してゐた。かの阿片戰爭の終つたのは天保十三年、世界史上これほど無道殘忍を極めた侵略戰爭はなかつた。人道の正義はみじめに破れ、イギリスは清廷より多額の償金と土地港灣を奪つた。しかしイギリスがアジアに於て行つたところの侵略は、すべてこれに類してゐた。

往年の尊攘派の志士らは、これらの仔細を大方に了解してゐたのである。その知識は今の人々より深く現實的であつた。これらの情勢が尊攘論を高めたのは當然であつた。攘夷論は元來が自衞論だつた。侵略防止の自主獨立論だつたのである。それがアジア解放論へまでのびたのは後である。しかし當時我國のうけた外國勢力侵略の殆どみなが、探索ないし小戰鬪の程度に終つたといふことは當時の國民の氣宇と氣魄が、これらを退けたからである。單なる幸運でなく、侵略の各國勢力が相拮抗して平衡を保つたといふが如きは、條件として微々たるものであつた。千九百年代の中期にさへ、一國一民族を分斷するといふ人道の最大罪惡を談合によつて行ふ者らは、まして百年の昔に於て、一國を三分四分することによつて、痛痒を味ふ如き良心の片鱗さへ、所有しなかつたのである。

西洋の日本侵略の下心のそも〳〵の初めは、ロシヤが口火をきつた。安永七年（一七七八）國後島に來り、ついで寛政四年（一七九二）松前に來る。さらに文化元年（一八〇四）長崎に來、文化四年には、北海道に侵略攻撃したのである。文化八年には先年のことあり我方警戒を深くして、彼の艦長ゴロウインといふものを捕虜とした。文化十三年にはイギリス軍艦琉球に來て威嚇し、翌十四年には浦賀に來つた。文政五年イギリス軍艦浦賀に來、同七年五月には常陸に來、七月には寶島を侵してゐる。文政八年に陸奥沖を脅し、嘉永二年（一八四九）浦賀に來た。五年西海に外國船がしきりに出沒した。六年にはアメリカのペルリが琉球を經て浦賀に來つた。こゝに於て外國侵略に對する朝野の憂慮はつひに最高潮に達した。同じ年、ロシヤのプーチヤチンは長崎に來つた。

安政元年（一八五四）ペルリは再び浦賀に來り、イギリス軍艦は長崎に入つた。安政二年又もイギリス軍艦は長崎に來つた。翌三年アメリカよりハリスが來、イギリスの水師提督シーモーア、ロシヤのプーチヤチン、共に長崎に來つた。五年ロシヤは下田に來、この年幕府の大老伊井直弼は、獨斷を以て假條約を結び、反大老派の尾張慶勝、水戶烈公を罰し、尊攘有志を大量に捕縛、ついで殺害した。卽ち安政の大獄である。インドがイギリス東印度會社の手によつて、イギリス國王に獻納されたのはこの年であつた。

幕府のこの大斷壓によつて、尊攘運動の實踐の氣運は一時的に內攻した。卽ち一年おいた萬延元年、水戶の浪士らは、白晝大老の登城行列を、江戶城櫻田門に襲つて、その首を奪つた。幕府の命數つひに終末に來つたの感あつたが、なほ依然として巨體を擁する全國封建の制度を如何にして打倒するかについては、策士慷慨の空論の域を出でず、兵學家の兵術論にとゞまつてゐた。その間にも西洋の諸國はアジア侵略の手をゆるめず、着々とその成果をあげつゝあつた。未だ革命の方法を知らない血氣の志士らは、或は高輪に英人を斬り、生麥に傷つけたりしてゐた。

八

歐米諸國の壓力が我國に加つてきたのは、大凡百五十年以前からであつた。

三百年以前、卽ち鎖國前に於ては、我國の海外進出は、ヨーロツパ諸民族のそれに比して、何らの遜色なく太平洋、印度洋の沿岸、あるひは東西アジアの各地に、多數の日本人町さへ出現してゐたのである。さらにそのころに於て、一般的にもアジア人はヨーロツパ人に拮抗するに足る諸能力をもつてゐたのである。しかるにそれがついで來る百年間に、殆ど完全に敗退し、いくばくもなく植民地としての支配をうけるに至る理由は、一にヨーロツパ人の發明した火器の威力によるのである。

もつともガンヂーは、この問題について、ヨーロツパ人のアジア支配と植民地經營の實相を分析批判して次のやうに言つてゐる。「彼らは人間としてのあらゆる能力にすぐれてゐた。勇氣、才能、努力、智慧、あるひは暴力、陰謀、犯罪に於てすべて、長じてゐた、そしてたゞ道德と魂だけをもたないのである」――この道德と魂こそ東洋の原有のものである。だからアジアが西洋の支配に屈したのは、道德と魂をもつものがそれを所有しないものに破れたといふことだ、とガンヂーは斷じてゐる。

鎖國下にあつた我國の一部に於て西洋の侵略といふことを切實に感じ出したのは、百五十年來のことであつた。その時代からの主たる事件の年表をみると、まづ安永七年六月、ロシヤ人が國後島に來つたのが、わが近世外寇の發端である。

安永七年（一七七八）六月、ロシヤ人、國後島に來る。

この年、フランス、アメリカ合衆國の獨立を承認する。

天明六年（一七八六）四月、ロシヤ人蝦夷に來る。

寛政元年（一七八九）この年、フランス革命起る。

寛政三年（一七九一）九月、幕府は戰意ある外國船を擊攘する命を出す。外國の侵略の豫感と事實が濃厚になつたための處置である。

寛政四年（一七九二）五月、林子平を禁錮し「海國兵談」を毀板す。九月、露使ラックスマン松前に來る。十一月、沿海諸侯に海防を戒む。

寛政九年（一七九七）七月、英船蝦夷に來る。

寛政十一年（一七九九）幕府東蝦夷を直轄とし又南部津輕兩藩より各五百人を派し函館附近を守らしむ。

寛政十二年（一八〇〇）伊能忠敬蝦夷地を實測す。又幕吏をしばしば遣す。

享和元年（一八〇一）幕府目付羽太正養を蝦夷地に遣す。高田屋嘉兵衞得撫島に木標を建つ。

この年、ロシヤ、グルジヤを併吞す。

享和二年（一八〇二）蝦夷奉行を置く。後函館奉行と改む。蝦夷地の行政を變更し、幕府直領の統制を嚴にしたのである。

文化元年（一八〇四）ロシヤ使節レザノフ長崎に來り、交易を求める。山陽の日本外史草稿の出來た年である。

この年、ナポレオン帝位に登る。

文化二年（一八〇五）正月、沿海諸侯に海防を嚴戒す。三月レザノフを諭して長崎より去らしむ。

文化三年（一八〇六）正月、露船來着時の處置につき令を下す。九月、ロシヤ人樺太を寇す。

文化四年（一八〇七）西蝦夷を幕府直轄地とする。この四月、ロシヤ人、蝦夷を寇し、六月には若年寄堀田正敦が蝦夷地を巡察してゐる。十月函館奉行を松前奉行と改めた。ロシヤ人は四月の侵略ののちも蝦夷を寇した。

文化五年（一八〇八）正月、會津、仙臺兩藩の兵を蝦夷地に向はせた。津輕、南部兩藩が北邊防備を分掌させられたのもこの年の暮である。又四月、下田、浦賀附近に砲臺を築いた。間宮林藏が樺太探検に赴いたのもこの年で、ロシヤの北邊侵略は火急をつげてきたと感じられたのである。八月には英船が長崎に入り、掠奪を働いた。長崎奉行松平康英は責任と屈辱を感じて自殺した。

文化六年（一八〇九）間宮林藏、黑龍江地方を探検して歸朝した。この年長崎に砲臺を築いた。

文化七年（一八一〇）二月、異國船防禦令を下した。五月に常陸へ英船が現れた。

文化八年（一八一一）六月、ロシヤの軍艦が蝦夷を攻めた。しかしこの度は前年の苦い經驗があつたので防備を固めてゐた守兵が、彼の艦長ゴロウインを捕虜にした。

文化九年（一八一二）八月、高田屋嘉兵衞がロシヤ軍艦に捕へられた。

文化十年（一八一三）五月、ロシヤ軍艦嘉兵衞を送還してきた。九月、ゴロウインを放還する。

文化十一年（一八一四）諸藩の兵北地より引揚ぐ、伊能忠敬の沿海實測全圖成る。

文化十三年（一八一六）この年英船が琉球に來た。

この前年、ナポレオン、セント・ヘレナに流される。（一八一五）

文化十四年（一八一七）英船が浦賀に來た。

文政元年（一八一八）五月、英船浦賀に來る。

文政四年（一八二一）松前奉行を廢し、その管地を松前氏に還附、南部津輕藩の戍兵も止む。

この年、ナポレオン死す。

文政五年（一八二二）四月、英船浦賀に來る。

文政七年（一八二四）五月、英船常陸に來たり七月には寶島を寇す。

この年、イギリス、シンガポールを獲る。

文政八年（一八二五）二月、外國船打拂令を發す。幕府創業以來の鎖國方針を嚴令したわけであるが、すでに虚勢といふべきだつた。この年五月、英船が陸奥沖を徘徊した後は、しばらく、海邊のこと無風狀態であつた。諸藩主に於ては水戸烈公ひとり海防に關心を示してゐる。しかしこの間にヨーロツパの秩序の再編成の進行があり、その主導權をとつた英國のアジア侵略は、つひに今まで手の及ばなかつた支那大陸に足場をつけたのである。十八世紀に於ける淸國の對露交涉に示した勢威は、なほ無言の威重を保つてゐたが、阿片戰爭の勃發とその始末に於て、列强侵略の手は、この老大帝國の蠶食と、進んでは分割を公然論議する形勢となるのである。

天保八年（一八三七）二月、大鹽平八郎が大阪で亂を起した。この八月、米船薩摩に來る。

天保十年（一八三九）阿片戰爭はこの年に始つた。淸國政府の阿片禁止法實施に對しイギリスは兵をむけたのである。まづ廣東を犯した。英國及び白人侵略の如何に惡虐にして非人道なるか、實にその沒條理を申し分なく示した戰爭であつて、人道史上の汚點の最大なるものであつた。阿片戰爭は千八百四十二年に終つたが、こゝに淸國は、既に國家として崩壞してゐる實情を露呈し、これより支那は歐洲列强侵略の最終目標となるのである。渡邊崋山、高野長英が罰せられたのもこの年である（崋山、天保十二年に自刃す）。

この年、イギリス、アフガニスタンに侵入する。

この年、フランス、アルジエリヤ侵略の終をなす。

天保十一年（一八四〇）八月、淸商來つて、イギリス人の廣東侵入の事情を知らされた。阿片戰爭の狀態判明したわけである。

天保十三年（一八四二）七月、外國船打拂令をゆるめ、八月海防を嚴戒す。

この年、イギリス、南京條約の結果、香港をとる。阿片戰爭終る。

又この年、イギリス、ナタールのブール共和國を併呑す。

弘化二年（一八四五）正月、浦賀に新砲臺を築く、七月英船長崎に來る。

弘化三年（一八四六）二月十三日、孝明天皇踐祚。この五月フランス船琉球に來る。閏五月アメリカ船浦賀に來る。六月丁抹船浦賀に來る。いづれも交易を求めたが許されなかつた。海防嚴飭の敕諭が、幕府に下さる。國政を一任せられてゐた幕府としては、國家の政治に關して、かつて京都よりの命をうけた例はなかつたのである。こゝに國家の最大重大事に當つて、敕諭を受けるといふ、幕府の體制としては前例ない事實が現はれた。幕府また前例を破つて十月に外國事情を奏上する。

嘉永元年（一八四八）五月、米船蝦夷地に漂着す。

この年、カリフオルニヤ金鑛發見。

嘉永二年（一八四九）閏四月、英船浦賀に來る。

嘉永三年（一八五〇）十月、高野長英自殺す。十月海防嚴飭の敕諭が再び幕府に下つた。

この年、長髮賊の亂起る。

この頃では、阿片戰爭以後のヨーロツパのアジア侵略の實相が分明となり、淸國の崩壞に近い狀態は、いよ〳〵我國の危急を感じさせたのである。ヨーロツパ列强との爭霸戰に打勝つた英國の東洋侵略の經過は、すでに侵略の終つた印度を事實上の完全領土とし、一八二六年に東ビルマの侵略に着手し（これは一八八六年に完了）一八三九年は印度航路を確保する目的で、紅海の入口のアデンを攻略したが、さらに一八五七年には同じくペリム島を占領した。一八四二年にはさきに書いたやうに香港を奪ひ、アジア侵略の根據地を作つてゐる。

大體十九世紀は英國がその植民地帝國の霸權を確保し擴大した歷史である。地中海方面では一八七八年キプロス島をトルコから奪ひ、太平洋上では濠洲及びニユージランドを全部英國國旗の下に置いた。アフリカをもその領土を南部西部に擴大し、一八七五年には、咄嗟の間に、エジプトからスエズ運河の株劵を買收した。だましとる如き取引だつた。この運河はフランス人レセツプスが計畫始め、不屈の努力を以て、この開通を完成したものだが、イギリスはあらゆる辛辣極る方法でこの事業を妨害したのである。さらに一八八二年には、エジプトに起つたアラビパシヤの民族運動による國内不安を口實としてアレキサンドリア港を砲撃し、これを端緒としてエジプト侵略を行ひ、簡單にその目的を達成した。アフリカのブール人の兩共和國を征服したのが、その世界制覇の一つの仕上げだつたわけである。

それにつけ一言云ひたいことは、昭和三十年以來、わが國は、ソ聯との懸案を解決するためにロンドンに於て交渉を進めてゐる。日ソ間の關係は、大東亞戰爭終期に、ソ聯が我國の疲弊につけ込み、當時兩國間に嚴存した中立條約の信義を破り、滿洲を侵略し、樺太千島を占領し、わが國の海外にあつた數十萬の人民をつれ去つて、これを捕虜として重勞働を課した、戰後十年をすぎて、なほその數萬の人々をわが國に歸さず、わが固有の領土の占領をとかない。この狀態を打開する目的でロンドンに於ける交渉は始り、しかも會議は遲々として進行しないのである。

この會議に對するわが國民輿論は、拘留者の卽時送還と、領土の完全返還を要求してゐる。わが國の全權大使もこれを主張してゐるやうであるが、去年末歸國の時、この主張の困難なる所以を國際情勢を通じて國民に訴へた。かつイギリスの輿論は、一般的に日本の主張を支持せぬといはれ、そのことが、一部ヂヤーナリズムと、一部外務官僚によつて、大いに放送せられてゐる。これらの人々の下心はイギリスの輿論さへ支持せぬゆゑ、わが國も大幅に讓步すべきであると說かうとするもののやうであるが、イギリスの輿論や考へ方の根據となる、十九世紀を通じてのイギリス人の生活と、その業蹟を考へ合はすことは、この場合極めて必要である。

イギリス人は、今こゝに誌した如き侵略事蹟を、百年以來、國の事業としてきた國民である。さういふ國の國民は、今日のわが國民が世界人道の正義に照らして正當とする對ソ主張をうけ入れる筈がないのである。十九世紀英國史に於て、正義人道はない。さういふ歴史をもち、さういふ侵略事業に從事した多くの人々の生き殘つてゐる國の國民に向つて、今我々のとなへてゐる正義人道の主張を傳へても、彼らはこれに同調しやうないわけである。このことを了解して欲しいと思ふゆゑに、私はこゝに本題をいくらか離れた事柄であるが、十九世紀英國史にふれたついでに、今日の時務に一言したのである。イギリス十九世紀史は實に侵略の歴史である。

日ソ交渉に當りイギリスの輿論が、わが國の正當な主張を支持せざるのみならず、却つて日本は戰勝國の如くに主張してゐると誣ひ、ソ聯の立場を支持するに近い觀のあるのは、要するに、彼が過去になしたところ、且つ今日なほその所得を維持してゐる立場を以つてするの功利悖德の判斷に他ならない。日ソ交渉に對するイギリス輿論が云々されるときには、誰でもこの觀點を忘れて目前を判じてはならないのである。

九

幕府の鎖國政策下にあつた我國を脅すヨーロツパ勢力は、既に早くから我國の四邊より押しせまつてゐたのであるが、結局我國の長夜の眠をさましたものは、太平洋の東なるアメリカの一海軍軍人であつた。文化年中のロシヤ人の北海道侵略攻撃に驚愕した要路も、その後の文政天保の間には、海防の問題殆どなく、早期開國の得策なるを忠告する長崎のオランダ人の再三の忠言にもかゝはらず、殆ど無對策にすごしたのであつた。この無對策は當然のことである。要路に大局に對する結論と決斷なく、我國には武器兵船がなかつたからである。しかも幕府の鎖國政策は、思ひがけない相手によつて破られる結果となつた。

嘉永六年（一八五三）四月、琉球を訪れたペルリの率ゐる米國艦隊は、六月三日、浦賀に入港し、國書を奉呈して、和親通商を求めた。この時浦賀奉行は、鎖國の方針を諭し、長崎へ回航することを求めたが、ペルリは聞かず、武力を以て威嚇しつゝ、アメリカ水兵はわが國法を無視して浦賀灣内を測量した。幕府はつひに窮して久里濱に假館を建て、六月九日その國書を受け、回答を來年に約した。この時幕府は事の重大なるに狼狽し、朝廷に外使來朝のことを上奏する一方、諸侯に國書を示して意見を徴してゐる。この事は前古未曾有のことで、幕府はつひに國政專斷の權を自ら棄てたのである。

ペルリ來朝の航程は一八五二年ノーフオークを出發、大西洋を横斷して、一八五三年一月十日セント・ヘレナに寄港し、印度洋を横斷して、香港、上海に立ちより、那覇に入港、卽ち、那覇浦賀につくまでに約八ケ月を費してゐる。

ペルリは當時のアメリカのみならず、アメリカ海軍史上での第一級の人物であつた。且つアメリカの當時の國民性は、なほ獨立當初の精神旺盛にて、イギリスやロシヤに見る如き侵略主義をもつてゐなかつた。この二點は、今から考へて我國に幸したものといふべく、且つ幕府當局がアメリカを對象としてまづ開國にふみ切つたことも、國の幸となつたと考へられる。

ペルリはその渡航前に日本および支那の事情を深く研究した。彼が判斷した日本人觀の要點としては日本人が高尙なる國民なること、故にこれに對しては禮儀を守つて對等の交渉をせねばならないといふこと、卽ちオランダの如き卑屈な態度は排さねばならないが、同時にイギリスやロシヤの如き暴力的行爲も排さねばならぬと考へたこと、止むを得ぬ時には武力を辭さないが、戰爭は極力避けること、これらがペルリの內心の用意であつた。しかし彼は必ずしも開國を可能と見たのでなく、場合によつては、小笠原島又は琉球の占領を以て滿足すべきであると考へてゐた。この年七月、露使プーチヤチンが長崎へ來てゐる。

この年、フランス、ニユーカレドニヤを占領す。

安政元年（一八五四）正月早々ペルリは浦賀に來つたので幕府は大いに驚いた。ペルリは本國へ歸らず、上海で越年し、約に從つて正月早々我國を訪れたのである。三月、幕府つひに橫濱で和親條約を結び、長崎の外に下田、函館の二港を開いた。この正月プーチヤチンは長崎を去り、閏七月、英船長崎へ來た。かくて八月イギリスと、十二月ロシヤと、相ついで和親條約を結ぶ。こゝに國情は一變したのである。

安政二年（一八五五）二月、蝦夷地を幕府直轄とする。三月、英船は長崎へ、又プーチヤチンは下田を去る。十二月和蘭と和親條約を結ぶ。

安政三年（一八五六）七月、米國總領事ハリス來る。ハリスは才幹ともに優れた人物であつた。このことが開國維新當時の我國には幸ひした點が多かつた。彼の日記を見ると、幕府の權力が衰へ、實權の朝廷へ移つてゆく經過に、深い注目を怠らなかつたことがよくわかる。我國が歐州列强の侵略謀略を退け得た點では、ペルリ、ハリスといふ二人物が、開國の端初をなしたことに原因とするところが少くない。當時のアメリカは一八六一年の統計によれば、商船總噸數五百五十四萬噸（イギリス五百九十萬噸、英米兩國を除く世界諸國のそれが五百八十萬噸）これはカリフオルニア金山發見より十數年目のことである。當時のアメリカは獨立よりの日も淺く、今日に比して國民氣質にも人物にも、格段の差があつた。歐米の世界の諸國に於て最も純潔の國民だつたのである。

しかしわが國を列强の侵略より防いだものは、實にハリスの正しくも注目した如く朝廷の存在であり、朝廷を中核とした國家の嚴肅な結合であり、卽ち明治維新への士氣の集結だつた。一つの積極的なものへ、國家が强固に結合してゆく動向、卽ち明治維新の自然な形成といふことが、他國人の目をみはらせたのである。それは建國の民族神話を思はせるものがあつた。その强い正氣の動きが、侵略者の野望を封じたのである。明治維新はどこにもあつた單純な民族運動やそれに必ず附隨する排外運動の一つではなかつたのだ。

このことは王政復古維新成立の最終段階に於て、將軍慶喜が諸外國のむしろ好意的な干涉をも排し、政權を恐々と朝廷に奉還し、ひたすらに恭順の意を表した時に、彼の嚴肅な態度は、この人の精神をもふくめた維新の士氣の天地を貫く激しさを一段と鮮明にした。それは慶喜個人の敗北を意味するあらはれではなく、國家自身の道德と秩序と正氣を最も嚴然と示すに足る絶對的な狀態であつた。それゆゑ維新を最も崇高な國民の神話的意志の表現として示した點で、慶喜こそ、最大の仕手の第一人者だつたわけである。この維新の國家的表現の嚴肅にして熾烈だつた事實が、明敏なハリスを驚歎させた。さらにその崇高嚴肅な國家國民意志の表現は外國の侵略者の欲望を封じた最大唯一の力であつた。

しかし慶喜のこの決意は、彼の愛國心と道義精神を根幹とし、同時に彼のもつてゐた國際情勢の認識の正確さにもとづくものであらう。私は明治維新前後に於ける我國の危機を思ひ、もしこの時にして一歩を誤らんか、卽ち日本の獨立なくアジアの復興があり得ないといふ危局に思ひをいたす時、慶喜が優柔者の汚名をあへて一身に負ふを嫌はず、大事を誤らなかつた決斷に、感謝の念禁じ難く、大勇猛の聖者の智惠を知り、且つ既往を今に萬感去來するものを味ふのであつた。

ハリス來朝の八月には、英國水師提督シーモーアが長崎に來つた。又露使プーチヤチン長崎に來る。この安政三年（一八五六）イギリスは再び支那を攻め、廣東を攻撃した。

この年、イギリス、ウードを併呑す。

安政四年（一八五七）十月、ハリス、將軍に謁す。十一月にはアメリカとの通商條約を議す。十二月、幕府は、外國應接事情を奏上した。

この年、ロシヤ人黑龍江畔を侵略す。

この年、英佛聯合軍廣東を占領す。

この年、イギリス、ムガル帝國を滅す。その皇帝を捕へて流す。

安政五年（一八五八）正月、老中堀田正睦上京して條約の敕許を奉請する。四月井伊直弼大老となり、六月、日米條約に調印、七月尾張慶勝、水戸齊昭等を罪す。ついで、ロシヤ、和蘭、イギリスとの條約調印。九月フランスとの條約に調印。この月より安政大獄起る。大老は敕許をまたずに條約に調印し、反對派大斷壓の擧に出たのである。

この年、ロシヤ、黑龍江省を置く。

この年、印度、東印度會社の手を離れ、イギリス女王の領土となる。

安政六年（一八五九）六月、幕府は、神奈川、長崎、函館の開港を令す。吉田松陰、賴三樹三郎、橋本左内等この年刑死。

この年、フランス、サイゴンを占領す。

萬延元年（一八六〇）正月初めて西洋に使節を遣す。三月、櫻田の變。

この年、イギリス、フランスの聯合軍北京を占領す。

この年、ロシヤ、ウスリー江東岸を併呑す。

文久元年（一八六一）四月、兩都兩港開市等延期を外國に通告す。五月、浪士高輪東禪寺の英人を傷く。十二月和宮降嫁又使節を西洋に遣す。

文久二年（一八六二）正月、坂下門の變。八月、生麥事件。閏八月、參勤交替の制ゆるむ。九月留學生を和蘭におくる。

この年、フランス、下コーチシナをとる。

文久三年（一八六三）三月、将軍入京す。四月、朝廷期限を決して攘夷の命を下す。幕府が敕許をまたずに開國を決したことは、討幕維新の運動家に十分な理由を與へたのである。かうして幕府の咽喉をしめる攘夷令は今や朝廷から發せられた。この期間の五月となるや、長州藩では下關海峽を通る外國船に向つて大砲を放つた。八月にはイギリス軍艦が生麥事件の報復のため鹿兒島を攻擊した。

この年、フランス、カンボヂヤをとる。

文久三年は、三月の將軍入京以來、政局完全に京都に移つた年で、あわたゞしい維新の風雲は、こゝに於て、京都に集中した。卽ち後世より見れば、明治維新王制復古を決定した年であつた。

しかし、それはあくまで後世の眼の見るところである。時局に生きた人々は、すでに妄影と化した如き政權の殘存形式にも十分な幻惑を感じてゐたであらう。狼狽を原因とする刻々の政情の異變を、政治の實體と見るものが多かつたであらう。それはいつどこにもある末期風景である。隻手をあげて妄像虛影にいどみかゝり、民族の眞の祈念願望を政治に實現せんとするものの案外にすくないといふことは史上常の例である。

幕府機構は、舊來の殘骸を止むのみとはいへ、なほ時人にとつては堂々の偉容を十分に示すやうに見られた。しかもこれらの上位者の朝令暮改恆心のない政治行動が、却つて政局機微の妙と、他からみられるやうな傾きは末期的世上の習慣である。

要するに維新史上を通して、かくも決定的な段階に來つた時代も、これを直接にゆさぶるものがなければ或ひは動かなかつたかもしれない。この時政局の絶對性をよく洞察し、これを國家國民の意志の向ふ方向、即ち維新へと推進させたものは、僅々數十名の、所屬なき浪士青年の集團であつた。即ちこの八月の天忠組の擧兵こそ、一擧にして明治維新を決定するものであつた。

十

明治維新の一應の完成を言ふ上では、日露戰爭の結末と條約の改正までを考へねばならぬが、こゝではその間の重要事のみを列擧するに止める。即ち天忠組擧兵につゞく年表である。

元治元年（一八六四）七月、蛤御門の變。八月、長州征伐布令。同じ日、英米佛蘭の聯合艦隊が下關を砲擊する。長藩、幕府に對し恭順す。

この年、長髮賊の亂殆ど終る。

慶應元年（一八六五）正月、水戸藩士武田耕雲齋等處刑さる（前年擧兵）。長藩士高杉晋作、恭順派を倒し擧兵する。五月、幕府再度長州征伐を令す。七月、露兵樺太に築城す。八月、留學生をイギリスに遣す。九月、將軍大阪に入る。米英佛蘭の軍艦、大阪灣に入る。十月、假條約敕許さる。兵庫の開港は許さず。

慶應二年（一八六六）六月、幕軍長州に攻め入るも連戰敗る。七月、將軍家茂薨ず。九月、征長軍を停止す。十二月、慶喜将軍となる。十二月廿五日、孝明天皇崩御さる。壽三十六。

慶應三年（一八六七）正月九日、明治天皇踐祚。二月征長軍を解散す。四月、高杉晋作没す、齡二十九。五月、兵庫開港。十月、討幕の密敕下る、同時に慶喜大政を奉還す。十二月、王政復古の大號令下さる。

この年、アメリカ、アラスカをロシヤより購入す。

この年、フランス、カンボジヤを保護國として併呑す。

明治元年（一八六八）正月、鳥羽伏見の戰。二月、征東大總督進發す。各國公使始めて朝見す。三月、慶喜謝罪す。五箇條の御誓文發布せらる。四月、江戸城平和裡に開城。八月、卽位。九月、會津鎭定。十月、奥羽平定。東京行幸。十二月還幸。皇后を册立さる。

この年、ロシヤ、サマルカンドを併呑す。又内アジア方面にてしきりに侵略す。

明治二年（一八六九）正月、薩長土肥の四藩主、藩籍奉還を奏請す。三月東京に行幸。五月、蝦夷地鎭定。六月、藩籍奉還を允許す。八月、北海道と改稱。

明治三年（一八七〇）二月、樺太開拓使を置く。九月、藩制を改革す。庶民に稱氏を許す。

この年、イタリヤの統一なる。

この年、プロシヤ、フランスを破る。ナポレオン三世失脚す。

明治四年（一八七一）二月、薩長土三藩より親兵を徵す。七月、廢藩置縣。八月、散髪脱刀許可。十月、大使を歐米に遣す。

この年、プロシヤ王ウイリアム一世、再興ドイツ帝國の帝位に上る。エルザス、ロートリンゲン二州を、フランスよりとる。

明治五年（一八七二）二月、陸海軍省を設置す。三月、親兵を廢し近衛兵を置く。

明治六年（一八七三）一月、徵兵令發布さる。九月、岩倉大使等歸朝。十月、征韓論破れ、西鄕隆盛ら辭職す。

この年、フランス軍、ハノイを占領す。

この年、ロシヤ、基華汗を保護國として併呑す。

明治七年（一八七四）一月、副島種臣等民選議院設立を建白す。二月、佐賀の亂起る。四月、臺灣征伐。十月、臺灣問題解決す。

この年、東印度會社の形式的存在消滅す。

明治八年（一八七五）ロシヤとの間に、千島樺太交換の約なる。兩國の領界曖昧だつたのを、我方は全千島を得、彼に全樺太を與ふ。

この年、イギリス、スエズ運河を實質的に獲得す。

明治九年（一八七六）三月、帶刀禁止令。十月、神風連の變、秋月の變。

この年、イギリス女王、印度皇帝と稱す。

この年、ロシヤ、コーカンド汗國を併呑す。

明治十年（一八七七）二月、西南の役起る。九月終了。

この年、イギリス、トランスバール共和國を併呑す。
この年、露土戰爭。
明治十三年（一八八〇）この數年來支那內陸へのロシヤ人の侵略頻りである。
この年、フランス、佛印侵略をすゝむ。
明治十五年（一八八二）七月、京城の變。
この年、イギリス、エジプトを攻め、アラビ・パシヤ王を捕へて流す。
明治十六年（一八八三）清佛戰爭始まる。
この年、イギリス、エジプトを併呑す。
この年、フランス、安南を攻む。
この年、フランス、マダガスカルを攻む。
この年、フランス、越南を併呑す。
明治十七年（一八八四）九月、加波山事件。十二月、朝鮮に金玉均の亂起る。
この年、フランス、カンボヂヤを併呑す。
この年、ドイツ、アフリカの侵略を始む。
明治十八年（一八八五）四月、天津條約なる。
この年、イギリス、ビルマを滅し大半を併呑す。
この年、ドイツ、マーシヤル、カロリン諸島を併呑す。
この年フランス、マダガスカルを併呑す。

明治十九年（一八八六）七月、地方官制度を改正す。

この年、イギリス、全ビルマを完全に併呑す。

明治二十年（一八八七）五月、各國公使と條約改正の會議を開く、七月中止となる。

この年、フランス、佛印併呑の體制を終る。

この年、イギリス、第一回植民地會議を開く。

明治二十一年（一八八八）この年國歌君が代の制定を各國に通告す。

この年、ドイツ、ビスマルク群島を占領す。

明治二十二年（一八八九）紀元節に當り、大日本帝國憲法發布せらる。十月、條約改正問題に關聯して大隈重信傷けられる。

明治二十三年（一八九〇）十一月、第一回帝國議會召集さる。

この年、英、獨兩國、アフリカ分割を議す。

明治二十四年（一八九一）五月、大津事件あり、來朝中の露國皇太子傷けらる。十二月衆議院解散さる。

この年、シベリヤ鐵路起工さる。（一九〇一年に開通す）

明治二十五年（一八九二）四月、伊藤博文等条約改正調査委員となる。

明治二十六年（一八九三）陸軍々人福島安正、單騎シベリヤを横斷して歸朝す。十二月帝國議會解散。

この年、フランス、メコン河以東を侵略す。

明治二十七年（一八九四）金玉均、上海にて暗殺さる。日清戰爭起る。

この年、フイリツピン人イスパニヤに對し獨立戰爭を始む。

明治二十八年（一八九五）四月十七日、講和條約調印、同二十一日平和克復の詔下る。

その二十三日、ロシヤ、フランス、ドイツの三國、聯合してわが國の對清講和條約に干涉す。我國つひにこれに抗し得ず、五月十日、遼東半島を清國に還付するについての詔敕下る。この三國干涉の代償として、三國は各々清國より利權を奪つた。

明治二十九年（一八九六）日露、朝鮮に關して協約す。

この年、ロシヤ、清國より東清鐵道敷設權をとる。

この年、フランス、マダガスカルの保護國制をやめ完全な植民地とする。

この年、孫文、興中會を起す。

明治三十年（一八九七）三月金本位制を施行す。

この年、ドイツ、膠州灣を占領す。

この年、フイリツピン人、再び獨立戰爭に入る。

明治三十一年（一八九八）四月、清國、日本の要求に應じ福建省の不割讓を約す。四月、米西戰爭起りスペイン敗る。

この年、ロシヤ、旅順、大連をとる。

この年、三月ドイツ、膠州灣をとる。

この年、三月イギリス、威海衞をとる。

この年、七月アメリカ、ハワイをとる。

この年、アメリカ、フイリツピンをとる。

この年、淸國宰相康有爲失脚し、宮崎滔天に依つて日本に亡命す。

明治三十二年（一八九九）十二月、アメリカは支那（淸國）の開放主義と領土保全を、日・英・露・獨・佛に提議す。又維新以來の懸案だつた條約改正が今年より一部實行せられる。維新前に結ばれた條約は、わが國に不利にして、國際人道上より見て不合理なものだつたが、さういふ自明の不合理を改訂するにさへ三十有餘年の歳月を要し、なほ完全な對等のものとなつてゐない。かういふ驚くべき形で旣得の權益を守るといふ歐米人の貪慾な考へ方は、我々の尋常の思考では理解し難いものである。

この年、フランス、廣州灣をとる。

この年、ハーグに萬國平和會議を開く。

この年、義和團起る。

この年、南阿戰爭起る。オレンヂ共和國、トランスヴアール共和國、イギリスと戰ふ。

この年、フイリツピン獨立戰爭失敗し、志士アギナルド逐はる。

この年、米獨、サモア島を分割す。

明治三十三年（一九〇〇）七月、義和團の亂鎭定のため、聯合國軍、天津、北京を陷る。

九月、近衞篤麿支那保全を目的として國民同盟會を組織す。

この年、支那革命の先行なる惠州事件失敗す。

この年、イギリス、南阿共和國（オレンヂ共和國、トランスヴアール共和國）を併呑す。

この年、ロシヤ軍隊、黒龍江プラゴエシチエンスクに於て支那市民五千を虐殺す。

この黒龍江上の慘劇は、國家の正規軍隊が、指揮者の命によつて行つたもので、殆ど言語に絶した暴虐として、世界の輿論を衝擊したが、特に我國の上下を震撼させ、慟哭悲壯の聲は世上に滿ちた。民族として、アジア人としての痛憤が、ことにその感情を激化したのである。この時明治の大詩人土井晩翠が、「黒龍江上の悲劇」と題して歌つた詩は、五章百十八行からなり、晩翠生涯の作品中に於ける一大優篇にて、悲憤の激情を絶叫し、文明の未熟を嘆いたものである。その作中で晩翠は「記せよ西暦一千九百年、なんぢの水は墓なりき」と叫び、

五千の生靈罪なくてこゝに幽冥の鬼となる、
其凄慘の恨みよりこの岸永く花なけむ、
千載これより大江の名、罪の記念に伴はん、
萬世これより大江の線、東亞の地圖に地を染めん。

と歌つた。晩翠は想像をめぐらして、その暴虐の夜、黒龍江上を徘徊する十九世紀の亡靈を見たのである。この時のロシヤ人の殘虐にあらはれたものこそ、十九世紀の象徴であつた。「世界の義人聲なきや、爾の耳は聾ひたりや、基督教徒た、ざるや、四海同胞の訓いづくぞや」「人種のはだの白か黄か差は愛の妨か」——十九世紀の歐人侵略史の最も象徴的な最も殘虐な事件は、千九百年夏黒龍江で行はれたのである。「嗚呼事終り罪なりぬ、千秋

の悲劇かく過ぎぬ」

白人のアジア侵略は、單純な商取引の優位を求める類のものではなかつたのである。日本人が日露戰爭を戰はねばならなかつた道義上の理由、又全アジアの有志が日露戰爭に精神上の後援と祈りをさゝげ、その勝利を心から喜び語りつたへた事實は、その心の底にあつた長年間の嘆きと憤りを除外しては考へられない。それらの事實には、前提として、言語道斷人をして正視し能はざらしむる慘劇があつた。

さればこそ、我國が日露戰爭に勝つことは、アジア獨立の前提であつたし、同時にその勝利はアジア人に將來の希望を生甲斐として與へた。だから日露戰爭に於ける日本の立場が、十九世紀以來のイギリスの傳統的世界政策にそゝのかされた結果だつたなどといふことは、一端の眞であるかもしれぬが、より重大な精神上の意味は、アジアの獨立と人道の正義のために、立たねばならぬ戰爭だつたのである。その結果として、全アジア人の祈念と願望に應へ、それがアジアの獨立の可能性を彼らに確信せしめ、アジア人の精神に生力を賦與したのである。

晩翠は「黑龍江上の悲劇」を聞くや否や五章百十八行の長詩にその憤激を歌つたが、さらに同じ秋「登高賦」七十六行の長篇をなし、この憤怒の激情の沈潛をはかつてゐる。「行いてシベリヤの大荒の東、黑龍の水萬古咽んで、神人共に憤る蠻族の罪をかたる處」「人間歷史ありてより星移り行く五千載、進化のあとは短くて禽獸の域遠からず」——「愛の權化の教の祖基督世紀第十九、その最後の秋風はこゝに悲哀の曲と吹く」さきの詩の激越は、今や悲痛の呻吟を嗚咽に轉じてゐる。

この二篇の詩の、激情より沈潛に及ぶ、至烈な强靭さに、我々は明治の精神の詩情の一つを、まざ〳〵と見るのである。

明治三十四年（一九〇一）七月、ペルリ記念碑立つ。

この年、孫文、日本に亡命す。

この年、濠州の英領統一さる。

この年、フランス、モロツコをとる。

明治三十五年（一九〇二）日英同盟成る。

この年、アメリカ、キユーバ共和國を支配下におく。

明治三十六年（一九〇三）クロパトキン入京す。

この年、十一月、ロシヤ兵奉天を占領す。

明治三十七年（一九〇四）元旦、近衞篤麿薨ず。二月、日露戰爭始まる。

この年、北アフリカに關し、英佛間に協約成る。

この年、キユーリ夫婦ラヂウムを發見す。

この年、黄興、長沙革命に失敗し日本に亡命す。

十一

こゝに日露戰爭に入つて以後の年表は省略する。要するにこの年表の意味は、歐州列强のアジア侵略の實相を現し、明治維新がもつ先驅的意味を示すものである。維新によつて起つたアジアの覺醒と獨立が、浸々と進行してゆく狀態を示すものは、むしろ日露戰爭以後、即ち二十世紀に入る事實である。

明治維新が一應の成果をあげる迄の前景と終末は、實に「十九世紀」政治史ないし國際情勢史であつて、それが如何にむごたらしく、貪慾なアジア侵略の歷史であつたかを、年表は最も的確に示すものである。

十九世紀初頭に起つたフランス革命は、それにつぐナポレオン時代と合せて、かつて歐洲王室によつて支配されてゐたヨーロツパの樣相を一變し、ヨーロツパといふ地域を統一體として示した。即ちそれ以前の歐洲は、親類關係につながる各國の王室の支配下にあり、國は國家といふものでなく、王室の財產視せられてゐたのである。フランス革命は、さういふ王室政治の制を殆ど一掃したが、その事件の結果は、イギリスのヨーロツパ支配であり、從つて十九世紀のイギリスの世界政策完成上の一事件だつたと、今日からは見ることが出來る。

わが明治維新は、その革命の性質が、東洋道義の本義に則るものであつた。これを現實の言葉で現すなら近世三百年の西洋の世界支配を、根本的に變革する人道的行爲であつた。それは西洋の虛僞と暴虐に立脚した「近代」といふ繁榮のシステムを變革するものであつた。即ちその繁榮の奪取を企てるものではなく、或ひは、その支配權の奪還をはかるものでもなかつた。奪はれたアジアの獨立と自由を囘復する人道と正義の行爲だつたのである。

我國が維新の始めにとつた、西洋の侵略を防ぐといふ謙虚な立場は自らに道徳であつた。しかもわが維新は、西洋「近代」のよつて立つ原理を變革するところの、道義を主張した。その近代の虚僞と犯罪性を指摘したのである。我國の正統な維新精神はヨーロッパに對しアジアを主張したきたのである。それは欲望に對する道徳の主張である。いふならば、「近代」の原理の革命である。政治と精神の兩面に於ける眞の世界史的革命こそ、明治維新の意味であつた。この「近代」の原理の革命といふ意味、その道義的立場は、フランス革命その他の西洋の革命と本質を異にするものであつた。

明治維新は、アジア分割の進行する初期に於て、その侵略に抗す態度として、毅然とした道義的體制をとゝのへる運動であつた。（この時期を普通に「明治維新」とよんでゐる）さうして日本の自立時代の前期に於ては、日本のみがアジアに於て孤立して、唯一自主獨立國の状態を辛くも守つてゐたのである。かくして明治三十年代に移るころから、漸くアジア各民族の志士が、民族獨立をはかり、維新精神を純粋にうけついだわが在野黨が、これと結び、これを援け、このアジア大革命時代の中心となるのである。

わが國に於て志士浪人といはれたこの在野黨は、最も純潔に維新の精神を守ることによつて、アジア獨立運動の中核となつたのである。明治の中央政權が、しば〳〵アジア的立場を失ふ如き國際情勢の中で、在野黨として殘存した維新精神は、强力にアジア大革命を推進してゐた。明治時代に於けるこの二つの勢力の國內に於ける拮抗は、明治時代の性格を示すものであるが、それは必然に國家的悲劇を矛盾の上に荷ひ、やがて大東亞戰爭の一因ともなるまでにあとをひき、さらに戰爭の悲劇の因ともなるものであつた。わが國が孤立して、有色民族唯一の國家を保持せねばならなかつたといふ點が、革命的な悲劇の一切の原因である。

このことは政治外交上の問題たるのみでなく、精神上に於ても融和し難い二つの道を示した。明治の富國强兵政策は、わが國を「近代」の一員とし、「近代」の思想と體制の下におかねばならぬとした。卽ちアジアとその道德を主張する維新の精神の一面で、近代世界に於ける自衞法として、西洋近代に追從することが必要かくべからざる方法であつた。この矛盾は、やがて大東亞戰爭の悲劇因をなすのである。

この百五十年の年表は、その初期に於て列强のアジア侵略戰爭時代を示してゐる。その間、ナポレオン戰爭によつて、西洋のアジア侵略は一應の停止期に入つた。わが文化文政時代の華麗な消費文化は、この平和時代の所產であり、普通にこれが江戶文化中の華といはれ、現在に傳はる日本諸藝の中にも、この化政期の所產のものが多いのである。

しかしこの平和時代は、イギリスのヨーロツパ支配によつて終つた。それ以後の十九世紀は、イギリスの世界政策時代であり、わが維新以後の國家自立史は、イギリスのアジア侵略史と平行してすゝむ、正反對の世界史である。この時、立ちおくれのロシヤが、死ものぐるひの暴虐さで南下せんとし、このロシヤ侵略勢力は、こと〴〵に日本の自立的アジア勢力と衝突せねばならなかつた。この日露衝突に對し、イギリスが、日英同盟を結び、日本によつてロシヤの南下を防がうとしたのは、十九世紀イギリスの傳統世界政策の方法を適用した一例に他ならないが、わが國としては、ロシヤの狂暴化したアジア侵略を防止することは絶對的な使命であつた。

安永七年、ロシヤ人が、わが國後島へうかがひよつた日より始まる日本自立史――維新史の本質は、これを世界史年表の中でみるとき、時の世界史に對し、恐るべき矛盾と抵抗の、別箇の世界史の意志たることを明らかに示してゐるのである。私はこれを千九百五十六年のアジアと世界の現狀に立脚していふのである。否、言ひ得るのである。その矛盾する二つの歷史の意志とは何か、一つはイギリスの世界政策を中心とした白人のアジア侵略であり、他の一つはこれに反對する日本のアジア囘復の道義的立場である。これが世界史年表に於ける明治維新の實相である。

明治維新は、歷史的事實として、又歷史の意志として、アジアの自主獨立の標識であり、久しいその唯一の現實だつたのである。

この最近世界史年表の基本を流れる相反する歷史の意志と人道の精神は、日露戰爭を峠として激動したのである。我國は片方では日露戰爭の勝利を戰ひとることによつて、アジア解放の人道上の意志を昂めながら、他方では世界史に對し本質的に異る意志を代表するイギリスと握手せねばならなかつたのである。かくて日英同盟は、世紀最大の矛盾であり、世界史の悲劇を當然內包すべきものであつた。

なほこの期間の年表に現はれたところでは、アメリカのアジア侵略が殆ど出ない。けだしアメリカがアジア侵略に乘り出すのは、日露戰爭後である。卽ちポーツマス講和反對の國民運動のなほさかんな時に、ハリマンが來朝し、桂首相と滿鐵利權の買收を密約したことは、アメリカのアジア侵略の第一着手といふべく、幸ひこの密約は、小村壽太郎によつて阻止せられたのである。アメリカのアジア侵略が軌道にのるのは、日露戰爭から第一次世界大戰をへての後である。

十二

嘉永、安政頃の、現實的な國難に對し、わが國を如何にして守るかを考へた志士たちは、第一に國家の體制を道義化すべく、それには國家の大義名分を正すことが第一義であると感じとつたのである。これが當面の攘夷といふ、卽ち自衞上の第一の眼目と考へ、自衞精神の核心を形成するものをそこに認めたのである。故に、國を守るための海防論と攘夷論は、國家を道義化し、國家を崇高嚴肅な有機體とし、神話的創造的原理の實體として强化する立場の、勤皇論に始めて甦生の中心點を見出した。國家を嚴肅整然とした體制におき、本來の道義的國家たらしめねばならないといふ考へ方から、討幕維新論が國論の大勢を制したのである。かくて國家體制より一切の矛盾を消滅せしめ、國の危機を拂ふことは、たゞ討幕の一途に歸すといふ自覺は漸時に國の上下の有志を支配した。

しかしこれを明確に如何なる形で實踐するかといふ段となるとき、こゝに必要なものは、一箇の强烈な精神の發露のみである。火の玉の如き精神の必要さである。しかもその火の玉をあくまで燃燒するにたる薪炭を供給することの出來る才能機略がなければならない。

文久三年の天忠組の擧兵地盤を作つた乾十郎の如きは、火の玉の持主であると共に、薪炭の供給に於て、誰人も思ひ及ばなかつた緻密な計算と見通しをもつた人物であつた。政治の情勢と共に、人情と經濟の機微に通じた天成の革命家であつた。しかも彼は所謂縁の下の力持に甘んじたのである。乾なくして天忠組の五條擧兵は行はれ得なかつたのである。けだし、乾がなしたことの最大のものにして、未だ殆ど認められないに近いものは、當時の南大和の財界の變動に對應した彼の方略の機微であつた。この地帶に於ける新しい財閥の興隆、新舊財閥との拮抗關係、徴税事務や銀禮の調査などによる精密な判斷は、凡そ乾の獨斷場と見られるものが多い。もつとも白面の乾がそれをなし、よく諸方面に説服し得たについては、彼の師森田節齋、或ひは伴林光平などの大家の名聲による信望を大とせねばならない。しかしながら十郎はそれによつてこれをなし得る唯一の人物だつたのである。

天忠組は、五條進駐と同時に、相當の軍資兵糧を準備し、轉戰月餘、これを以て輕擧と評し得ない事實こそ、明治維新を早く可能とした最大因であり、その功の多くは十郎に歸すべきである。

十郎の説服した地盤は、土豪であり、富裕の商家であつた。卽ち市民層だつたのである。そしてこのことに天忠組失敗の因はあつたであらうが、どこの藩士でもない十郎の場合としては、止むを得ないゆき方であつた。のみならず、十郎の果敢さは、却つて各藩浪士に維新變革の可能性を具體的に教へたのである。僅か數十の決死の浪士が、地方の土豪、紳商を動かし、敢然と立つた時、よく總石數にして百五十萬石に近い全近畿諸藩の連合勢力と、月餘の抗戰をなし得たのである。すでに、明らかに天下の大勢は動いてゐるのである。この動きの實相を最も敢然と果敢な行動で示したのが彼乾であつた。故に、こゝにもし誰人かゞ、數十萬石の一藩の全勢力を傾け、その三百年來蓄積し來つた實力を以て立つなら、今や天下の大勢の動く時、幕府を倒す如きはものの數でもない筈である。乾十郎は、さういふ維新決行の現實の時を、自ら挺身して實驗をし、結論を示したのである。つゞく實踐者に決意と方法を與へたのである。

しかし乾がなした地方有力者遊說の證據はない。已に關係する謀叛人の書付を保存する者がないのは當然である。地方に殘る文久前後の日記帳簿類は、そこだけが削除されてゐる實例が多い。卽ち所謂謀叛人によつて變へられてゆく歷史の實相は、記錄史料のみでは知り得ないのである。

十三

明治維新を始めて實踐の軌道にのせたのは、實に天忠組の擧兵であつた。その革命的實踐家の第一の典型と私の見たのは、乾十郎である。乾は時代にゆり動かされる時には最も大きくゆりうごき、しかも歷史を決定的に動かした人物だつた。その歷史を動かすや、ついに三百年の西洋のアジア支配を解除し、世界史を新しくするほどの生命を歷史の中に吹き込んだ。維新史上最も有效果敢機敏の人物であつた。明治政府は後年彼のために正五位追贈を奏上してゐる。これは乾が藩閥の人でないゆゑに輕んじられたわけでもなく、明治三十一年に於けるわが國の史觀は、今日ほど成熟せず、乾の眞價をよく判定し得なかつたのであらう。この年に康有爲は、宮崎滔天に依つて日本に亡命し、支那革命に何の曙光も見えず、フイリツピン人のイスパニヤに對する反亂に乘じたアメリカは、これを占領するなどアジア解放の成果全然見えなかつた日である。

乾十郎は大和五條の人、大儒森田節齋の門下にて、性豪放、詩歌書をよくした。「柳弄輕風華弄烟、一雙胡蝶飽香眠、閑人曝背晴窓下、憶起江南買醉年」この「春日偶成」と題する彼の詩は、私の口吟にあかないものの一つである。彼はまた磊落の人であつた。

天忠組を五條にひき入れる工作は、殆ど十郎の周旋奔走によつた。乾の工作は、節齋、光平らの信望によつたとはいへ、實務周旋はこの人なくては誰人にも不可能だつた。天性豪膽、大小事を別たず、つねに志を大に持し、經綸の雄渾さは比類なかつた。この田舍青年が地方の新興の財閥に勸めて資金を集め、一擧に討幕の實踐に入つたことは、實に果敢の極致、暴に近いものだつた。けだし誰人も摸し得ない奔放さ、激しい火の玉の如き人物であつた。天忠組沒落の後も、討死もせず自殺もせず、嚴重の警戒線を脱して、大阪の繁華街に出て醫を開業し、再擧を期して志士と往來頻りにて、つひに市中にて捕らへられたことは、その人がらも生涯も、革命家にふさはしい。擧兵の時三十六、維新志士としては年長じてゐる。天忠組が十津川郷に入つたのも、主として十郎の周旋の結果だつた。しかし天忠組隊内では、藩の背景がないために重視されなかつた。かうした隊内に於ける封建性は、伴林光平ほどの人さへ歎いてゐる。天忠組終末の一因には、かうした隊士たちの封建性が大きく作用した點もあつた。一君萬民の感情は、封建の士分としてそだつた人々の觀念に理解されても、實行は容易でなかつたのである。天忠組志士の間にさへ、さういふなさけない封建の身分制感情がつきまとつてゐたのである。

天忠組が同志僅かに百に足らず、しかもよく百五十萬石の聯合兵力と、四十日間に亙り戰鬪を交へた事實は、一人の青年に討幕の確信を與へ、方法を教へた。それが高杉晋作である。

晋作時に二十七歳。彼はクーデターによつて長藩の兵權を掌握し、長州一藩の實力を以てすれば、必ず討幕可能との信念を實行に移した。卽ち天忠組浪士の戰蹟から、明確な實踐の方法を知り、信じ、行つた。失敗によつて維新の方法を暗示したものは、乾十郎であり、方法を了解して決意實踐したのは高杉晋作であつた。歷史をある年代に決定した者、この二人である。

しかし明治維新を光輝ある字義通りの「革命」たらしめる上での別箇の大きい功勞者は、さきにも言ふ如く、十五代將軍慶喜であつた。慶喜が大阪城より江戶に逃れた時は、なほ運命の人であり、個人の感情の人だつたが、江戶城に入つた後の慶喜の行動は、實に神々しいまでに已の一切を放下してゐた。彼は維新の必然とその氣魄の嚴肅性を了知してゐた。彼はたゞ一途幕臣を救ひ、江戶市民を救ひ、國民を救ひ、國家に奉仕しようとの決心を貫いた。私心の消却によつてさういふ大業をなし得るといふ稀有の時に、慶喜はそれをなした。正に聖業である。彼を優柔の人といふのは、沈痛の聖業を解さぬものの評だ。歴史に於て、歴史をつくる人は、乾や高杉の如き場合もあるが、慶喜の如く一切終末の負目を己一人に擔ふ、仁者の氣品の香しい場合もあつた。明治維新を輝かしい革命とした完成者は慶喜である。慶喜の判斷は、時の國際情勢への洞察と、アジアの狀態に對する深い史的研究の結果としか考へられない。

井伊大老の結んだ條約の結果は、日露戰爭の後にまで、我國の完全獨立を阻んでゐたのである。單純な人道を主張してゐるにすぎない不平等條約の改正の代價としてわが同胞が流した血は、いく度の戰爭を加へて數へきれなかつた。西洋諸國は人道を口にし文化を口にするけれど、條約改正の如き單純な正義さへ決して實現させない。日露戰爭の勝利といふ我國の武力の實力のみが漸くに固いその首枠を解いたのであつた。國運を賭した大戰に、死傷合せて二十五萬の同胞の血が國が平等の地位をうるために必要だつたのだ。第一次大戰のヴエルサイユの講和會議では日本代表の提案した「人種平等案」は西洋各國代表によつて否決せられた。

條約改正の苦しかつた歷史を、我國の若い國民は忘れてはならない。アジアは獨立したといひつゝも、實質面では殆ど三十パーセントの獨立にすぎない。かつて條約改正のための取引に當り、西洋は我國がアジアの友を裏切る行動をなすことを條件として强制した。國民有志はこれに反對した。大東亞戰爭はこの時にその因をもつてゐたのだ。大東亞戰爭に倒れた人、生き殘つた人々の中には、純眞な心からアジアの囘復を念願とし、死を怖れなかつたものが少くなかつた。さういふ純眞な心情は、人間の慾望や野心にだまされるわけはない。彼らは理想と夢をもち、欲心がないからだ。さういふ人々の心を、あれから十年もたつた今日我々は謹んで追悼したいと思ふ。今日日本の自主獨立をいふ場合、アジアの日本といふ事實に立戻り明治維新の生命にたちかへるのは正しい謙虚さだ。今日の日本は西歐國家の狀態より、ずつとアジアの「獨立國」に近い狀態にゐるからだ。

大東亞戰爭によつて獨立したアジアの各國が、みな眞の自主獨立の國となることは日本の願ひであるし又目的である。我々の無數の同胞は、まだ十年以前に、さういふ目的のため、生命を捨てゝ悔いなかつたのである。そしてそれはわが明治維新以來の一貫する祈念だつたのである。

〈解説〉

「詩人」の人

荒川洋治

学生時代に『保田與重郎選集』(全六巻・講談社)を買い求めたが、そのなかで読んだものは、すでに角川選書『日本の橋』で読んでいた「日本の橋」など数編にすぎない。それでもぼくはこの著作集をたいせつにしてきた。

さてこの文庫の解説を書く人たちはほとんどがぼくの年上だが、その解説を眺めてみると、はじめて読んだのは「日本の橋」であると記す人が多い。それほど「日本の橋」は、読む人に忘れられられないものを残すのだろう。これまで「日本の橋」を何度も開いたが、好きなところだけぼくは読んだ。わからないところは飛ばした。わからないところは短歌の話や、昔のできごとである。ぼくは和歌、俳諧はもとより古典と称されるものに知識がなく、昔の歴史にも興味をもたない人間なので(日本人としてははずかしいことだが、古文もまったく解釈する力がない)、わかるところだけ読むことになる。たとえば特に有名な部分、多くの人が引く最後の「日本の橋の一つの美しい現象を終りに語つて」以下のところ、つまり裁断橋の銘文のくだりは思い出すだけでも美しい文章なので、ぼくは何度も読み、うっとりした。そこが、ぼくのわかるところだったからである。

日本の橋の特色について語るところも、息がとまる美しさだ。「あの茫漠として佗しく悲しい日本のどこにもある橋は、やはり人の世のおもひやりや涙もろさを藝術よりさきに表現した日本の文藝藝能と同じ心の抒情であつた」とか、さらにもっと端的なものを選べば、「彼らは荒野の中に道を作つた人々であつたが、日本の旅人は山野の道を歩いた。道を自然の中のものとした。そして道の終りに橋を作つた。はしは道の終りでもあつた。しかしその終りははるかな彼方へつながる意味であつた」というような一節だ。

でもいっそうぼくの息を苦しめたのは、文章の意味よりも、いいまわしであったかもしれない。「私はほのかに憶えてゐる」「その輕快な歴史観が、ある時の私に悲しまれた」とか、あるいは「まことに順序のやうに思はれる」「つひにかすかな現象の淡さだけを示し」「私らの蕪れた精神に移し」「誰よりもふかく微妙に知つてゐた」のような表現に、十代のぼくは心躍った。「日本の橋」だけではない。保田與重郎の作品にそのようなくだりを数えれば切りがない。また、切れ目もなく流れる文章の世界なのだ。

このたび読み返してみて、「日本の橋」のなかでいちばんよい文章は、冒頭の部分ではないかと思った。「東海道の田子浦の近くを汽車が通るとき」から、「それはまことに日本のどこにもある哀つぽい橋であつた」で閉じられる一節だ。その橋は「日本のどこにもある」橋であるが、「混凝土造りのやうにも思はれた」とあることから、それは特別ではない橋のことだと重ねて思い、そのためにその普通の橋が、ありありと脳裏に浮かぶところである。

最初にあるものだから、以前には気にもとめなかったが、「日本の橋」のなかで、いちばんすなおな文章であるようにいまは思う。それはぼくが年をとったために、刺激のうすいところに本来の文章があることに少しばかり気づくようになったためかもしれないが、このように、いつのときも、ぼくにわかるところだけを読む。それがぼくにとっての保田與重郎なのだ。

こう書いてきて、ぼくは、わかるところだけを読むというのは、ぼくが他の人の書いた詩を読むときのようすと同じだと気づいた。詩というのは無理をせず、遠慮もなく、いまの自分にわかる一節だけを読み、そこにたたずんだあとに感想を添えるものである。わからないところは読まなくていい。少なくともぼくはそのような詩の読み方をしてきたので、そのことをあからさまにいうことができる。詩はわかるところだけを読むことに実はいのちがあるもので、それを知るためには、ある程度読みなれる必要がある。読みつけない人にとって、わかるところだけを読むことは理解しがたいことかもしれない。

では保田與重郎の作品は、詩なのか、というと、そうではない。作者は、自分の書くものが詩であるとは思っていない。思想の表明であり、論理の披瀝であると思い、文章の全体でものをあらわそうとしているのだから詩ではない。読む人にわからないところがあること、わからなさが引き起こされることを予期して書かれる部分はほとんどないようにみうけられる。それは論理の切迫するところ、緩慢なところを含めて、そうである。だから詩であるというわけにはいかない。ただその作品を詩として読むことは著者の計算や期待のなかにはなくても読む人のなかでは起こりうる。それは作品が文章であるための宿命である。「みやらびあはれ」にこんな文章がある。この一節はいつも気になっていた。

〈私はこのやうな氣分を集めて一つのものがたりをくみ立て味つてゐたのである。しかしその僅かの間に共に遊んだ少くない島の男や女のことを、ありきたりの出會とわかれの經路でしるすつもりではなかつた。云へばさうした形にするより外ないことかもしれぬが、私の氣持では別の姿があるやうに思はれた。軍の病院を出るあわたゞしい雰圍氣の中で、その沖縄の軍醫が餞にしたことばは、これから先、どのやうな苦しい旅路に發たうとも、今の身體の狀態は十分それに耐へ

てゐた。〉

るにちがひない、といふ意味であつた。その時私は窓の外を吹く秋風の音を聞い

「みやらびあはれ」は、自分のなかの気持ちを「集めて」つくられた文章で、「日本の橋」とはちがって内面的な世界になっているが、たとえばこの軍医のことばを聞きながら、秋風の音を聞いている「私」の姿など印象的である。「ありきたり」ではない人の姿がある。「私」のことをいわれているのに、「私」はまるでそこにいないような不思議な空気のなかにある。「みやらびあはれ」はどこもかしこも「形」のない文章で書かれており、異様といえば異様だが、ぼくはまるで詩を読むような思いで読んでいた。実はそうするより他は何もできないものが、この文章のなかにはある。論理もないが目的もなく、しかしそれ以上に何か必要なもの、「ありきたり」ではないものがこのときあったことを、文章の吐息は告げている。これは詩であるとしかいえないようなものである。彼はこのときばかりは詩人である他ない自分を感じていたかもしれない。

しかし保田與重郎の文章がときにどんなに詩に近づいたとしても、彼が詩人になることは困難だった。詩人であることが困難になるように彼自身が仕向けてきたからである。ぼくは保田與重郎の作品は、結局のところ、詩人について書いていた、という他ないものであると思う。さらにいえば、詩人ということばについ

て書いていた人だ、といってていいかと思う。

彼は文学の場を離れた文章のなかでも「詩人」ということばをつかった。必要なときも、さして必要ではないときも呼び出した。

「かゝる悲劇はつねに詩人と大衆の見る悲劇を意味した。たゞ詩人は開花の下に悲劇をみた」(「日本の橋」)、「亡びゆく雑多を悲しみ葬り、大筋を支え守るといふことは、古來から詩人の務と任じたところである」(「みやらびあはれ」)などは文脈の上から順当に思われる用例だし、また芭蕉を詩人というのも、ひろい意味では詩人であるからそれでいいのだが、万葉集の歌人についてもそれを歌人とはいわず、もっぱら詩人ということばで語り論じ切る。さらに、その他、直接に詩歌の人でなくても詩人と呼ぶ例は多い。まるで詩人ということばをつかうあいまに、文章を書いた。そう思えるほどである。

詩人は、彼がつかったことばのなかで、もっとも透明度の高いことばだった。なぜなら彼は詩人というとき、みずからが緊迫したからである。この詩人ということばには一般的な尊称を超えるものとしてつかわれているようすがある。彼にとっては、あらたかなものであるだけに、もっとも汚してはならないことばであり、観念であったかもしれないから民族とか国家といったことばをもちいるときとはちがう特別な自制心もはたらいたはずだが、それでも、おさえきることはできなかったようだ。詩を書かずして、詩人ということばをこれほど多くつかった人は、その前にもこれから先もいない。

その詩人ということばが、いつも適切であるかどうか、疑問のあるところも多い。また文芸批評家である彼が、同時代の現代の詩歌をほとんど無視してつくりあげる詩論や詩人観が、現実的ではないことももっと否定的に論じられていい。しかし思いの熱さにおいて、その論じる人を上回るものが、彼のことばにはあった。そこがとても重いところである。

詩人ということばでつくられていくその膨大な文章を見ていくと、ぼくはただひとつのことしか思い浮かばない。それは詩人ということば、あるいは存在、あるいは観念、どれでもいいが、ともかくそれらに、この世界の誰が期待するのかということである。また、詩人ということばや存在や観念に、いったい何を託していいのか、ということである。ぼくはいつの時代も、託するものはないのではないかと思う。誰も何も託していないのではないか。託するものがあるとしたら、それはいつの時代も、詩を思うものの見誤りである。そう思わせるほどに、保田與重郎の「詩人」への熱情は澄明なものであったと思われる。彼が詩人というとき、その一語は空前絶後のひびきをもった。伝統といい、歴史といい、理解する人は多いとはいうが、彼が詩人ということばをつないで、文章を燃え立たせていたとき、その周囲に、その思念や情熱に応答する人はいたろうか。おそらくいなかった。彼が思い描いた詩や、詩論が、独創的なものであれ、独断的なものであれ、ことは同じだと思う。詩を思い、詩人を思う保田與重郎は、ひとつの思いをかかえて生きる市民の一人であった。

保田與重郎文庫　28　絶對平和論／明治維新とアジアの革命
二〇〇二年七月　八日　第一刷発行
二〇一三年六月二〇日　第二刷発行
著者　保田與重郎／発行者　中川栄次／発行所　株式会社新学社　〒六〇七―八五〇一　京都市山科区東
野中井ノ上町一一―三九　TEL〇七五―五八一―六一六三
印刷＝東京印書館／編集協力＝風日舎
　ISBN 978-4-7868-0049-8

〈保田與重郎文庫全32冊〉

1 改版 日本の橋
ギリシア・ローマと日本の橋の比較を論じて世評高い表題作。「誰ケ袖屏風」「木曾冠者」等
解説▼近藤洋太

2 英雄と詩人
昭和十一年刊、事実上の第一評論集。ドイツロマン派を中心に西欧文学に触発された文章
解説▼川村二郎

3 戴冠詩人の御一人者
日本武尊の悲劇を詩人の運命として描いた表題作ほか「更科日記」「明治の精神」等十篇
解説▼饗庭孝男

4 後鳥羽院（増補新版）
後鳥羽院と芭蕉を軸に詩人の系譜を辿り、日本文学の源流と伝統を求めた斬新な国文学史
解説▼井上義夫

5 ヱルテルは何故死んだか
ゲーテの青春小説を独自の視点から論じ、西洋近代の本質を鋭く洞察した文明批評の書
解説▼山城むつみ

6 和泉式部私抄
讃仰してやまなかった王朝随一の女流歌人の芸術と性情を伝える歌を抄して註解に及ぶ
解説▼道浦母都子

7 文學の立場
「文明開化の論理の終焉について」「アジアの廃墟」はじめ昭和十五年前後に書かれた文章
解説▼井口時男

8 民族と文藝
庶民の本能の裡に受け継がれてきた民族の文学的関心と感動の質を明らめようとした六篇
解説▼佐伯裕子

9 近代の終焉
昭和十六年末の刊で、時局に触れて自らの態度所感を陳べた時評的な文章十六篇から成る
解説▼桶谷秀昭

10 蒙疆
昭和十三年五月から六月にかけて佐藤春夫と朝鮮、北京、満州を旅した折の見聞を誌す
解説▼谷崎昭男

11 芭蕉
著者終生の課題であった芭蕉を、隠遁詩人の系譜を思い、自らの処世を重ねつつ論じる
解説▼真鍋呉夫

12 萬葉集の精神（その成立と大伴家持）
詩歌創造の契機と大伴氏の歴史に思いを致し萬葉集成立の経緯事情を明らめんとした大冊
解説▼森朝男

13 南山踏雲録
天忠組に加わった国学者伴林光平の遺文に詳細な註を施し、草奔の士を追慕した文を付す
解説▼高鳥賢司

14 鳥見のひかり／天杖記
祭政一致考、事依佐志論、神助説の三部から成る。流行の神道観に抗して古道の恢復を説く
解説▼奥西　保

15 日本に祈る
世相、言論状況に堪えつつ再び筆を執った保田が昭和二十五年、戦後初めて世に問うた書
解説▼吉見良三

16 現代畸人傳
独自の歴史感、人間観に即して人間とは何かを問い、戦後に再登場を果した記念碑的な書
解説▼松本健一

17 長谷寺／山ノ邊の道／京あない／奈良てびき
故里奈良に愛着しつづけ、後年京都に移り住んだ著者が、知悉する風土と故事を案内する
解説▼丹治恒次郎

18 日本の美術史
自づから表われた造型に美の本態を見、創造する日本人の精神に思いを馳せた比類ない書
解説▼久世光彦

19 日本浪曼派の時代
同人誌「コギト」に拠り、「日本浪曼派」を創刊した頃の交友と、戦前の文学事情を回想する
解説▼新保祐司

20 日本の文學史
文人の祈念と志に立ち返って、日本文学の血統を明らかにし、真の古典の命を教える通史
解説▼古橋信孝

21 萬葉集名歌選釋
身に親しい地名の読みこまれた歌や、由縁愛着のある歌を鹿持雅澄の解に学びつつ味わう
解説▼前川佐重郎

22 作家論集
敬慕する春夫、朔太郎はじめ伊東静雄、三島由紀夫など同時代の文学者に触れた文章を収録
解説▼高橋英夫

23 戰後随想集
同人誌への寄稿や一般紙誌の需めに応じた文章など、保田の戦後を窺わせるエッセイ収録
解説▼ヴルピッタ・ロマノ

24 木丹木母集
歌を命とし、歌に思いを秘めてきた保田が公刊した唯一の歌集は歌とは何かを問いかける
解説▼山川京子

25 やぽん・まるち——初期文章

二十歳代の前半に批評と併行して同人誌『コギト』に発表された独自の「小説」十篇を収める

解説▼佐々木幹郎

26 日本語録／日本女性語録

史上の人物の遺した短い言葉から日本の歴史に見え隠れする精神の在り様を明らめる

解説▼大竹史也

27 校註 祝詞

戦時下にあって真の古学顕揚のために、吉田神学の亜流たる神道思想を一排せんとした稀覯書

解説▼高藤冬武

28 絶對平和論／明治維新とアジアの革命

敗戦の後、「東洋」の恢復を措いて平和はありえないと思い定めた保田の特徴的なアジア観

解説▼荒川洋治

29 祖國正論Ⅰ

戦後、国の混乱と人心の荒廃を眼のあたりにした保田は昭和二十五年から同二十九年まで時局時事から文化文明に及ぶ関心を無署名で書き継いだ。同文章からとくに今日の日本人に読んでもらいたいものを選んで二冊に収録する

解説▼坪内祐三

30 祖國正論Ⅱ

解説▼佐伯彰一

31 近畿御巡幸記

昭和二十六年秋の御巡幸に際して、当地の新聞記事を基に奉迎感動の様を謹記した報告の文学

解説▼神谷忠孝

32 述史新論

死後に発見され『日本史新論』と題して刊行された書。六〇年安保に触発された起筆と思われる

解説▼富岡幸一郎

定価　六八〇〇〜一七三〇〇円(税別)

保田與重郎について

明治43年、奈良県桜井町生れ。大阪高校を経て昭和6年、東大文学部入学、同人誌「コギト」をはじめる。昭和10年、中谷孝雄らと「日本浪曼派」を創刊、同誌は後に佐藤春夫、萩原朔太郎らが加わって文学運動の観を呈した。昭和11年には「日本の橋」「英雄と詩人」を刊行、文芸批評家として活発な執筆活動を展開する。戦後しばらくはジャーナリズムに黙殺されたが昭和30年代後半に再登場、全共闘世代にも影響を与えた。昭和56年、71歳で歿。